慶應義塾大学東アジア研究所
現代中国研究シリーズ

# 台湾をめぐる安全保障

安田 淳・門間理良 編著

慶應義塾大学出版会

# 目　次

序章　台湾をめぐる安全保障を考えるということ
　　　　——本書の問題意識と研究について　　　　安田　淳　1
　　1．中台関係のこれからと日本　1
　　2．本書の構成　5
　　3．台湾をめぐる安全保障研究の意義　8

第1章　台湾をめぐる国際政治のダイナミズム　　　浅野　亮　9
　　はじめに——視点と枠組み　9
　　1．中国の役割変化　14
　　2．変化の内的要因——人口問題　18
　　3．中国をめぐる国際環境の変化　21
　　4．日米同盟の変容　23
　　5．中国による台湾攻撃の可能性　24
　　　⑴当面の想定／⑵中国の台湾攻撃作戦への対応——オフショア・コントロールとASB／⑶軍事技術と戦略——台湾の安全保障をめぐる軍事的論理の変化／⑷海上統合作戦というビジョン／⑸台湾攻撃の前哨——政治的な「くさび戦略」
　　6．中間的結論——台湾をめぐる戦略環境の変容と総合的な対応　39
　　おわりに——理論研究の応用の重要性　42
　　　⑴同盟理論の応用と再考／⑵シミュレーションやゲーミングなどによる予測

第2章　台湾政治と軍事戦略の関係　　　　　　　　門間理良　51
　　はじめに　51

i

1．蒋経国政権期　51
　(1)政治動向／(2)台湾軍の状況
2．李登輝政権期　54
　(1)政治動向／(2)軍事改革
3．陳水扁政権期　58
　(1)政治動向／(2)軍事改革
4．馬英九政権期　63
　(1)政治動向／(2)軍事改革
5．将来の台湾軍の変化　68
　(1)兵力数のさらなる削減／(2)国防部機構のさらなる再編／(3)士気・警戒感の低下／(4)残される党と軍の歴史的関係

## 第3章　台湾の軍事戦略　　　　　　　　　　　　　門間理良　83

はじめに　83
1．台湾の戦略環境認識　83
　(1)グローバルな安全保障認識／(2)アジア太平洋の安全保障認識／(3)中国に対する安全保障認識
2．台湾の国家戦略　85
3．台湾の国防政策と国防戦略　87
　(1)戦争の予防／(2)国土の防衛／(3)緊急事態への対応／(4)衝突の防止／(5)地域の安定
4．台湾の軍事戦略　98
　(1)第1期：「攻勢作戦」期(1949～1969年)／(2)第2期：「攻守一体」期(1969～1979年)／(3)第3期：「守勢防衛」期(1979～2002年)／(4)第4期：「積極防御」期(2002～2008年)／(5)第5期：「守勢防衛」期（2008年～現在)
5．軍事戦略任務と台湾軍の能力　100
6．将来の台湾軍の防衛作戦　103

(1)統合制空作戦能力／(2)統合制海作戦能力／(3)統合地上防衛作戦能力／(4)統合 C4ISR 能力／(5)通信システム／(6)情報監視偵察システム／(7)統合情報作戦能力／(8)統合電子戦能力

おわりに　111

## 第4章　台湾とアメリカの「現状維持」をめぐる相克　阿部純一　117

はじめに——台米関係と台湾の「現状維持」シナリオ　117

1．台湾の将来予測と「現状維持」　120

2．台湾における「現状維持」のジレンマ　123

3．米中「新型大国関係」と台湾の「現状維持」　128

4．「台湾放棄論」の出現と今後の見通し　136

5．中国の軍事的台頭抑止のための台湾の「現状維持」　140

6．台湾の政権交代と中国の軍事パレード　141

7．台湾の「武力解放」を諦めない中国　144

8．米軍の介入を回避できない中国　146

9．蔡英文支持に舵を切ったアメリカ　147

結びに代えて——米中の戦略問題となりうる台湾の帰趨　148

## 第5章　中国の対台湾政策　門間理良　155

はじめに　155

1．1978年末までの中台関係　156

(1)武装解放を目指した時期（1949〜1955年）／(2)平和解放を目指した時期（1955〜1979年）

2．「平和統一、一国二制度」に転換した時期（1979年〜現在）　158

(1)中台関係／(2)外　交

3．台湾解放の軍事力を整える中国人民解放軍　171

おわりに　173

## 第6章　中国の空域統制と再編成
### ——台湾にとっての新たな非伝統的安全保障の脅威　安田　淳　181

はじめに　181

1. 中国の「防空識別区」設定と空の安全保障　182
2. 中国のADIZが意味するところ　185
   (1)強硬措置／(2)警戒監視能力／(3)今後のADIZ設定と中台関係
3. 中国による南シナ海の空域再編成　190
   (1)三亜AORから三亜FIRへ／(2)三亜FIRの設置——航空交通の利便性促進／(3)三亜FIRの特異性——管制空域としての曖昧さ／(4)三亜FIRにおける広域航法——航空路監視能力の向上
4. 公海上に設定された中国の制限空域　198
5. 中国の航空管制近代化　201
   (1)航空管制体制／(2)レーダー管制の進展——警戒監視の一面／(3)通信システムと航空管制IT技術
6. 台湾海峡に設定された中国の新航空路　208

おわりに——台湾に及ぶ中国の空域統制　210

## 第7章　安全保障から見た2030年の日台関係　村井友秀　217

1. 「偉大な中華民族の復興」　217
   (1)「棚上げ」戦略／(2)中台軍事バランスの意味／(3)非合理的行動の可能性
2. 日本の安全保障における台湾の位置　222
   (1)国際システム／(2)国内要因／(3)中台関係と国内要因の組み合わせ
3. 日本の戦略　228
   (1)経済と戦争／(2)政権維持と戦争／(3)スケープゴート（贖罪の山羊）／(4)小戦争の可能性／(5)想定外を想定する／(6)共通の敵

あとがき　235
索　引　237

序章
# 台湾をめぐる安全保障を考えるということ
――本書の問題意識と研究について

安田　淳

## 1．中台関係のこれからと日本

　2015年11月7日、中国の習近平国家主席と台湾の馬英九総統はシンガポールにおいて、首脳会談を行った。中台双方の首脳会談は1949年の中台分断後初めてであり、会談の開催が4日前に突然発表されたこととも相まって、世界に大きな衝撃を与えた。習近平は、中国と台湾はともに「一つの中国」に属すること、「九二共識」（92年合意）（後述）と中台関係の平和的発展の道を堅持すること、「台湾独立反対」を政治的基礎とすること、「一帯一路」構想への台湾の積極的参加を歓迎することなどを述べた。これに対して馬英九は、「九二共識」を堅持し平和な現状を維持すべきこと、敵対状態を緩和し争いを平和的に解決すること、交流を拡大し中台双方に利益をもたらす「ウィンウィン」の関係を推進すること、担当官庁間でのホットラインを設置することなどを主張した。こうして見ると、「九二共識」を土台として中台関係の平和的発展という大原則では双方は立場をほぼ同じくしたものの、中台関係の具体的な進展については特段の合意はなく、双方それぞれの政治的思惑による首脳会談であったとの見方が強い。中国側が「一つの中国」と「台湾独立反対」という大前提を確認するよう台湾に迫ったのに対して、台湾側は中台間の実務関係と交流のさらなる促進を呼びかけており、いわばすれ違いに終わったと見ることもできそうである。
　中国の執権政党である中国共産党と台湾の与党である中国国民党との間で

は、2015年5月にすでに4回目の国共トップ会談が行われていた。習近平中国共産党総書記と朱立倫中国国民党主席が5月4日に北京の人民大会堂で6年ぶりに会談したのである。ここにおいて習近平がまず、2008年に国民党が政権復帰して以来の中台関係の改善や進展を高く評価すると、朱立倫は中台のさらなる連携を呼びかけた。また習近平は、両党の努力により台湾独立志向の強い民進党政権下の「戦争に直面する瀬戸際」から平和へ変化してきたとし、それは国際的にも高い評価を得たと述べた。他方で習近平は、台湾に反中感情の高まりがあることに関し、「両岸関係は新たな節目に来ている」、「今後どのように進めるかは両岸すべての政党、社会各界の重大な問題だ」と指摘した。朱立倫はこれに対し、中台がともに「一つの中国」に属することを確認したとされる「九二共識」を守る立場を強調するとともに、アジアインフラ投資銀行（AIIB）へ台湾も加盟するなど地域経済協力を含めた中台の協力関係をさらに広げてこの共通認識を深化させる必要があると応じた。こうした双方の主張から、ここにも習近平・馬英九会談とほぼ同様のすれ違いを見てとることができる。それゆえに、習近平と馬英九との中台初首脳会談は概ねこの国共首脳会談の延長線上に行われたということができよう。

　中国国民党は2008年3月の台湾総統選挙で民進党から政権を奪回し、同年5月に馬英九政権が発足すると、中国に急速に接近して緊張関係の緩和を図った。台湾は中国との間で、これまでの李登輝総統（1988～2000年）、陳水扁総統（2000～2008年）の時代からは想像もつかないほど密接な交流を重ねてきた。その成果は、まず経済・貿易分野に明確に現れたといえる。2010年の中台経済協力枠組協定（ECFA）締結に象徴される経済・貿易分野の密接な関係構築はもとより、たとえば旅行・観光分野でも台湾にとって中国は欠くべからざる存在となっている。2013年には延べ280万人あまりの中国人が観光やビジネスなどのために中国大陸から台湾を訪問したといわれ、2014年2月には1カ月当たりの中国人来訪者が30万人を突破した。今や台湾の著名な観光地で最も耳にするのは台湾語でも台湾訛りの「国語」（華語）でもなく、中国大陸各地の方言訛りをもった「普通話」（漢語）であるといわれている。

　馬英九政権下における中台関係の緊張緩和は、経済分野や民間交流ばかり

でなく政治・外交領域へも展開しつつあるように見られる。馬英九総統が2008年の就任後に受け入れを表明したいわゆる「九二共識」は、中台双方の解釈に差異があり[1]、台湾にはさまざまな議論がある。とはいえ、「一つの中国」という原則が中台間で公然と語られるようになってきたことは確かである。この点で、最近の中台関係はかつて李登輝総統が打ち出した「特殊な国と国との関係」とは大きく異なっているのであり、「一つの国家」が中台政治対話の共通基盤となったといえるかもしれない。

　馬英九政権はまた、中台が世界各国と外交関係を奪い合うことをやめるよう呼びかけ（「外交休戦」）[2]、李登輝政権以来ずっと続けてきた台湾の国連加盟運動を休止する方針も表明した。中国はこの「外交休戦」を事実上受け入れ、2009年5月には世界保健機関（WHO）の総会（WHA）に台湾がオブザーバー参加することを容認する方針に転換した。また、民進党政権下では長らく中断していた台湾側の海峡交流基金会と中国側の海峡両岸関係協会のトップ会談が、馬英九政権になってから年2回のペースで開かれてきた。

　他方、2009年5月には台湾の野党民進党の重鎮でもあった陳菊高雄市長が初めて中国を訪問し、郭金龍北京市長や韓正上海市長と会談した。同年6月、中国は国務院台湾事務辦公室に「政党部」を設けたが、これは対台湾政策において民進党を取り込む狙いがあると見られた。2010年4月には、韓正上海市長が中国の直轄市長として初めて台湾を訪問して、台北市との間で都市フォーラムを開催した。こうして地方政治レベルでの中台交流も進展しているのである。

　2014年11月に北京で開催されたアジア太平洋経済協力（APEC）首脳会議に台湾の馬英九総統が出席することには至らなかったが、同年2月には台湾の行政院大陸委員会の王郁琦主任が中国を訪問して、中国の国務院台湾事務辦公室の張志軍主任と南京で正式会合を行った。同年6月には張志軍主任が台湾を訪問した。

　ごく大雑把に概観しただけでも、馬英九政権下では以上のように中台双方の多様な接触と交流が推進されてきた。しかしながら前述したように、中台トップ相互には思惑のすれ違いが見られ、しかもそのすれ違いは決して軽微なものではない。もとより、今日の中台関係は、かつて長らく中国による「解

放」と台湾による「大陸反攻」が先鋭に対立していた時代のそれとは全く異なる。だが、かたや「一つの中国」という大前提の下で「台湾独立」を何としても阻止したい中国と、かたや関係強化による経済的利益の維持・発展を目論む台湾との対立構図は、とても「中台統一」などという理想に近づいているとはいい難く、根本的に何ら変化していないと見るべきであろう。

2015年12月、米国政府は4年ぶりに台湾へ武器売却することを決め、米国議会へ通告した。米国が2010年1月と2011年9月に売却した合計額は計約120億ドルであったが、今回の売却額は18億3000万ドルであると伝えられる。売却額はかなり縮小している。また米国政府が売却を決めた武器は、ペリー級フリゲート艦、水陸両用車AAV7、地対空ミサイル「スティンガー」、TOW対戦車ミサイル、歩兵携行式多目的誘導ミサイル「ジャベリン」、艦艇用近接防御火器システム「ファランクス」であり、「東シナ海と南シナ海の間に位置する台湾の海洋安全保障能力の向上が主眼」[3]ともいわれるが最新鋭のものではなく、いずれもこれまですでに台湾へ売却されたことのある武器で、実質的に追加配備である。「米海軍は台湾のデータシステムとリンクし、台湾の哨戒能力やミサイル防衛能力向上に向けた支援も行う予定」[4]と伝えられており、むしろこちらの方が台湾の戦力構築にとっては重要であると思われるが詳細は明らかでない。台湾は新型戦闘機やイージス駆逐艦、潜水艦の売却を求めていたが米国は認めなかったともいわれる。

しかしながら、4年という時間を置いたとはいえ米国が引き続き台湾へ武器を売却するという事実から、米国が台湾の安全保障に一定程度の配慮を行い、中国の今日における南シナ海や東シナ海での動向を牽制する意図と相まって、そこには台湾の防衛力維持を支援するという意図があることは明らかである。何から台湾を防衛するのかといえば、それは改めて指摘するまでもなく中国の脅威である。

経済分野を中心として中台関係は比較的良好に進展し、一見情勢は平穏で見通しは明るいと思われつつも、安全保障分野においては必ずしもそうではない。台湾が独立を宣言した場合等において中国は武力行使すると公言しているという状況にも変化はない。

だが他方で、中台関係における緊張緩和や経済交流の緊密化が進展し、こ

の趨勢は当分続きそうであるということも厳然たる事実である。

　日本もさまざまな分野で台湾との緊密な関係を有しており、台湾海峡の平和と安定は日本の国益にとっても緊要である。しかし日本も台湾も、それぞれ中国との関係があるゆえに、日台の関係構築と深化には一定の慎重な配慮を強いられている。そうであるならば、台湾をめぐる安全保障に関する考察は、日本にとっても今こそ必要ではないだろうか。そうした共通の問題意識の下、各章執筆者がそれぞれの視点から台湾をめぐる安全保障を再点検し再検討した結果が本書である。

## 2．本書の構成

　本書各章の概要は以下の通りである。

　第1章「台湾をめぐる国際政治のダイナミズム」（浅野亮）では、今後約20年間に日米中台の間の軍事バランスの変化が進んでいく過程における、台湾をめぐる軍事安全保障情勢の変化の可能性が論じられる。それはどのように展開していくのかが考察され、関係各国はどのような「戦争形態」を想定していくことになるのか、またその相互作用も検討される。本章は本書における研究全体の大きな方向性を示しているが、こうした研究の最大の難関は時間的な情勢変化を予測するということである。改めていうまでもなく、そこには無限に多数の要因が関与するからである。本章はそうした中で、中国の役割の変化や中国をめぐる国際環境の変化といった台湾の安全保障に直接かかわる国際関係要因を検討する他に、中国による台湾攻撃といった軍事的要因や日米同盟という台湾の安全保障に緊要な二国間関係を考察する。そしてまた、台湾の安全保障には中国と台湾の人口問題という要素にも目配りする必要があることが示唆される。

　第2章「台湾政治と軍事戦略の関係」（門間理良）は、まず台湾の蔣経国政権後期以降の李登輝、陳水扁、馬英九という3人の総統の下における台湾の政治動向を概括し比較する。ここでいう政治動向とは、主として社会情勢を含む台湾の内政、その対中政策、そして対外政策である。そのことによって、それが台湾の軍事戦略や台湾軍の組織変革にどのような影響を与えてき

たかが分析されるのである。そうした台湾政治と台湾軍事の経緯を、将来の台湾の軍事戦略と軍事組織を展望する際の基礎とする。そして将来の台湾軍を想定するには、国防予算の推移、中国との経済関係緊密化による厭戦気分、中国の軍事力との乖離、台湾の軍事力更新の進展、そして中国による対台湾統一戦線・浸透工作を考慮に入れることが重要であると示唆される。

第3章「台湾の軍事戦略」（門間理良）では、主として台湾で隔年に発行されている『国防報告書』等の公刊資料を用いて、台湾の戦略環境認識、国家戦略、軍事戦略の現状が分析される。それに基づいて、将来の台湾軍の防衛作戦が予測される。周知のように台湾は大陸反攻をすでに放棄しているから、さまざまな非対称性に直面しつつ中国からの攻撃に対する防衛作戦を強いられることになる。現状に基づけば、台湾の軍事戦略が今後どのように変化すると考えられるか、そしてそのことが台湾軍の兵力編制にどのような影響をもたらすかが検討される。

第4章「台湾とアメリカの「現状維持」をめぐる相剋」（阿部純一）は、台湾と米国の将来動向を考察するに当たって米中関係及び中台関係を考察することから始めなければならないとする。本章は、米国と中国との関係の推移の中でも、とりわけ台湾の「現状維持」をめぐる歴史的背景や安全保障上の含意、政治的・心理的ジレンマ、そして米中関係に含まれる「現状維持」を困難にする要因が分析される。それによって、台湾が掲げる中台関係の「現状維持」シナリオに多くの困難があることが予測される。しかし東アジアの安全保障を安定的に維持していくには、台湾が現状維持すなわち独立した政治的存在として永らえていくことが重要である。いい換えればそれは、中国の軍事力増強を抑止するためのものでもある。中国は台湾の「武力解放」をあきらめないが、かといって米国の介入を回避することもできない。ただし米中の力関係が拮抗しつつあるとすれば、台湾の戦略的価値は高まることとなり、台湾自身の政治的帰趨が重要になると指摘される。

第5章「中国の対台湾政策」（門間理良）は、台湾自らが1949年以来3つの時期に分類する中国の対台湾政策のうち、その第3段階である1979年から現在までを、中台関係、外交、軍事の3つの視点から検討する。すなわち、中国が台湾を武力解放することから平和解放することを目標とした時期を経

て、「平和統一、一国二制度」に転換した時期である。それまで中国は外的・内的要因によって社会情勢が不安定化すると、その解決を優先して台湾問題を先送りする傾向があった。他方で今日、台湾住民の圧倒的多数は現状維持もしくは独立傾向をもっていることが明らかになっている。台湾は、香港やマカオの現状から、「一国二制度」を全く信用しておらず、こうした志向はますます強まることが予測される。本章は、今日多くの困難に直面する中国情勢の推移が、この台湾の現状維持・独立志向とかみ合っていく可能性が高くなると予測する。

　第6章「中国の空域統制と再編成―台湾にとっての新たな非伝統的安全保障の脅威」（安田淳）では、これまでの南シナ海や東シナ海の上空における経緯と現状を例にして、中国が民間航空のための空域統制を強め、また同時に航空交通管制をさらに近代化させていることが分析される。そればかりでなく、すでに台湾海峡における民間航空路設定に新たな変化が見られる。一見安全保障とは無関係であるかのような民間航空のための航空交通管制が、中台間に新たな安全保障上の摩擦を生じさせる可能性があるという仮説が提示されるのである。南シナ海での空域再編や東シナ海における「防衛識別区」の設定を子細に検証することで、この仮説がさらに台湾へ安全保障上の影響を及ぼし得ることが推察される。今後台湾にとって、民間航空交通がいわば非伝統的安全保障領域における脅威の源の1つとなり、これに対する懸念や警戒が強まるであろうことを予測する。

　第7章「安全保障から見た2030年の日台関係」（村井友秀）は、日本の安全保障において台湾が占める位置を考察し、中台関係の将来が日本の安全保障戦略にどのような影響を及ぼし得るかを検討する。中国が領土問題の棚上げを主張した際にむしろ危険性が潜むことや、台湾の意思次第では中国に対する抗戦は可能であること、しかし中国が常に合理的に行動するとは限らないことなどを前提として、台湾は日中間のパワーバランスに重大な影響を与える地理的位置にあることが指摘される。そして現状維持国家である日本と台湾が、中国の侵攻を抑止するために必要十分な軍事力を保有すれば、東アジアの安全保障は確立されると展望される。

## 3．台湾をめぐる安全保障研究の意義

　2016年1月16日、台湾の総統選挙が行われ、民進党の蔡英文候補が当選した。中国との融和を進めてきた国民党の政権から、台湾独立を掲げる民進党の政権へ移行することになる。もとより、これで台湾が独立へ急激に向かうとは思われない。事実、選挙戦を通じて蔡英文候補は「独立」の主張を封じ、「現状維持」を訴えてきた。それが大方の台湾の人々の願いであり、その願いが選挙結果に反映されたといえよう。経済分野を中心としてこれまで培われてきた中台間の緊張緩和と融和は、中台双方のみならず多くの人々に平和と繁栄をもたらしており、これこそが「現状維持」を望む原動力である。それゆえ最悪の場合武力紛争に至りかねない「独立」は、台湾にとって非常に危険な賭けとなり得る。賭けが危険である以上は、それは誰しも望まないであろう。しかしだからこそ、「現状維持」と「独立」がどのような関係にあるのか、そしてその関係性の中に武力紛争という最悪の事態が生じる可能性なり恐れなりはないのか、安全保障の観点からの考察を止めるわけにはいかない。

　前述したように、台湾をめぐる安全保障環境は、日本の安全保障、そして東アジアの安全保障にも直接的に結びつく。その今後の推移を、自信をもって的確に予測することは不可能である。だがそれゆえに、定説や希望的観測を排除し、あらゆる可能性や変数を吟味してさまざまな事態を想定し、そこにどのような難しさと不可解さがあるのかを絶え間なく検討し分析し続けるべきであるというのが、本書執筆者たちの共通の問題意識である。

1)「九二共識」に関する台湾側の解釈は「双方とも『一つの中国』は堅持しつつ、その意味の解釈は各自で異なることを認める」(いわゆる「一中各表」)というものであるが、中国側の解釈は「双方とも『一つの中国』を堅持する」(いわゆる「一中原則」)である。台湾の民進党は、合意そのものを認めていない。
2)「外交休戦」については、台北駐日経済文化代表處による下記のサイトも参照。
　http://www.roc-taiwan.org/JP/ct.asp?xItem=67148&ctNode=3522&mp=202（2016年1月20日最終アクセス）.
3)「台湾に武器　中国けん制」、『読売新聞』2015年12月18日。
4) 同上。

# 第1章
# 台湾をめぐる国際政治のダイナミズム

浅野　亮

　この報告の目的は、おおよそ30年のスパンで、台湾をめぐる国際環境や軍事環境の変化について多面的な考察を試み、今後の研究のたたき台を示すことである。そこでは、日米の他に特に中国が果たす役割が大きいと考えられるので、中国を中心に考察を試みる。構成は、視点と枠組み、中国の役割変化、変化の内的要因（人口問題）、中国をめぐる国際環境の変化、日米同盟の変容、中国による台湾攻撃の可能性、中間的結論、理論研究の応用の重要性としている。

## はじめに——視点と枠組み

　おおよそ30年後とは、21世紀中頃を意味し、2020年（朝鮮戦争勃発70周年、なお1953年の休戦からなら2023年）、2031年（辛亥革命勃発120周年）や2035年（ベトナム戦争終結60周年）、は早すぎるとしても、2045年（第二次世界大戦終結100周年）、2049年（1949年の中華人民共和国成立100周年）など、いわゆる節目とみなされる時期である。

　他には、2047年（国共内戦勃発100周年）、2050年（朝鮮戦争勃発100周年、なお1953年の休戦からなら2053年）もある。ただ、これらの時期に、どのような記念行事が行われるか、予測が難しい。とりわけ、朝鮮戦争関連では、中国が義勇軍を派遣した立場にたつのか、それとも国連軍を派遣した国連安全保障理事会のメンバーとして出席するのか、また（統一されていない場合）北朝鮮と韓国も出席するのか、国連事務総長も出席するのか、また朝鮮半島

が統一された場合はどのような立場で出席するのか、想像はつかない。

　歴史をさかのぼって考えると、2040年はアヘン戦争勃発200周年で、中国共産党が「屈辱の歴史」とする原点である。2010年代中頃の時点で、アメリカでは、おおよそ30年後、2045年頃には、経済規模だけでなく、中国の総合国力がアメリカを追い越すという予測が行われたことがある[1]。中国も、このような予測を紹介してきたし、追いつくのは2020年頃という予測もある[2]。中国では、21世紀中頃を、21世紀初頭に見られた急激なパワー増大が続くものとして、イメージする傾向がある。予測は水物だが、予測それ自体も政策や行動の基本的な要因であろう。中国のアサーティブな態度や行動は、パワー増大とその将来イメージがあってこそ形成される。

　2010年、中国のGDPが日本のそれを抜き、さらに経済成長を続けていくと予測されると、それ以後、抗日戦争が中国共産党の正当性を強調するために大いに宣伝で使われるようになったことから、日本では中国の対外行動はけっきょくパワーに基づくと理解されるようになった。もしそうならば、21世紀中頃には、中国は「屈辱の歴史」の清算をする時期にきたとして、アヘン戦争を宣伝で大いに使うようになるであろう。

　これだけ長期になると、当面は固定していて変わらないと考えられる変数も、大きく変化する可能性が大きくなる。さらに、ある時期に安定のもととなった要因が、条件が変われば次の時期には不安定を招く作用をもつこともあろう。同じように、ある時期に日本にとって有利な要因が、条件が変われば次の時期には不利を招く作用をもつこともあるだろう。

　つまり、政策提言では、これから予想できる将来、同じようなある政策を一貫してとれば日本を取り巻く国際環境がずっと安定している保証はなく、同じように日本がずっと有利になるシナリオもなく、ある時期に有利になろうとすれば、他の時期には不利を忍ばなければならないだろうし、それでも必ず有利になる保証もない。

　しかも、日本が世界第2位のGDPをもっていた1990年代にも、アメリカは警戒していたものの、日本がアメリカの覇権に挑戦することはほとんどなかった。その理由はまだ学術的に十分に解明されていないものの、経済力のようなパワーだけで一国の行動が決定されるわけではないことはほぼ明らか

であろう。

　政治や安全保障の分野では、予測として、イアン・ブレマー（Ian Bremmer）が率いるユーラシア・グループ（Eurasia Group）による毎年のグローバル・リスク評価などが比較的よく知られている。他にも、Economist 誌による 2050 年までの長期予測（Daniel Franklin らによる研究、2012 年発表）、OECD による 2060 年までの長期予測（2012 年 11 月発表）などが高い評価を受けている[3]。一般に、長期予測は、政治や安全保障に関連していても、経済だけでなく人口や科学技術、文化などの変化も含めたものが主流である。

　日本でも、シンクタンクを中心に中長期の予測は行われてきた。たとえば、防衛戦略研究会議（防衛研究所が 1999 年に発足させた）による『日本をめぐる安全保障──これから 10 年のパワー・シフト』（2014 年公刊）、PHP 総合研究所が 2011 年に発表した『「先進的安定化勢力・日本」のグランド・ストラテジー──「先進国／新興国複合体」における日本の生き方』（2012 年に『日本の大戦略』として単行本化）などがよく知られている。また、PHP は、2012 年から毎年『PHP グローバル・リスク分析』を公表し、国際政治、国際経済、金融、エネルギー、地域等の分析を行ってきた。笹川平和財団も、10～20 年先の将来につき 2011 年に『ルール推進国家・日本の国家安全保障戦略──パワー・シフトとグローバル化、リソース制約の時代に生きる』を発表した。その他、日本国際問題研究所や世界平和研究所も中長期の観点から分析と提言をしばしば行ってきた。国家安全保障会議（NSC）が設立されるまでは、このような民間または半官半民の組織の中には、その機能や役割を果たそうとしたものも少なくなかった。

　ほぼ共通していることは、これらの長期予測は、現実が予測を超えて進むことを最初から組み込み、定期的に点検をして予測が外れた事柄を特定し外れた理由や原因をさぐり、予測の修正をくりかえすことである。長期予測では、問題設定そのものがくりかえし検討されなければならない。

　予測が重要なのは、駆け引きにおいて、短期的な利益を重視するか、リスクや不確実性があっても相対的に長期の利益を重視するか、意図や目標の設定に欠かせないからである。この設定のための計算では、予測がどれだけ正確か、また他国に計算やその元となる予測を悟られないか、がきわめて重要

である。

　ただ、大きな問題の1つは、「中国の台頭」に経済と安全保障が密接に絡んでいることである。経済面では、ノーマン・エンジェル（Norman Angell）以来、経済的相互依存が国際紛争を回避または緩和するとの主張がくりかえされてきたが、「中国の台頭」をめぐる包括的な議論は十分とはいえない。経済的相互依存に基づく国際紛争の回避ができたのは、単に運がよかったからという指摘[4]を乗り越えるような説得的な議論はなかなか見当たらない。逆に、第一次世界大戦では、相互依存がかなり進んでいた独口等の間では戦争を回避するため手だてを講じていたが、あまり相互依存が進んでいなかったそれぞれの同盟諸国がより戦争に積極的で、それぞれの同盟を維持するために、相互依存が高度に進んだ諸国も戦争に踏み切ったという、より複雑なメカニズムを指摘する分析もある[5]。

　国際政治経済学の観点からの研究は、軍事を中心とする安全保障がほぼ常にゼロサムゲームである一方、経済はほぼ常にノンゼロサムゲームであるという図式で国際政治経済と安全保障の違いとみなすことが多いようである。この枠組みは、国際政治経済学の観点から国際秩序の安定を分析しようとするならば、後30年の予測にはかなり限られた役割しか果たさないであろう。もちろん、経済安全保障をノンゼロサムゲームと捉える研究はあるものの、経済安全保障そのもののメカニズムはまだ十分に理解されているとはいえない。

　逆に、安全保障の研究者は、経済安全保障にあまり目を向けないため、経済にも存在するゼロサムゲームの側面を十分に考えず、経済安全保障そのもののメカニズムを軽視する傾向にあったといわれている。理想論をいえば、長期的には互いに紛争の激化と緩和の両面をもつ経済と安全保障のあいだのメカニズムを解明してこそ、今後30年の将来予測ができる基盤が固まっていくであろう。

　この基盤が不十分にしかできない国家は、「戦場の霧」ならぬ「将来予測の霧」が晴れず、基盤が十分に整理できてこの種の「霧」が薄くなった国家によってあなどられ、従属させられることになりかねない。碁や将棋で、全局を見ない指し手が、何度かは勝てても、対局を重ねていけば勝ち続けるこ

とが難しくなるのと似ている。または、病気の治療なら、総合診療で病名を特定できなければ、刻々と変わる病状に対応した治療ができないこととも通じるであろう。一つ一つの事例の積み上げがなければ分析はできないが、全体的な枠組みやメカニズムの動態を考えずに個々の事例の意味づけがどこまでできるだろうか。

　台湾をめぐる長期予測も、基本はこのような包括的な枠組みの中で考えるのが正当な方法であろう。しかし、この短い論文では、正面から包括的なアプローチをとることはできないので、考察しない要因や要素をできる限り明示しておき、それらも変化する場合の分析に備えることとしたい。

　この種の考察で重要な手がかりがいくつかある。

　第1に、国際環境では、21世紀初頭において、アメリカ一極のグローバルな国際システムがどのように変化しているかということがまず重要な手がかりであろう。このような予測はすでにかなり組織的に行われてきている。ただ、ここではそれらの先行研究をおおまかな参考とはするものの、逐一検討することはしない。

　第2に、国際環境の変化が起こってきたとして、次はアクターとしての中国がその変化にどのように対応するか、また推進するかである。国際環境の変化に中国が自動的に対応するわけでもなく、また環境変化に全く対応なく勝手に行動するわけでもない。中国は国際システムの変化に対応しつつ行動をとり、その行動が逆に国際システムに影響するというフィードバックを考えるということである。

　このようなフィードバックの中で、台湾をめぐる中国の態度、行動や戦略はどのような選択肢をもつか、を考えていく。ただ、そこでは東アジアの中でも、たとえば南シナ海、朝鮮半島や日本海、オホーツク海などの地域や海域の情勢との連動は十分に考えられる。2015年8月には日本海で中ロ海軍が合同軍事演習を行い、ほぼ同じ頃、アラスカ付近のアメリカ領海を中国艦隊が通過している。

　アクターでは、台湾の政策や行動も考えなければならない。相対的に国際的な役割が低下するとしても、台湾が進める政策は東アジアの国際環境とアクター間のフィードバックを考える上で無視できない要因である。

第3に、軍事面での分析それ自体もきわめて重要ではずすことはできないが、30年単位で見る場合は、政治、経済、社会などのほかの側面とどのような関わりがあるのかも分析しなければならない。もちろん、このような幅広い分析が実際にできるかという疑問はすぐに投げかけられるが、30年にわたる長期的な予測をする上で、最初から実行可能性に縛られる必要はない。

　見落とされがちだが重要なことは、以上のような要素が実際のプロセスで現れる順序やタイミングである。碁や将棋と同じように、手順が1つ違えば勝負の結果が違うこともある。したがって、主要な要因を並べるだけでなく、経営学やゲーム理論などでしばしば使われる「決定の木」(decision tree) を用いて物事の順序ごとにプロセスの違いを見る必要がある。ただ、これも膨大な作業を伴うものなので、この論文ではきわめて大きな戦略上の意味がある場合にごく初歩的な形で考察に役立てることとする。

## 1．中国の役割変化

　ここでは、今後30年で、中国の国際的な役割の変化がどのように変化するか、とりわけどこまで変化するかについて考える。

　長期的な観点からの政策提言で有名な清華大学の胡鞍鋼は、そのグループ研究の中で、1990年から2013年、つまり習近平が最高指導者となった第18回党大会の次の年までに、中国の総合国力は大きく向上し、最も発展した先進国であるアメリカとの格差も急速に縮小したと論じた。この判断から、胡は各種のチャレンジに積極的に対応し、戦略的に優勢な地位を獲得して主導権をとっていくべきと提言した。しかし、同時に彼は中国の発展レベルがアメリカとはまだ大きな格差があるという慎重な意見もつけ加えた[6]。全体として、慎重さよりも積極姿勢を強調し、これが胡錦濤政権末期から習近平政権成立直後まで、中国が積極的な対外政策を進める理論的根拠となった可能性がある。

　また、中国の有名な国際政治学者の一人である王帆は、中国が戦略の転換期にあり、地域的な大国からグローバルな影響力を備えた地域的な強国となると述べた[7]。王帆のこの予測は胡鞍鋼よりやや慎重であったといえるであ

ろう。つまり、中国は現在よりもグローバルな影響力を強めていくが、基本的にはアジア地域にかなり限られた役割を果たすにとどまるということである。アメリカの現代中国政治研究者であるシャンボー（David Shambaugh）の言葉を借りれば、中国は「パーシャル・パワー」（partial power）であろうということであろう[8]。シャンボーは、中国の経済力増大を認めつつ、アメリカに比べれば、軍事力やソフト・パワーがそれに見合う形で増大していないと観察した。

また、中国の国際政治学者である周方銀は、中国は安撫（安心させること、なだめること）という手段によってはアメリカのアジア太平洋における同盟関係を根本的に弱め崩壊させることはできないと冷静に議論している。「中国がこれらの国々に対して脅威でないとしても、力をつけてきている中国に対して、アメリカが提供する安全保障上の保護はその安全保障上の利益にかなう」「フィリピンは中国との間に領土、領海や主権上の問題をかかえ、日本は東アジアで中国主導の地域秩序の形成を妨害している状況では、中国は実質的な安撫を行うことができない。周辺国家が一定の圧力を感じているのは、中国の力の増大それ自体によるのだ」[9]。言葉をかえれば、中国による関係改善の努力も、日米同盟等のアメリカのプレゼンスを根本的に変えることにはならないという評価である。

既に述べたように、胡鞍鋼のグループは中国の総合国力を高く評価して提言を行ったが、総合国力は性格が曖昧でしかも相対的なものであり、分析者によって判断が異なることが多い。中国の国有商社ともいうべき中国通用技術集団の高紅衛は、2030年までの予測を行い、総合国力のさらなる増大には政治改革やソフトパワーの充実が不可欠と論じ、胡鞍鋼らよりも慎重である[10]。

胡鞍鋼を除き、このような中国の代表的な国際政治学者やシンクタンクの研究者の判断は、シャンボーにとどまらず、アメリカの主要なシンクタンクの研究結果とも奇妙に親和性がある。2011年にランド研究所から発表されたジェームズ・ドビンズ（James Dobbins）たちの研究は、今後20年間で、中国の力はアメリカ主要部には及ばず、中国のごく周辺（immediate periphery）に限定されると予測している[11]。ちなみに、この研究と後に述べる「プロ

ジェクト　2049」による研究は、海洋政策研究財団の『海洋安全保障情報特報』（2012年2月）に詳しく紹介されている。

　中国が「パーシャル・パワー」であるという見立ては、日本の戦略にとってどのような意味があるだろうか。アメリカが深刻に懸念するようなグローバルな存在には中国がまだならないとしても、東アジア地域ではかなりの力をもち、日本にとってはかなり深刻な懸念材料となっている可能性は否定できない。シャンボーのもつ脅威認識をそのまま日本に当てはめることはできない。ドビンズやシャンボーらの研究は、これから中国に対する日米間の脅威認識が大きくなっていく可能性が軽視できないということを意味する。

　中国の強硬な対日姿勢が、目前の状況にあわせた一時的なものなのか、それとも多少の姿勢の変化があっても構造的な変化でこれからも続くものなのか、という問題を示すことができる。実際、中国の対日政策が構造的に変化してきているという見方はすでに出てきている。

　たとえば、香港の新聞『大公報』（2014年2月4日）が、同日の『星島日報』の論評を引用し、中国の対外政策が戦略的な転換をしてきていると論じた[12]。この論評は、最近の中韓関係の進展に着目し、安重根記念館が「大げさな調子で（中国語原語は「高調」）」設立されたこと、習近平の韓国大統領への親書と誕生日祝いや訪韓の希望表明などは、「聯韓制日」、つまり韓国と提携して日本に対抗するという戦略に基づいており、習近平の外交の戦略的変化を表していると論じた。

　この論評は、中国外交はこれまで鄧小平の「韜光養晦」という対外政策の基本方針に基づき、20年にわたって敵も友もない外交政策の枠組みでやってきて、日本を刺激することを極力避け、安重根の記念行事も目立たないように行ってきたが、今、中国は友と敵を峻別して対峙し始め、明確に韓国を友とし、日本を敵とみなすように変わってきたというのである。

　この論評は東アジアだけでなく視野を広げて習近平の対外政策を分析した。それによると、習近平は大国外交を今また強調するだけでなく周辺外交を重視し、「おおいにできることをする」（中国語で「奮発有為」）外交政策で周辺国家を引きつけ、特に3つの戦略的領域（中国語で「特別提出三個戦略集中領域」）を重視しているという。3つの戦略的領域とは、中央アジアの「新シ

ルクロード」、東南アジアの「海上シルクロード」、インド、ミャンマーとバングラデシュの「経済回廊」のことである。

　この論者の結論は、中国の台頭に建設的な役割を果たしてほしい国家に対して、さらに大きな実際の利益を得させようとしているというものである。すでに中国は実質的に対外政策の枠組みを転換しているというのもこの論評の観察である。中国外交は「才能を隠して実力を蓄える」（韜光養晦）、「リーダーシップをとらない」（不出頭）が基本で、アメリカを重点中の重点とする鄧小平の基本的な枠組みであった。2016年2月、「シルクロード経済帯」と「21世紀海上シルクロード」を組み合わせた「一帯一路」構想が打ち出されたように、この論評が示したまさにこの枠組みで中国の対外政策は展開していった。

　閻学通（清華大学教授）によれば、過去20年間中国は1つの盟友もない完全に中立の国家で、敵対する国家を作らないよう努めてきて、アメリカが主導するグローバルなシステムの下、国内の発展に努めてきた。しかし、今や北京はラテンアメリカに対するサポートを強化してアメリカを牽制し、ベネズエラ、エクアドル、キューバ、ブラジルなどにも接近したと見ている。

　これまで中国は日本に対しても刺激することを避けてきた。しかし、今、中国は友と敵を区別して対峙し始め、明確に韓国を友とし、日本を敵とみなしているというのが、この論評の広範な分析の結論である[13]。

　このような対外政策の基本的な変化が進んできたとすれば、対日政策の変化も構造的であると見てよいであろう。中国側は、日本に対してこれからも強硬な対応をとるであろう。しかし、ある時点で強硬なだけでは効果が薄いとして、強硬と穏健な対応を組み合わせてくる。まずは穏健に出て、日本の世論の対中警戒心を和らげ、日本政府による強硬な対応を牽制しようとする。

　少なくとも、日本の中にある対中警戒が実は意味がないものというイメージ作りをする。中国側が日本の実力を高く評価するなら、かなり長い期間にわたって穏健な態度をとるであろう。しかし、日本の力を低く評価するか、または中国側が自己の力を高く評価するならば、日本への対応は強硬になりがちとなる。中国の対応は、抑制的なつもりであっても、日本からは強硬に見えるようなものになる。

2015年9月に行われた「反ファシズム戦争と抗日戦争勝利70周年」記念の軍事パレードは、少なくとも日本からは、もしこれまでの「韜光養晦」政策との訣別か、あるいは新たな段階に移ったかに見える。少なくとも、1992年に外交部長であった銭其琛が述べたような、「全方位外交」の時期は終わったのかもしれない。実際、軍事パレードには韓国大統領が出席し、厚遇されていた。

　パワーが増大すれば、行動の自由度も増大するように思えるのは人間の性である。そして、中国が軍事力の行使を望まないとしても、多くの国々が中国を警戒するようになると、抑止を強化するためにはさらに威嚇を必要とし、その威嚇の強度を上げなければならない。常に威嚇をすることは「新常態」（ニュー・ノーマル）になっているのである[14]。「平和発展の戦略的チャンスの時期は、決して妥協と忍耐だけに頼っていけるものではない」「中国がもし謙譲や温和な態度だけを見せれば、人々はさらに動機に懐疑的になるであろう。何も考えずに問題からの逃避、妥協や忍耐をするなら自縄自縛になるだけである。一旦外界がこのような中国の態度に慣れてしまえば、中国が少しでも強硬な態度をとった場合、外界は大きな落差に驚いてしまい、中国の対外関係の正常な発展に不利になってしまう」という理屈である。

　この理屈自体は、純粋にパワーの計算に基づくものであれば、かなりコントロール可能であろう。しかし、問題は中国のナショナリズム（日本も同様だが）が互いのオプションを大きく制約しかねないことである。将棋が一手違えば結果が異なるように、ほんの少しの揺らぎが結果の大きな違いを招くかもしれない。

## 2．変化の内的要因――人口問題

　「改革開放期」が始まった頃には、人口問題の専門家を別にすれば、人口要因が中国の政治や社会に与える影響を考慮した分析はほとんど顧みられることがなかった。しかし、「中国の台頭」がどこまで続くか、中長期的なテーマに関心が向くようになると、徐々に人口というあまり目立たない要因が注目されるようになってきた。人口要因の中でも、特に高齢化の進展が注目さ

れ取り上げられた。

　多くの場合、この要因は、中国の経済成長が鈍化し停滞する主要な要素を論じるために取り上げられたといえないことはない。しかし、人口の高齢化が進み、経済成長が鈍化したとしても、それは中国の国際的役割の急激な縮小をすぐには意味しない[15]。さらに、労働力人口の減少は、外国人労働力やロボットの利用である程度補うことができるかもしれない。逆に、その導入時期や方法を誤ると、中国の失業問題をさらに悪化させる懸念がある。このような対応は中国のリーダーシップや科学技術レベルにも関わるが、これらは不確定な要因であり、いくつかのシナリオを描くことになる。したがって、人口という要因の役割を分析するには経済や技術などもあわせて考える必要がある。

　ここでは、台湾をめぐる安全保障を論じるので、台湾の人口構成の変化も見ていく。基本的データとして、台湾の人口トレンドを見ると、2030年まで台湾の人口はほぼゼロ成長のままで、生産年齢人口が減少し、高齢化が進むと予測されている。

　行政院経済建設委員会が2010年8月に「2010年〜2060年の台湾の人口推計」を報告した。人口はほぼゼロ成長で、2018年に2,330,000人、2025年に2,360,000人と予測している。生産年齢人口（15〜64歳）の総人口に占める割合は、2015年に最高値の74.4パーセントで、その後下降し始め、2060年には48.9パーセントとなる。65歳以上の高齢者人口が総人口に占める割合は、2010年の10.7パーセントから2060年の41.6パーセントに増大する。その中で、80歳以上のさらに高齢の人口が総高齢者人口に占める割合は、2010年の24.4パーセントから2060年の44.0パーセントに増加する。このようにして見ると、若年層が多く失われるこれまでのようなタイプの戦争を台湾は望まないであろう。

　次に、中国の人口トレンドを見てみよう。人口という基本データに基づく分析でも、実際には異なる分析がある。生産年齢人口のトレンドでさえ例外ではない。ここでは、主に国連の推計に基づいて議論を進める。中国の人口の増大傾向は続くが、国連の人口推計（中位推計）によれば、2027年から減少に転じる見込みである。第12次5カ年計画では、経済社会構造の転換が

強調されており、その背景には若年労働者をてこにした経済成長が今後困難となるとの判断がある。高齢化率 (65 歳以上の人口比率) は、2010 年には 8.9 パーセントであったが、2020 年には 12.6 パーセント、2040 年には 23.3 パーセントに上昇する見込みである[16]。

　国家統計局の馬建堂局長によれば、中国の労働人口は、少なくとも 2030 年まで減少を続けるという。

　このような予測から、中国では議論が進み、一人っ子政策の見直しと退職年齢の引き上げが決まった。ただ、人口数というラフなものではなく、実際に工場などで働く労働力人口は、農村から都市への人口移動に大きく影響されてきた。「ルイスの転換点」といわれる農村から都市への人口移動のピークは過ぎたともいわれているが、人口移動が制度上制限されていて、「自然な」移動ではないという指摘もあり、この立場にたてば「ルイスの転換点」はまだ過ぎていないと考えることができる。

　改革開放期に諸政策の中で経済成長が最も重視されたのは、増加し続ける就業人口に雇用を持続的に与えなければ、慢性的な失業が中国共産党への不満を高め、体制の崩壊がありうるとの判断があったからであろう。しかし、増大し続けてきた労働力人口は、相対的に安価な労働コストを提供し、粗放型の高度成長を支えてきた。

　しかし、2000 年代から目立ってきた労働賃金の上昇は、中国企業の国際競争力を弱めたため、新たな成長モデルを模索することになった。生産年齢人口の減少は、雇用圧力を弱める側面はあったとしても、成長モデルの模索に続く改革に必要な時間には限りがあるということも同時に意味していた。しかし、2014 年から続いてきた「新常態」の度重なる強調は、中国国内に高度経済成長がまだ続くだろうという楽観論がきわめて強く、改革が順調には進まない状況を表している。

　ただ、もっと長期に考えると、人口に対する考察は、もう少し複雑になる。現在沿海地域に集中している産業が徐々に内陸部でも活発に展開するようになるとすれば、労働力人口は、これまでの内陸から沿岸地域ではなく、内陸部に集まっていくと予測されている[17]。もしそのようになれば、中国の主要産業が沿海地域に集中しているといういわゆる戦略的縦深性が不十分であ

る状況が是正される。沿海地域が攻撃されても、反撃できる能力が内陸部の奥深くに残っているということである。この状況は、北京による「台湾問題の解決」へのオプションを広げるし、逆に「台湾問題の解決」によって中国の戦略的縦深性が高まり、対米、対日政策でかなり有利になっていくということに通じていく。

　中国の軍事や安全保障政策の長期的な計画策定では、このような中国の経済と社会の基本的な変化を織り込まなければならない。ただ、中国に不利な要因は希望的観測に基づき、過大評価される傾向があるかもしれないので、慎重に考えていかなければならない。

## 3．中国をめぐる国際環境の変化

　多くの分析は、米中を中心にすえて分析、予測している。これは、日本が米中関係に大きく影響してきたため、この状況でどのようにすればよいかが重要な課題になっているからであり、当然のことである。

　しかし、30年という長期の予測では米中のみを考慮するわけにはいかない。ところが、この場合は、中国崩壊論、つまり中国が自滅するシナリオが語られやすい。理論上は当然ではあるが、これは日本に大きなコストをかけずに中国の役割が小さくなってほしいという願望に基づく側面が強く、崩壊後に日本がとるべき対応や政策を本気で追求したことはほとんどない。

　日中関係の悪化を強く懸念する人々の中には、日中間の「ウィンウィン」を強調して関係の安定を主張することがある。しかし、1970年代の日中蜜月関係が21世紀初頭までにはほとんど完全に崩壊した背景や原因を正面から追究しないままでは、これからも「ウィンウィン」が保たれることはできない。

　もし「ウィンウィン」、すなわちプラス・サム・ゲームが続き、日本にとっても利益があるとしても、日中関係が日本の安全保障にプラスのままであるという保障はない。そもそも、プラス・サム・ゲームはふつう非対称、つまり両者が得る利益の大きさは同じではないので、時が経てば一方だけが有利になっていくことになる。企業間の競争でも、1つのマーケットで互いにつ

ぶすことができない場合、とりあえず共存してマーケットを拡大し、そのうち一方が有利になるとそれまでの協力関係を終わらせ、ライバルを追いつめることは珍しくないであろう。

実際のところ、日中国交正常化以後の日中関係は、おおむね「ウィンウィン」の関係であったとすれば、21世紀初頭までに中国の利益が相対的に日本より大きくなり、非対称なゲームとなってきたという主張を否定できないであろう。このような見方が日中関係を十分に説明できるとすれば、日本に対して有利になった中国がプラス・サム・ゲームの中で日本に遠慮しなくなってきたのはごく当然のことである。

台湾研究者として知られる小笠原欣幸は、2014年2月の習近平・連戦会談の直後に、日本がとるべき対台政策として、日中台間の「トリプル・ウィン」を主張した[18]。これは経済的相互依存による国際関係の安定というナイーブな考えではなく、きわめてリアリスティックな考察の結果である。当面はこの方法しかないと思われるが、これで日中台関係が長期にも安定し、しかも日本にも利益が大きいという虫のよい結果を期待することはできない。

現に、中国経済の対日依存度は急速に低下している。このため、経済的相互依存によって日中関係が安定し、しかも日本が中国に対して優位であるということは、容易にはいえなくなっている。楽観論を排していえば、日中関係の安定と日本の対中優位・競争力の保持は両立できなくなっていく公算が強い。

経済力による抑止もすでに過去のものとなった。中国がマーケットや資源を手段として日本に圧力をかけたことはよく知られている。レアアースでは中国が失敗したとされるが、これで終結するのではなく、中国も研究していくであろう。アメリカが軍事的なオフショア・コントロールなら、中国も経済的なオフショア・コントロールをとり、日本と友好的な諸国に圧力をかけていき、日米への国際的なサポートを弱めていく。このプロセスの中で、アメリカが中国の経済的オフショア・コントロールに譲歩することがあれば、アメリカへの信頼性（credibility）が低下することになる。

これとは別に、日本が当面の中国のライバルであるとしても、日本だけがライバルとしての役割を背負い込む必要はないこともしばしば忘れられがち

である。これまで日本はアメリカが日本にかわって中国に対峙することを期待してきた。もしアメリカがその役割を果たすのに消極的になるならば、別の国にその役割を分担してもらうことを考えてもよいであろう。

　中国が欧州やアフリカ諸国とも経済摩擦を抱えていることは徐々に知られてきている。実際には中国はBRICS諸国との経済摩擦が激化してきたようである。G20などの場で中国はBRICS諸国との紐帯を演出し、先進国との交渉の足場にしてきた。中国では、BRICSとの関係は非常にドライに受け取られ、先進国の懸念や敵意が中国だけに向かわず分散するための仕掛けと見なされている。

　覇権交替論から見れば、先進国とBRICS諸国との対立や対抗という図式になるが、実際にはBRICS、つまり挑戦国同士の関係も摩擦が絶えない。冷戦期のような激しい対立がまだ本格的に出現していない、抑止のレベルが相対的に低い時期には、このような経済摩擦は、日本の対中政策にとって重要な手がかりとなる。

　ただ、気をつけなければならないのは、中国だけに気を取られることである。日本が中国だけを重視する姿勢は、他国が日本を利用する格好の手がかりとなる。日本にとって重要なことは、日本に対する脅威が顕在的にも潜在的にも蓄積され、多くの国々がそこに参加して日本が孤立してしまうことを避けることであり、中国はその中の1つの要素にすぎない。中国だけを見るのではなく、日本に脅威となりうる国や同盟の出現を極力阻止することが本来の対外戦略の要点であろう。

## 4．日米同盟の変容

　30年にわたる将来予測では、米中関係に絞ってみても、起こりうるさまざまなシナリオを考えなければならない。米中対峙という枠組みがこのまま続くかどうか、米中対峙を大きく変えるような米中共通の脅威が出現することはないか、またはアメリカが介入しないような、中国と他の国の紛争が発生する可能性はどの程度か、たとえば、中国と他の新興国の間、つまり覇権挑戦国同士の争いが激化することはないか、である。そのほか、中国が自壊

する可能性も考慮しなければならない。しかし、これらの予測分析は、しばしば日本の希望的観測で歪みがちになる危険があるし、すでにそうであったであろう。

　すでに述べたように、日米同盟の変容も当然考慮する必要がある。日本の安全保障政策では、日米同盟の堅持が最も重要とされ、堅持するためにどのように何をするかが議論の中心となってきた。それ自体がおかしいわけではないが、今後30年にわたり日米同盟が堅持されるという仮定のみで議論するのは、楽観的にすぎよう。日米同盟の変化をあらかじめ想定しておくことは、日本にとって好ましくないシナリオに対する準備をするためには不可欠である。

　当面、日米同盟の終焉がその最も好ましくないケースだが、日米同盟の終わりは日本の安全保障の崩壊とみなされる結果、それが起こった場合の想定をやめてしまうとすれば、病気の予防はするが病気になった場合の治療はしないようなものである。もちろん、公然と議論するならば、外国に日本世論の分裂工作などに利用されることは十分にありうるが、やり方さえ間違わなければ日本にとって利益の方が大きい。議論しない場合は中国にとって都合がよいのである。

## 5．中国による台湾攻撃の可能性

### (1) 当面の想定

　本書では、門間論文が中台間の軍事安全保障の具体的テーマを深く掘り下げるので、ここでは、大まかな議論を行う。中国の軍事技術が突然飛躍的に発展しない状況では、次のようなことが想定できる[19]。

　台湾海峡をめぐる紛争は、中国による台湾の港湾封鎖から、台湾の諸目標に対する多様な爆撃、そして全面的な侵攻まで、多様な形態となる。いかなる紛争形態にしろ、アメリカが直接介入するとすれば、アメリカの目標は、中国による台湾に対する威嚇あるいは占領の阻止、そして台湾の軍、経済及び社会に対する被害の局限ということになろう。

　したがって、アメリカ軍の中核的な任務は、中国による航空・海上優勢の

獲得阻止と北京の対地攻撃ミサイルによる被害の局限などとなろう。これらは、台湾に対する攻撃任務に関連する中国本土の目標に対するアメリカの攻撃の可能性を含む、積極・消極両面での防御と攻勢作戦を柔軟に組み合わせた軍事行動で達成できるが、こうした行動は更なるエスカレーションの危険を孕んでいる。実際、こうしたアメリカの行動を想定し、この地域の米軍基地に対する先制攻撃をもって対応する可能性もある。その上で、中国は短期的には、台湾自身の防衛力のみならず、アメリカの空軍基地と空母といった、陸海の戦力投影プラットフォームを脅かす能力を配備しつつあることから、「台湾の直接的な防衛は、すでに困難になってきており、今後ますますそうなっていくであろう」[20]。

しかし、中国がいきなり台湾攻撃に取りかかるとは考えにくい。「戦略的なチャンスの時期」という表現が中国の指導者たちによって使われるように、中国は現在が相対的に軍事的緊張のレベルが低い時期であると位置づけている。この時期には、軍事力の構築だけにとどまらず、緊張が低いレベルでの抑止とエスカレーションを効果的にコントロールするため、中国はシームレスなエスカレーションのはしごを整備しようとしてきた。2013年の国家海洋委員会の設置や海洋監視機構の再編成はその証左である。中国が軍事的圧力を台湾や日本に加えるとすれば、このような法律執行機関による海洋監視と関係なく行われるとは考えられないであろう。

ここで軍事技術と台湾の安全保障の関連について考えてみよう。軍事技術の変化や発展は台湾の安全保障にきわめて大きな影響を与えるからである。当面、軍事技術の劇的な発展と変化がない限り、中国による台湾攻撃作戦は、在日アメリカ軍、とりわけ沖縄のアメリカ軍と切り離すことはできない。しかし、沖縄のアメリカ軍は主要な対中抑止力の1つで、予想できる台湾戦争では、中国は、最も近接するアメリカ軍戦力である沖縄・嘉手納のアメリカ空軍を無力化しなければならない[21]。しかも、無力化しなければならないアメリカの軍事力は、嘉手納の空軍だけではない。佐世保や横須賀などの海軍、グアム、ハワイ、さらにヨーロッパやアメリカ本土の空軍や海軍なども含むアメリカ海軍の主要空母が台湾付近の海域に姿を見せれば、動揺した日本や他のアジア諸国は、心理的な安定を取り戻すであろう。

ここでは、「無力化」は軍事的な意味で使われることが多いが、実際には日米それぞれの国内政治上の制約などによって、存在する軍事力が必要な時期に必要な地方や海域に展開できないことも十分にありうる。中国は軍事と政治を組み合わせる方法で戦争の準備を行うであろう。
　しかし、台湾をめぐる戦争の想定での一つの困難は、米中間の軍事バランスの評価である。中国の軍事力近代化が進むとしても、相対的にどちらがどの程度強いのかを判断することは難しい。
　たとえ弱くとも、軍事力での部分的な優位を得ることは可能であろう。軍事力全体では総合的にアメリカが優位であるとしても、部分的な軍事的優位で限られた勝利を得て、政治や外交の手段によってその情勢を固定化してしまうことは十分に考えられる。固定化した状況でふたたび軍事バランスが中国に不利になったとしても、時間をかけて経済的な手段も組み合わせ、敵のまとまりを弱めて確固撃破する。

## (2) 中国の台湾攻撃作戦への対応——オフショア・コントロールとASB

　2013年頃までは、中国のA2/AD（Anti-Access /Area Denial：接近阻止、領域拒否）戦略に対して、軍事的対応の方法として、主にASB（Air Sea Battle：エアー・シー・バトル）が考えられてきた。しかし、2013年中頃からは、ASBにかわり、オフショア・コントロールがより現実的な軍事的対応の方法として議論されるようになった。最近では、さらにコスト賦課（cost imposition）、競争戦略（competitive strategy）、国際公共財におけるアクセスと機動のための統合構想（JAM-GC：Joint Concept for Access and Maneuver in the Global Commons）などのさらに新しい戦略概念に関する議論が進められてきた。中国もアメリカの新しい戦略概念や構想を注意深く研究してきた（たとえば中央党校の機関誌『学習時報』2015年4月、中国軍事科学院の隔月誌『中国軍事科学』2015年第2期など）。ここでは、議論をASBとオフショア・コントロールを中心に展開することとする。なお、オフショア・バランシング（offshore balancing）を、オフショア・コントロールとほぼ同義のものとして使用する。
　ASBは中国中枢への攻撃を正面から想定したため、抑止よりも挑発的な性格をもちかねない。つまり、中国の攻撃を抑止するどころか、逆に中国の

焦りや不安をかきたてて、抑止が失敗する可能性があった。逆に、オフショア・バランシングは同盟国や友好国を不安にさせ、中国に間違ったシグナルを送る危険が大きかった。オフショア・バランシングは、日本やフィリピンにある米軍兵力をグアムやそれ以遠に後退させるからで、だからといって、アメリカのコミットメントを示すために前方展開兵力をそのまま残して危険を増大させることもできないというジレンマがあった。日本やフィリピンの前方展開基地の安全が脅かされ、十分に効果的な防御ができるとは限らない状況があり、この状況はさらに不利になっていくという予測もあった。

このような中、ケンタッキー大学准教授で軍事ドクトリン研究者のファレー（Robert Farley）は、「深い関与」（deep engagement）とオフショア・バランシングの中間にあるやり方を提唱した。ファレーは２つの相異なる表現の一部ずつをとって組み合わせ、「オフショア関与」（offshore engagement）と名づけた。前方作戦能力を保持し、また多国間主義を強調するが、より広い戦略的利益にとっても利益があるという。しかし、それは本質的に防御的で、グローバルに優越的な立場を固めるというよりも、同程度のレベルの競争者がその地域において支配的な立場に立つことを防止する方向に働く」[22]。

アメリカ政府は、少なくとも東アジア地域において中国を効果的に抑止し、しかも中国からは挑発的に見えず、アメリカの同盟国や友好国にはコミットメントを示して安心させ、さらにこれらの国々にアメリカによる防衛への「ただ乗り」や「巻き込み」を許さない方法を考えなければならなかった。

アメリカによる攻撃そのものは、中国本土以外に対して行われるような作戦内容で、中国が知っても極度に挑発的とは受け取らないよう配慮した相対的に穏健なメッセージを乗せつつ、同時に、本土ではなくとも中国の重要な経済活動のようなきわめて重要な利益に大きな打撃を与えるような攻撃作戦を示すことによって、中国に対する抑止を効果的に維持するという内容に落ち着いたようである。これによって、日本がアメリカのコミットメントに疑いを抱かないようにもできると考えられたであろう。

オフショア・コントロールという概念は、実際の政治プロセスですでに出現している。『日本経済新聞』（2014年2月7日）が報道したような、アメリカ軍の輸送揚陸艦の更新などは、オフショア・コントロール構想の具体化の

1つとも受け取ることができる。これも、アメリカ政府や政府系シンクタンクによる情勢分析に基づき、行動のシナリオが慎重に考えられた結果であろう。そもそもこのような配備の公表自体が、日米中の間で戦われてきた心理戦の性格を明瞭に表しているといってよいであろう。

　日本では孫子の愛読者が多い割に、これまであまり関心をもたれてこなかったが、心理戦は、分析の公表を通しても行われてきた。それは、米中双方の分析に見ることができる。まずアメリカ側から見てみよう。米中関係につき、厳しい意見をいうことで有名なアーロン・フリードバーグ（Aaron Friedberg）は、ASBに代わる戦略を検討し、ASBや他の戦略に関する多くの提案が、低いコスト、核戦争に至るようなエスカレーションの回避に基づいている。これを継承しつつ、他の選択肢として、「間接アプローチ」を分析している。これは、中国のA2/ADに対し、武力行使が中国本土そのものではなく、他の地域や海域において行われるものである[23]。

　主な方法として2つ挙げると、第1に、遠距離封鎖（distant blockade）を想定する。これは、中国海軍が簡単には活動できないインド洋以西の海域などにおいて中国へのエネルギー供給を断つものである。直接米中間で行われる戦闘（war fighting）のシナリオ、圧倒的にアメリカに優位な軍事バランスを中国の戦略プランナーが行う計算から予測できる抑止（deterrence）の効果、中国がその脆弱性を緩和しようとして行う長期の競争（long-term competition）、日本などアメリカの同盟国や友好国に対して進める安全の再保証（reassurance）などからその評価（assessment）を分析した。

　第2に、海洋拒否（maritime denial）の方法を、同じく評価のために、戦闘、抑止、長期の競争、再保証の各項目について議論している。これは中国本土そのものへの攻撃ではないが、遠距離海上封鎖よりも攻撃的な方法で、たとえば中国近海でアメリカとその同盟国は潜水艦戦において圧倒的に有利である。中国が遠距離海上封鎖と海洋拒否の脅威分析をどのように行っているかはよくわからないが、抑止効果をもつことはほぼ明らかである。ただ、中国への脅威が切迫していると中国側が認識する場合、武力行使に訴える誘惑が大きくなる。アメリカの同盟国はそれぞれ防衛力の強化を進めるだろうし、アメリカは中国の「第一島嶼線」の内側（中国側）で戦闘行動を行い、中国

の軍事力を壊滅させることができる、などの議論を進めている。

どちらも、どれだけの戦力が必要か（たとえば封鎖には最低16隻の軍艦が必要）、相手の出方の予測、出方の違いによる状況変化の違い、相手がどう状況を評価し態度を決定するか。軍事安全保障の専門家はこの項目の列挙だけでおおよその見当はつくだろう。非常に荒っぽくいえば、最初に中国側が攻撃を行い、アメリカ側に損害が出ることを戦争の初期段階として想定し、激しい反撃を中国が防御しきれないだろうとも予測している。ペンタゴン等が出す主要な報告書も、明確にはいわないまでも、おおよそこのようなシナリオを想定しているようである。

おおむね、中国が勝利できない戦争を、中国は起こさないという「合理的な」前提である。重要なことは、中国が充実させつつある軍事力によっても、武力行使のコストが大きいことを引き続き認識するように、アメリカ側は心理的な誘導を図っているともいえるであろう。

もしそうならば、台湾は戦略上、きわめて大きな意味がある。中国では、中国の海洋問題における台湾の役割を、公然と議論している。たとえば、劉振華は、その著書の中で中国の「台湾問題の解決」が実現すれば、中国が海洋をコントロールする能力は大きく高まると論じた[24]。つまり、中国が海洋を南北に出ていくのに何の障害もなくなるからであり、これは中国の台頭で1つの大きな段階と位置づけられている。もちろん、これは個人的な見解だが、この地政学的な見解は軍事安全保障の専門家の間で一定の同意は得られるであろう。このような内容の書籍が公刊されることは、中国の中で台湾問題の「解決」が見えてきたという戦略判断をする人たちが増えた、または中国に有利になったと台湾側に認識させる意図が背景にあると考えられる。

注目すべきことに、劉新華は、台湾問題の「平和的ではない手段による解決」も議論している[25]。台湾問題の「平和的ではない手段による解決」、つまり軍事的手段による解決は、第1に、「中国が台湾問題のくびきから完全に脱し、国際的なパワー・バランスに大きな変化が起こっていて、中国の実力が大々的に増大し、国際システムが中国に有利な新しい段階に入っている」ことを意味していると論じている。第2に、それは「中国大陸の戦略的縦深性が大きく増大し、中国の比較的富裕な沿海地域の戦略的安全がきわめ

て大きく改善される」、「台湾問題の解決は、陸と海両方の戦略的縦深を提供し、中国が直面している脅威は地理的にも時間的にも遠くなる」ということになると予測している。

ここでは、台湾問題と中国の国際的地位・地政学的条件の改善は、互いに関係しあい、強化しあっていると見ているわけである。軍事安全保障から見れば、台湾を中国が軍事上「中立化」できれば、中国の戦略コストは大きく低下すると予想していることを示している。もちろん、フリードバーグが議論した「遠距離海上封鎖」への対応は引き続いて困難は大きいままであろうが、もう一方の「海洋拒否」に対する中国のコストは低くなる。さらに、台湾問題の武力による解決は、短期的にはコストがかかるが、長い目で見れば利益はコストより大きいと論じている[26]。この表現は、台湾側が読むことを想定していて、本質は中国の軍事力行使の敷居が低くなったと見せることを通して台湾を脅しているということであろう。

このような流れの中で、台湾では南シナ海問題における台湾の役割を議論するようになったようである。台湾は南シナ海の北端に、また南シナ海と東シナ海の間の結節点ともいえる位置にある。台湾は地政学的な価値の強調により、日米からの「見捨てられ」の危険を小さくし、同時に北京に対する交渉力の増大を図ることができる。

台湾問題に関する地政学、軍事安全保障に関わる議論は、本書所収の他の論文でもそれぞれ詳しく扱われるであろう。

### (3) 軍事技術と戦略──台湾の安全保障をめぐる軍事的論理の変化

中国の軍事戦略がこれまで基本的には受け身であった主要な背景には、中国の軍事技術の相対的な遅れがあったことは明らかであろう。そして、中国が軍事的にもアサーティブ (assertive) に、つまり対外政策の遂行上、他の国々の威信や利益を以前ほど考慮しなくなったのは、中国とアメリカのような軍事先進国との間の技術格差が縮まってきたことが大きい。

2014年1月、中国国防部が実験を認めた超音速ミサイルは、アメリカがこれまで維持してきた対中抑止力を弱める可能性があるように、軍事技術の進歩がグローバルな安全保障に大きな影響を与えていくシナリオを想定しな

ければならない。アメリカの対中抑止力が弱まれば、台湾の位置づけも変化せざるを得ない。

また、東京財団の小原凡司研究員が指摘したように、軍事技術の進歩によって、攻撃される側の対応時間がますます短くなり余裕がなくなってきたため、このトレンドはこれからも続くと想定できる[27]。つまり、中国の攻撃に対して台湾が対応に使える時間は今よりも短くなり、当然ながら日本にとってもそうだということである。

アメリカ国防大学のエリクソン（Andrew Erickson）は、2030年頃までに、中国の軍事関連の造船業は質量ともにアメリカに比肩するまでに発展すると予測した[28]。

中国の海洋力（海軍だけではなく）や、このような超精密誘導兵器の進歩もあいまって、尖閣諸島や沖縄の基地、その付近の海峡の軍事的役割も変化するであろう。日米中関係そのものも変化する可能性はいうまでもない。

軍事用語を使えば、アメリカだけでなく、中国も CPGS（Conventional Prompt Global Strike）の能力、つまりグローバルにどこでも短時間のうちに攻撃できる能力を備えつつあるということである。日本は中国の軍事能力を主に東アジアに限定して見がちなため、グローバルな視野を必要とする CPGS は日本にはあまり関係がないという前提で考えがちである。しかし、実際には中国の軍事力は CPGS を強く指向しており、アメリカの主要なシンクタンクや報告書もこの方向で分析を進めている。

CPGS は米中だけでなく、他国も研究しており、拡散の可能性が否定できないと考えられている。つまり、不拡散の対象は核、ミサイルや生物化学兵器のほかに、CPGS も含まれていくかもしれないということである。グローバルな戦略的安定を考えるならば、「CPGS 削減交渉」などが米中を中心に進められていくと想定するのは荒唐無稽ではない。アメリカ側の研究論文はすでにこの議論を行っている。

CPGS はすでに日米同盟の将来に関する議論の中で言及されている[29]。しかもそれはオフショア・コントロールと結びつけて考察されている。CPGS に関する議論は年々進歩し複雑さを増していて、極超音速兵器（AHD: Advanced Hypersonic Weapon）も国防費削減という新たな要因を加味した CPGS

第1章　台湾をめぐる国際政治のダイナミズム　31

戦略の議論の中で言及されていた[30]。短距離 AHD は前方配備が必要ということで、グアム、ディエゴ・ガルシアやプエルト・リコなどが候補地として挙げられた。

　中国の軍事力では分野ごとの将来予測も当然ながら行われている。たとえば、海軍の駆逐艦戦力では、2030 年頃には、質量両面で中国の駆逐艦がアメリカ海軍の駆逐艦と比肩できるまでに進歩充実するという研究がある[31]。また、C4ISR の方面では、偵察＝攻撃能力（reconnaissance-strike capabilities）がこの地域の安定に大きく影響を与える決定的な要素であるとしている[32]。つまり、中国の軍事力のこの分野の技術進歩によって、日米同盟のあり方も変化するということを意味している。精密誘導兵器の研究開発とそれに伴う中国の軍事戦略や軍事態勢の変化に注目することが重要だということである。

　中国の軍事力では、空母以外では ASBM（対艦弾道ミサイル）に関心が集まりがちである。中国のミサイルは台湾との関連でも分析されてきた。日本との関連では DF-21C 中距離ミサイルが注目されてきたが、台湾筋によると、第 2 砲兵はすでに DF-16 中距離弾道ミサイルの配備を始めているという。DF-16 は台湾をめぐる対立が生じた場合、在日米軍の海軍や空軍基地を主な攻撃目標とする意図があると台湾筋は分析している。

　また台湾対岸に配備する DF-11 と DF-15 短距離弾道弾の射程を伸張させ、東シナ海の広い海域をカバーしようとしている[33]。さらに 2010 年代後半に配備すると予想される DF-21D が西太平洋に展開するアメリカ空母機動部隊や日本の「ひゅうが」や「いずも」への脅威となると予測されている[34]。

　アメリカ軍幹部は、中国のこのようなミサイル戦力の向上に対して、中国による監視やターゲティングなどをブロックするだけでなく、ASBM をさまざまな飛行段階で破壊できると判断している[35]。

　中国の軍事力の増大との関連では、素材産業から組み立てまでの広範囲の国防産業のレベルアップを背景として、宇宙から地中や深海底までの包括的で体系的な軍事力の構築がどこまでできているか、また他国ではどこまで同じような軍事力の構築が進んでいるかが、重要な点であろう。

　また、このような軍事力構築が途上であると中国側が認識しても戦争になってしまう可能性は軽視できない。

できるだけ精密に予測はすべきだが、当然ながら全てを正確に事前に予測できるわけでもない。中国側の専門家も将来を十分に予測しているとは限らない。

たとえば、国防大学戦略教研部副主任の孫科佳は「中国の軍事変革は客観的な物質的基礎が非常に欠けている。この状況において、中国の軍事変革は通常を超えた方式をとらなければならず、戦略指導における将来予測能力を強化しなければならないことはさらに強調しておく必要がある」と述べた[36]。つまり、急激に進んでいる世界規模の軍事技術を中心とする進歩によって将来の戦争がどのような形に変化し、それにどう対応してよいのか、明確にわかっているとは限らないということであろう。

また、国防大学の軍事思想と軍事歴史教研室副教授の王瓊は、「情報化局部戦争〔局地有限の IW（Information Warfare）〕は速戦速決の戦争である。しかし、将来われわれの軍が直面する戦争はその特殊性により一旦戦争が起これば、地域や領域に限定されず、敵の精密誘導兵器もまたわれわれの一つの戦場だけを攻撃することにはならず、おそらく国家全体に及ぶであろう。『髪の毛を一本引っぱると全身が動く』（中国語で「牽一髪而動全身」：小さい動きが全体に影響する）という全面的展開となり、必ずしも短時間のうちに終わるとは限らない」と述べた[37]。これは、湾岸戦争やイラク戦争などは短期のうちに終わり、中国でも IW の性格をもつ将来の戦争は短期に終わると考えられがちだが、それはわからないという主張である。

解放軍のシンクタンク専門家も将来を必ずしも十分に予測しきれていないならば、こちら側も予測が完全になるとはいいにくい。短時間のうちに正確に変化を読み取り、的確な対応策を考えて、必要な部署にそれぞれとるべき政策や戦略・戦術を伝達して徹底できる、かなり包括的なシステムを今のうちに構築しておくべきというほかない。このようなシステムも一朝一夕にはできないし、完成するものではなく、不断に調整を続けていく性格のものであろう。

(4) 海上統合作戦というビジョン

将来、台湾や尖閣、南西諸島を想定する日中の紛争が発生するとすれば、

少なくとも戦争初期のかなりの部分は、中国側でいう「海上統合作戦」となると予測できる。中国でも、海洋における戦争がどのようなものになるかは、2000年代の中期頃までにはかなりシステマティックに研究が進められていたようである[38)]。この頃までには、中国の国防教育では「軍事海洋学」という学問分野ができ、軍事学校では軍事海洋学科も設立されたらしい。軍事海洋学の発展とともに、将来、解放軍海軍が直面すると考えられる海戦の形態が研究された。この頃には、将来の海戦は、敵海上兵力の進攻、海上封鎖、珊瑚礁海域や海軍基地の防御、核反撃などに分類し、考察された[39)]。
　2010年代に入るまでには、将来の海戦の形態にあわせた中国軍がとるべき作戦がシステマティックに議論された。この段階で現れたのが「海上統合作戦」（中国語で「海上聯合作戦」）である[40)]。また、2002年から2007年まで台湾正面の南京軍区司令員を務めた朱文泉上将による『島嶼戦』全3巻が発表された[41)]。注目すべきは、このような作戦ドクトリンに関する研究が、中央軍事委員会主席、中央軍事委員会副主席、または海軍司令員の名義ではなく、軍の高級エンジニアや専門的軍人の考察の結果として発表されたことである。このことは、劉華清が海軍司令員や中央軍事委員会副主席であった時期に、海軍の作戦がもっていた政治的な意味合いがかなり薄れ、海軍の専門家・テクノクラート集団によるイニシアチブが強くなってきたことを示唆している[42)]。
　もしそうならば、将来の戦争も、少なくとも初期の段階では、作戦の専門家・テクノクラートによる想定に沿った形で展開すると考えてよいであろう。そうなると、将来中国は、軍事紛争にはまず統合作戦（中国語で聯合作戦）を想定して対応すると推測できる。改革開放期以後、とりわけ湾岸戦争（1991〜1992年）以後は、ハイテク兵器が活躍する統合作戦に関する研究が急速に進み、軍事訓練や演習もハイテクの局地戦争が想定されてきた。
　統合作戦は、5つの次元（陸、海、空、宇宙、電磁）のほか、心理戦も重視されている。その上で、情報作戦（おそらくIO: Information Operation）、制空権奪取作戦、制宇宙権奪取作戦、そして特殊作戦の遂行を議論するのが標準的な形となってきている[43)]。
　これらの作戦が遂行される海域として、台湾が含まれることは間違いない

が、最近の段昭顕（海軍副参謀長）名義の論文では、台湾よりも「他国に占領されコントロールされている島嶼」が総体的に強調されていた[44]。台湾が含まれないというよりも、台湾に対する政治的配慮もあったと推測できる。この論文では、中国よりも中華民族というやや広めの概念が使われていることもそれを示唆する。

　しかし、同時にこの論文は、「中国的特色のあるシー・パワー・システム」（中国語で中国特色海権体系）に関する議論の中で、国家統一の独立自主の権利の擁護が含まれるとし、さらに国家の完全な統一は「中国の強大さとその海上での強大さの基本的な標識」であり、「中国的特色のあるシー・パワー・システムが内包するべき重要な内容であるだけでなく、中国的特色のあるシー・パワー・システムの構築のために重要な目的である」と述べた。

　このくだりは、「べきである」という規範を示していることから、解放軍海軍の中には海軍力の拡大のプロセスの中で台湾よりも他のイシューを重視すべきであるとの意見があり、海軍副参謀長の段がそれに反対して意見の統一を図ったのかもしれない。

　段昭顕論文は、島嶼を祖国の完全な統一のためのものと位置づけ、さらに「内水と領海では絶対的なコントロール、接続水域には厳密なコントロール、排他的経済水域と大陸棚には有効なコントロールをもつよう提唱した。

　さらに、公海や重要な海峡の自由航行の権利を保持し、海上行動の自由を確保して、海峡、南極と北極、国際海底と他国の管轄する海域における航行と飛行の自由、漁業活動の自由、深海底の探査と開発の権利」を主張した。また、「国際的発言権をもち、積極的に海洋秩序のルール制定に参与またはそれを主導し、地域的なまたグローバルな海洋活動に積極的に参加して、絶えることなく戦略的影響力を拡大し、アジア太平洋の海洋問題の主導権とグローバルな海洋問題の主導権を少しずつ掌握する」ことを提案した。

　中国海軍による本格的な軍事戦略文書は劉華清以来ほとんど公開されていないので、段論文は、実質的に中国海軍の軍事戦略方針を示すものと考えてよいであろう。ただ、個人名でのみ発表されていることから、海軍の整合的な戦略はどこで策定されているのかがはっきりしない。しかし、この論文から、中国海軍の戦略をめぐり、海軍内部で、台湾の位置づけについて論争が

あったと推定できないことはない。

確実ではないが、台湾以外の要素を強調した論文もすでに発表されている。それは、大連艦艇学院のメンバーによって、解放軍の主要なシンクタンクである中国軍事科学院が発行する定期刊行物『中国軍事科学』に発表されている[45]。つまり、「中国に有利な形で敵対的な国家とその同盟に対して対制約と対コントロールをする主要な自然地理条件は、主に南シナ海諸島の存在である。中国海区のこの種の戦略態勢は、客観的に見てわれわれがさらに開拓すべき海軍の戦略運用空間」であると主張した。明らかに中国海軍が向かうべき戦略方向は南シナ海であるといっていると考えてよいであろう。

ただ、この論文は、「向岸性作戦」、つまり中国の海軍航空兵が陸地の奥500キロメートルの目標を攻撃する能力があり、艦載巡航ミサイルは1,000キロメートル以遠の陸地の戦略目標を攻撃できるとして、具体的には「瀕海方向の陸地制圧戦、封鎖戦、水陸戦」と「航行禁止区域」や「航空禁止区域」の設置などの方法があるとしているように、ただ単に南シナ海の島嶼のみを議論しているわけではない。他にも「遠海防御」などより遠洋での作戦活動をも長期的な目標として提唱している。

日本から見て、台湾と南シナ海は戦略的に非常に近いが、解放軍海軍の中では海軍の発展方向の重点を台湾にするか、それとも南シナ海にするかで論争があった可能性がある。この観点は、これから30年にわたる中国の海軍戦略を考える上で一つの手がかりを提供することになるとも考えられる。

台湾には直接の言及はないが、中国では、海洋法の研究が進んでおり、この中には将来の海戦を想定したものもある。言及がないとしても、日本や台湾との衝突もこれと無縁ではないであろう。中国軍事科学院の大学院博士課程に属しているある海軍少佐は、measures of short of attack（中国語では「次於攻撃措置」）という概念で、海上の国際的な武装衝突などにおける運用や中立国の軍艦などへの対応について研究を進めている[46]。measures of short of attackとは、「海戦で軍用艦艇や軍用飛行機を利用して、海上の非軍事的目標に対して実施する臨検、操作、拿捕とその航行方向等海上軍事行動を改変するよう迫ること」をいう。武力行使を伴わない軍事的手段という、限りなく黒に近いグレーなところがこの方法の重要な性格である。

中国も日本と同じように、国家海洋委員会等の設置や法律執行機関の統合などによって、海洋紛争ではシームレスな対応を試みてきた。この対応には、制度だけでなく、軍事的色彩の薄いレベルでの法律に基づく行動も含まれている。このような傾向は、将来の台湾をめぐる軍事衝突の準備においてもますます強くなるであろう。

## (5)　台湾攻撃の前哨――政治的な「くさび戦略」

　ここでは、台湾を軍事的に攻撃する前に実行する外交戦略について議論を試みる。中国は台湾を攻撃するならば、主要目標である台湾と台湾をサポートする国との間を離間し、関係をできるだけ弱めておこうとするであろう。この種の「くさび戦略」（くさびを打ち込む戦略：wedge strategies）は、好ましくない複数の相手が同盟など協力を進めないようにする戦略をいい、クロフォード（Timothy Crawford）や泉川康博による研究が知られている[47]。

　実は、「くさび戦略」は中国が日米などの諸国に対して仕掛けているだけでなく、アメリカも日中を含む東アジア諸国に対して、ドミナントな国家や国家グループができないようにしてきており、その中で実際上「くさび戦略」を進めてきたと考えることができる。

　国際関係論の理論的見地からいえば、「くさび戦略」を互いに仕掛けあううちに、どのような行動パターンが生まれ、その結果としてどのような国際秩序が形成されるかに現在関心が集まっているようである。ただ、「くさび戦略」がどれだけ効果的かという問題は残っている。

　この「くさび戦略」は中国の対日世論工作に見ることができる。「レコード・チャイナ」を中心とする日本語媒体の中国ニュースは、しばしば中国と韓国の日本に対する態度の違いを強調してきた。中国は日本のよさを認めるが、韓国はそうではないというのである。たとえば、2014年2月、ソチで開かれた冬季オリンピックで日本の浅田真央選手の転倒を韓国KBSがうれしそうに報道したというニュースを流し、批判したことがある。この他、訪日する中国人観光客が日本によいイメージを持ったという記事も数多く配信されてきた。

　中国の対日「くさび戦略」は、グローバルにも進められてきた。それは、

日中関係の悪化を歴史問題に集中してとりあげる対日批判キャンペーンの中で見られる。たとえば、2014年1月のダボス会議で中国側出席者が「第二次世界大戦では日本はアジアのナチスだった。武力紛争が起こるかどうかはすべて日本次第だ」と強く批判した。この他の場でも、中国側は中華人民共和国が第二次世界大戦で連合国側に立ったという構図を示そうとしてきた。ドイツに対しては、独仏関係の改善ではドイツの「歴史問題」の解決への努力を賞賛した。

中国の中には日本に批判的な意見もあるが、それは日本を知らない人々の先入観にすぎないという論評も一方では掲載され、中国の限界も率直に指摘することがある。これは、中国の中に実際に中国の対日理解に限界やゆがみがあると考える人々が存在する一方で、限界を率直に認めることで中国の主張を信頼させる高等戦術である可能性も十分にある。やや考えすぎかもしれないが、日本の世論に対して働きかけ、中韓2国に対するイメージを分裂させ、くさびを打ち込んで、日韓関係の改善をできなくさせるか、少なくとも遅らせる狙いがあるのかもしれない。

当然ながら、日台関係に対しても同じような「くさび戦略」を行う（または行ってきた）ことは当然であろう。尖閣諸島問題をめぐる中国側の台湾に対する働きかけはその好例である。訪中した連戦と習近平の2014年2月の会談では、習近平が「中華民族」としての共通の立場から「釣魚島」に言及した。

台湾の動向では、国民党の馬英九政権の対中接近が注目されてきた。馬英九政権は低迷する支持率に悩まされており、他方、中国側は次の台湾総統選挙での民進党の勝利を阻止しようとしていた。そのため、低い支持率の馬英九政権を支えようとしてきたのである。2015年11月に行われた中台初のトップ会談も含めて、この政策は、台湾政治に対する「くさび戦略」とみなすこともできよう。

小笠原欣幸は、今のところ、中国が圧倒的な国力の差を背景に台湾取り込み工作を進めてきたが、台湾の民意は統一に傾いておらず、今後の台湾の動向はアジア太平洋地域における日米と中国との力関係に左右されると分析している[48]。

ちなみに、日本国内のさまざまなオピニオン・グループに影響を与えることも、孫子以来の、また毛沢東時代でも用いられた方法の1つである。
　このようなことから、中国の対外政策では、中長期的に日本が主要なターゲットとなり、日本を国際的に孤立させるか、少なくとも国際社会からのサポートを弱めようとする戦略が一貫してとられてきたと推測できる。認識を操作するこのような戦略はこれからも続くどころか、さらに強化され、またわかりにくくなっていくであろう。
　日本の対応には二面性があり、黙っていれば中国側の主張が通りやすいが、反論をしすぎても逆に中国側の主張が通りやすい。最適点を見つけるべきなのであろう。
　尖閣諸島、南西諸島・沖縄、台湾それぞれの戦略的役割とその相互関係は専門家の間で議論されてきた。その性格上、資料は入手しにくいが、おおむね、尖閣諸島よりも南西諸島や沖縄の戦略的地位が高いといわれてきたようである。尖閣諸島は日中両国にとって占領したとしてもレーダーによる監視が可能になるだけで他の機能が期待できない上、兵站や補給が難しく、費用対効果に見合わない。
　しかし、南西諸島とその海域は戦略的役割が大きい。第1に、沖縄の基地は、中国と台湾に対する戦略的な起点としてこれまで重視されてきた。遠距離誘導兵器により前方展開は以前よりも重要性が低下したと考えることができるが、前方展開戦力がこの地域や海域の作戦にほとんど寄与しなくなったとはいえない。第2に、宮古水道は中国海軍にとって西太平洋に進出するためには最も便利なルートである。第3に、南西諸島と沖縄は台湾の防衛にも大きな意味をもっている。

## 6．中間的結論——台湾をめぐる戦略環境の変容と総合的な対応

　台湾は、東アジアの安全保障にきわめて大きな意味をもっている。それは、中国の海軍にとって、西太平洋と南シナ海への進出の中央に位置しているためである。したがって、台湾が中国との関係を改善すれば、中国の海洋戦略は大きく前進し、逆に日米にとっては戦略的にマイナスとなる。ここに台湾

をめぐる国際政治と台湾の内政がその対外政策に与える影響が大きく意味をもつ。台湾の帰趨は日米の力に対する多くの国々がもつ信頼性とイメージに、1つの歴史的時期を画するような影響を与えるであろう。

軍事技術の進展も台湾の戦略的地位に大きく影響を与えると考えることができる。巡航ミサイルなど遠距離誘導兵器が飛躍的に発展し、CPGSが完成すれば、台湾の戦略的意味を再考して日本の戦略も組み立て直さなければならない。

つまり、日本から見て、今後30年にわたる台湾をめぐる戦略環境の変容は、軍事技術の進展、尖閣諸島などの戦略的意義と相互の連動、日米の国際政治的地位などが複合的に絡んで起こるし、対応もこれらの要素を勘案していかなければならない。台湾や中国の内政と対外政策ももちろん考慮すべき要因であることは間違いない。

さらに、日本にとっては、沖縄が台湾の安全保障と互いに影響しあう密接な関係にある点は見逃せない。軍事安全保障上も直接関係するだけでなく、互いの政治にも強く影響しあい、さらにその影響は他にも広く及ぶ。たとえば、北京による平和的でない「台湾問題の解決」は、沖縄の地方政治とともに日本の安全保障政策に大きく影響する。日米同盟における沖縄や在日米軍の役割を再検討することになろう。また、沖縄の軍事的な役割が大きく低下するケースは、台湾の安全保障に直接的ともいえる影響を及ぼし、さらに中国の近海戦略を含め海洋戦略に大きく影響していく。

しかし、これだけでは十分ではない。それは、次のような思考実験をすると明瞭になる。ポイントは、東アジアにとどまらない国際秩序の変化も、台湾をめぐる戦略環境や安全保障に大きな影響を与えるということである。それが日本にプラスになるかマイナスになるかは単純には結論づけることができない。代価を払わなければならないが、その代価が大きいだろうからである。

台湾をめぐるシナリオを考えてみよう。ここでは、シナリオ作成による分析の常道として、極端な事例を冷徹に考えることから始める。つまり、平和的手段かどうかを問わず、台湾が政治的、経済的、社会的に完全に中国に統合され、独立派の政治的発言力は完全に消滅するというシナリオである。こ

の結果、台湾が中国の「不沈空母」として太平洋や南シナ海への主要な基地となる。中国側の補給や兵站、作戦部隊の集結、偵察監視の拠点、国防産業の拠点、サイバー活動や宇宙活動の拠点となるということである。

すると、沖縄や南西諸島は最前線となる。沖縄の前方展開兵力の基地としての機能は低下し、日本がもつ兵器体系や戦力配備も変化するであろう。どのように変化するかは、そのときの台湾付近の離島や、中国大陸や台湾から南シナ海や西太平洋に出る海峡の戦略的重要性に大きく影響する。

このときに朝鮮半島がほぼ現状のまま、つまり北朝鮮の権威主義体制が存在しているとして、朝鮮半島と台湾との二正面作戦を引き続き回避しようとするかどうかはわからない。二正面作戦を厭わない条件は何であろうか。または、軍事戦略上回避したくとも二正面作戦をしてしまう条件は何であろうか。二正面作戦で中国の戦略環境は変わるか、そのときの日本海の戦略的役割はどうなるか、日本の東側の海洋に中国海軍のプレゼンスが及んだときの日本の戦略環境はどのように変わるであろうか。アメリカの対応はどのようなものが考えられるかなど、不確定要素は数多い。

しかし、日本では軽視されがちなのは、朝鮮半島との連動だけでなく、東南アジア諸国の反応、さらには、グローバルな変化とこのシナリオの関連ではないだろうか。とりわけ、中国以外のBRICS諸国の力が増大しているとして、これらの国々がどのような対応をとるかが重要な論点の1つであろう。BRICSが1つのグループにまとまっているか、それとも不均等な発展が続いて分裂するか、分裂は日本にとって重要か、それは日本の対外戦略にどのような意味をもつかがキーとなる。

そのとき、中国にとって日本が最大の脅威であるか、それともアメリカから、さらにはBRICSのようなこれまでの現有秩序への挑戦をする潜在的な存在同士の間で分岐が大きくなり、中国がその中で孤立するかどうかも考慮しなければならない。そうなると、中国は日本との対立を優先する環境にはなっていないかもしれない。

中国の行動や政策に関する考察では、多くの場合、中国の対外政策が変わるかどうかに焦点が当てられてきた。それは間違いではないが、中国の対外政策は、基本的にはグローバルな、または地域的なパワー・バランスによっ

て規定される。卓越した超大国の役割がどうなっているか、つまり一極かどうかが基準となりうる。中国に効果的に対抗できる力をもった国や同盟が存在しているかがきわめて重要であろう。アメリカにとって代わる超大国がすぐに出現するとは思えない場合、アメリカの役割がどうなっているかが決定的な意味をもつ。アメリカの役割が相対的に低下するというシナリオでも、どのようなペースと様相かを次に考えなければならない。

　非対称な二極または複数の極が出現したとして、「中国モデル」が順調に国際的なサポートを得られるかどうかが次の論点の１つとなる。もし、サポートが得られないとすれば、国際政治は国家利益中心のドライな展開となり、離合集散が繰り返されるか、それともいくつかの固定的な同盟を基礎とする国際政治かの２つのパターンが考えられ、日本の１つの選択は、このパターンが不明確な時期にどうするかということになる。どのようにころんでも日本を重視しなければ国際秩序が安定しないという役割を担うことが当面最も危険が少ないやり方であろう。

　以上が簡単なシナリオによる議論の試みだが、台湾をめぐる戦略環境の変化を考察するには、複合的な視点とアプローチが必要なことは明らかである。中国そのものの分析、グローバルな視点、軍事技術の進展の影響などがこのシナリオでもからむ。

　これらの分野はディシプリンも大きく異なり、それぞれに高度に専門的なため、それぞれの分野での研究は引き続き必要である。それと同時に、台湾をめぐる戦略環境の変化については、いわば総合診療の立場からのマクロの分析も必要である。この２つのアプローチをどのように併用していくのかが、これからの分析の課題の１つであろう。このようなことを考え抜いていくには、国際関係理論の応用が参考になる。

## おわりに――理論研究の応用の重要性

　日本の国際政治学界では、理論研究を実際の問題に応用することは多くはなかった。地域研究と歴史研究で十分という考えだったようである。わざわざ難解な理論を使わなくとも、常識と経験で足りるという立場の研究者も少

なくなかった。

　ただ、常識と経験は偏見と視野の限定に通じやすい。新たな変革の時期には、地域研究、歴史研究と並んで、ゲーム理論や同盟理論などを含む理論研究も参照して無駄ということにはならないであろう。ちなみに、よく知られているように、2000年代に盛んとなったコンストラクティヴィズム理論の研究では、アメリカの中国研究が大きな役割を果たしていた。しかし、歴史や価値を重視するコンストラクティヴィズムは、中国が伝統的に平和を強く指向する対外政策をもっているとの仮説の証明に成功しなかった。理論面からいえば、コンストラクティヴィズムの再検討をさらに進めるとともに、その他の理論の批判的応用が次のステップとして考えられる。もちろん、理論研究によって地域研究や歴史研究に代替するというのではなく、併用の幅を広げるということをいっているにすぎない。少なくとも考察の手がかりの1つにはなるであろう。

### (1) 同盟理論の応用と再考

　これまでは、ステファン・ウォルト（Stephen Walt）による同盟理論に依拠する主張が多かったように、同盟は主に共通の脅威によって形成される側面が強調されてきた[49]。アメリカによる拡大抑止も、この観点から理解されてきた。本来ならば、中国を中心とする拡大抑止のあり方とその変容も考えるべきであるが、ここではアメリカを中心とするケースのみを扱う。拡大抑止は、非対称の同盟関係のもとで、強い国家が弱い国家にかわって抑止を代行するということである。日米同盟の拡大抑止では、主に核抑止が議論されてきたが、実際には核だけでなく、通常兵器やサイバーなどの分野を含むかなり広範囲で縦深性ももつ総合的な抑止といえよう。このため、日米同盟とその拡大抑止に関する議論では、中国を共通の脅威とみなすことがほとんどであった。

　しかし、冷戦終了直後には、ソ連という共通の脅威が消滅し、日米同盟の廃止を含めた議論も存在した。しかし、実際には日米同盟は堅持された。この現実をどのように考えるかが、研究者にとっての挑戦となった。吉田真吾は、米ソのデタントと米中の和解という「二重のデタント」という国際関係

の組み替えによって、日本政府がアメリカから見捨てられる懸念を増大させ、アメリカ政府はアメリカ政府に対する信頼を失った日本がアメリカにとり好ましくない選択を行う懸念を強め、日米は互いの意図と行動の不確実性を減少させるために日米同盟の制度化を進めたとする[50]。つまり、日米同盟には共通の脅威以外の要因がすでに埋め込まれていたからだ、とした。

ただ、日米同盟には、日米関係からだけでなく、アメリカのグローバルな戦略にとって維持すべき側面があったことは安全保障の専門家の間では広く知られている。つまり、中東や欧州への戦力移動にとって、日本の役割はきわめて大きかった。兵站、補給、休養などの面で、アメリカ国外で信頼できる後方中継基地としての役割は、軍事的観点から軽視できないものであった。

「中国の台頭」をめぐる日米同盟の将来を考える上では、同盟が共通の脅威によって成り立つという前提だけではきわめて不十分となってきた。「中国の台頭」がさらに進むこれからの時期には、日米同盟の3つの側面がダイナミックに変化しつつ展開すると考えられる。しかもアメリカが日本を必要とする度合いも当然ながら変化するであろう。それによって日本を取り巻く戦略環境も変化する。日米同盟の変容は、あくまで日本を取り巻く戦略環境の重要ないくつかのうちの1つの要因と見るべきであろう[51]。

何がこのような変化をもたらすかといえば、経済規模の変化を別にすれば、1つは主要国の軍事技術の進歩、もう1つは同じく主要国の戦略目標や戦略形態の変化である。言い換えれば、軍事技術の進展によって、アメリカにとっての日本の役割がどのように変化するか、また、中国にとって、日本の役割はどのように変化するか、である[52]。もちろん、この変化に対応する日本の戦略が逆に米中に影響を与える。しかし、ここではまず日本にとってどのような変化がありうるのかを考える。

この中で、将来、変化が確実ではないという指摘ができる。つまり、現在のトレンドからいっても、変化のペースや規模によっては、日本の対応が変わりうる、したがって将来予測はあまり役立たないと批判できないことはない。しかし、それは役立たないどころか、日本がとるべき戦略の結節点、つまり変化にどのようなときに対応を変えていくかを予測でき、決定的に重要であるということにほかならない。もしそうならば、主要国の軍事技術や戦

略の変化それぞれのペースや規模で日本にとって意味があるポイントを考える事が重要であろう。

### (2) シミュレーションやゲーミングなどによる予測

将来予測ではシナリオ分析がしばしば使われる。これは、理論分析からいえば、パラメーターの値を変えて変数の動きを見るということに通じる。もしそうならば、シミュレーションやゲーミングの役割は引き続き大きいと考えられる。

最近のシミュレーションやゲーミングの分野の進歩は目覚ましく、たとえばグローバルな秩序の形成についての研究もすでに発表されている[53]。グローバル公共財という概念を使っているので、リベラルで理想的なものという印象を受けるかもしれないが、交渉ゲームや通商交渉のほか、対テロ、紛争と介入、核拡散などハードな側面をもつ課題も扱われている。このような考えは、マルチ・エージェント・シミュレーション（MAS）という用語で語られることも多くなったが、ここではより広く知られているシミュレーションやゲーミングという用語を使っていく。

日本ではあまり知られていないが、ゲーミングおよびその理論的基礎となるゲーム理論は冷戦期で役目を終了したように思われがちであった。しかし、それもかかわらず、諸外国では対テロ政策の理論枠組みに応用されたこともあるように、ゲーム理論の効用は低下していない。それどころか、中国と多くの国々の間の経済的相互依存という、冷戦期にはほとんどなかった新たな要因を取り入れたゲーム理論に基づいた分析も出現している。米中関係の、対立もするが協力し妥協する「男女間のゲーム」としての性格に注目した分析が日本人研究者によってすでに発表されている[54]。

一般に、ゲームはダイナミックであり、互いの主観や認識にも強く依存する。このため、一時期に安定したとしても、安定したという認識が次の時期には不安定の要因になりうる。安定していれば、多少の威嚇や戦闘も拡大しないと考えられるからである。このようにして武力紛争の可能性が高まってしまう。しかし、その緊張がうまくコントロールできた場合には（または直接衝突後の反省から）、その不安定の要因が次の時期には安定の要因となりう

る。しかしそれでプロセスが終わるわけではなく、延々と続いていくのである。

　学際的アプローチの重要性はわかっていても、実際の応用はなかなか難しい。査読や評価はさらに難しいであろう。しかし、中国や台湾をめぐる国際関係の構造や展開を考えるとき、このような理論分析がもっと応用されてもおかしくない。もちろん、地域研究や歴史研究に代替するものではないが、並列の形で行うことになろう。

　以上、視点と枠組み、中国の役割変化、人口問題、中国をめぐる国際環境の変化、日米同盟、中国による台湾攻撃の可能性、理論研究の応用の重要性について議論を試みた。触れていないが重要な要因の１つとして、中国の民主化がある。ただ、民主化が一度は実現したウクライナのほか、チュニジアやエジプトなどで見られた権威主義の復活、経済の停滞と社会の混乱は、歴史の進行とともに民主主義が広まるというこれまでの民主主義論では説明がつかないため、理論の再検討を余儀なくされており、十分な分析規範となる理論が存在していない。このため、本章では議論を省いた。ただ、歴史は民主主義に向かって単一方向に進むという見方は後退し、それにかわって、民主主義は経済と社会の安定と密接に関連し、経済の停滞や社会の混乱があれば人々は権威主義に走りやすいのであり、直線的な「歴史の方向」とはほぼ無縁であるとするメカニズムが存在するとする見方が出てきた。中国もこのメカニズムと無縁ではないと思われる。

　本来は、これらの項目の論理をつなぎ合わせて十分に議論した上で結論を示すべきであろう。しかし、中国は近いうちにアメリカを抜いて世界をリードする地位に立てるというこれまでもってきた彼らの楽観的な将来イメージがもはや通用するとは思わなくなり、中長期の目標を東アジア地域における主導権の確保という、彼らにとっては控えめなものに限定してきたようだということはいえるであろう。しかし、それでも中国の役割は日本に挑戦であり続けることだということが大きく変わるわけではない。日本の対応を考えるためには、分析道具をさらに鋭く研ぐ必要があり、もてる智慧を総動員する姿勢が肝要であろう。

1) National Intelligence Council, *Global Trends 2030: Alternative Trends, 2012*.
2) Binhong Shao（邵浜鴻）(ed.) *The World in 2020: According to China: Chinese Foreign Policy Elites Discuss Emerging Trends in International Politics*（Leiden: Brill, 2014）。なお、中国の外で進められた同様の分析例として、William Callahan, *China Dreams: 20 Visions of the Future*（Oxford: Oxford University Press, 2013）。
3) EUISS（European Union Institute for Security Studies）, *Global Governance 2015 – At a Critical Juncture*, 2010; Daniel Franklin with John Andrews, *Megachange: The World in 2050*（New Jersey: John Wiley & Sons, 2012）; OECD, *Looking to 2060: Long-term Global Growth Prospects*（OECD Economic Policy Papers No.03）, 2012. そのほか、A. Dynkin (ed.), *Strategic Forecasts to 2030*（Moscow: RAS（IMEMO RAS）, Magistr, 2013）。なお、ブレマーは個人としても予測を行っている。Ian Bremmer, *Superpower: Three Choices for America's Role in the World*（London: Penguin, 2015）。
4) Erik Gartzke, "The Classical Liberals Were Just Lucky: A Few Thoughts about Interdependence and Peace," Edward Mansfield & Brian Pollins (eds), *Economic Interdependence and International Conflict: New Perspectives on an Enduring Debate*（Ann Arbor: University of Michigan Press, 2003）, pp.89-95.
5) Erik Gartzke & Yonatan Lupu, "Trading on Preconceptions: Why World War I was not a Failure of Economic Interdependence," *International Security*（36: 4, Spring 2012）, pp.115-150.
6) 胡鞍鋼・鄭雲峰・高宇寧「対中美綜合国力評価（1990～2013年）」、『清華大学学報』（2013年第1期）、26-39、180-181頁。
7) 王帆「戦略転型期的中国外交戦略規劃」、『外交評論』（30：6、2013年第6期）、1-15頁。
8) David Shambaugh, *China Goes Global: The Partial Power*（Oxford: Oxford University Press, 2013）。
9) 周方銀「美国的亞太同盟体系與中国的応対」、『世界経済與政治』（399、2013年11月）、4-24頁。
10) 高紅衛「2030年中国綜合国力模型構建與予測」、『管理観察』2015年9月、45-63頁。なお、中国では、プラザ合意以後、日本はアメリカの意見を受け入れてそのコントロールから逃れることができず、その結果、国力を消耗して衰退に向かったと観察することが多く、高もそのように論じている。このことから、中国の分析者たちは、アメリカの政府や論者たちの主張する論理を無邪気に信じてはいないと推測することができる。また、本文中の記述から、この研究は2010年頃、つまり胡鞍鋼らの研究とほぼ同時に進められたとも考えられる。より慎重な意見が求められるようになってから発表されたのかもしれない。
11) James Dobbins, David Gompert, David Shlapak & Andrew Scobell, *Conflict with China: Prospects, Consequences, and Strategies for Deterrence*（Santa Monica: RAND Corporation, 2011）。

12) http://news.takungpao.com/mainland/focus/2014-02/2257070.html（2015 年 1 月 11 日 最終アクセス）.
13)『大公報』2014 年 2 月 4 日（同前）の論評で紹介された閻学通の分析。
14) 胡波『2049 年的中国海上権力：海洋強国崛起之路』（北京：中国発展出版社、2015 年）、231-234 頁。
15) 経済成長の鈍化、失速や停滞がすぐに台頭の終焉に結びつかないという側面は、台頭の終焉を論じる場合にも当然意識されている。津上俊哉『中国台頭の終焉』（日本経済新聞社、2013 年）。
16) http://www.jri.co.jp/page.jsp?id=21545（2016 年 1 月 2 日最終アクセス）.
17) たとえば、王穎『中国労働年齢人口需求研究』（北京：経済管理出版社、2015 年）。
18) 小笠原欣幸「台湾の対中認識と政策」、日本国際問題研究所、平成 26 年度外務省外交・安全保障調査研究事業（調査研究事業）『主要国の対中認識・政策の分析』。
19) 以下の記述は、次の資料を参考としている。『海洋安全保障情報特報』（2012 年 2 月号）。
20)『海洋安全保障情報特報』2012 年 2 月号を一部改変。
21) 以下の記述は、次の資料を参考としている。軍事情報研究会「カラー図説：「アメリカの対中国戦争（7）―『ラプター vs Su-30』台湾沖の戦闘機対決」、『軍事研究』（2014 年 3 月号）、123-146 頁。
22) Robert Farley, "Offshore Engagement: The Right U.S. Strategy for Asia," *The Diplomat* (November 20, 2013). http://thediplomat.com/2013/11/offshore-engagement-the-right-u-s-strategy-for-asia/（2013 年 11 月 23 日最終アクセス）。
23) Aaron L. Friedberg, *Beyond Air Sea Battle: the Debate over US Military Strategy in Asia* (New York: International Institute for Strategic Studies, 2015), pp.105-152.
24) 劉新華『中国発展海権戦略研究』（北京：人民出版社、2015 年）、310-335 頁。
25) 同上。
26) 同上、334 頁。
27) 2014 年 2 月 17 日。http://wedge.ismedia.jp/articles/-/3604（2014 年 3 月 2 日最終アクセス）。
28) "U.S. Take Notice: China is Becoming a World-Class Military Shipbuilder: The Engine of China's Naval Rise Has Flown under the Radar – Until Now," *The Diplomat* (November 1, 2012). また、Andrew Erickson & Gabe Collins, "China Carrier Demo Module Highlight Surging Navy," *National Interest* (August 6, 2013). この論文はネット上で閲覧可能。http://nationalinterest.org/commentary/china-carrier-demo-module-highlights-surging-navy-8842?page=show（2014 年 1 月 8 日最終アクセス）。
29) たとえば、Michael D. Swaine, Mike M. Mochizuki, Michaek L. Brown, Paul Giarra, Douglas H. Paal, Rachel Esplin Odell, Raymond Lu, Oliver Palmer & Xu Ren, *China's Military & the U.S.-Japan Alliance in 2030: A Strategic Assessment* (Washington, D.C.: Carnegie Endowment for International Peace, 2013).

30）Thomas Scheber & Kurt Guthe, "Conventional Prompt Global Strike: A Fresh Perspective," *Comparative Strategy*（February 2013）, pp.18-34.
31）たとえば、田中三郎「狙いは防空プラス島嶼奪取／上陸能力の強化　中国版"ズムウォルト級"？　最新の大型ミサイル戦闘艦『055C 型』」、『軍事研究』（2014 年 3 月号）、86-93 頁。
32）Ian Easton, *China's Evolving Reconnaissance- Strike Capabilities: Implication for the U.S.-Japan Alliance*（Project 2049 Institute, February 2014）．なお、この研究報告は日本国際問題研究所からも発表されている。筆者の同研究所滞在中に研究が進められたからである。
33）同上, p.7.
34）同上, p.7. また Andrew Erickson, *Chinese Anti-Ship Ballistic Missile (ASBM) Development: Drivers, Trajectories and Strategic Implications*（The Jamestown Foundation, 2013）, p. 130.
35）Erickson, 同上, p.127.
36）『解放軍報』2015 年 5 月 26 日。
37）同上。
38）梁芳（主編）『海戦史与未来海戦研究』（北京：海洋出版社、2007 年）。
39）同上、292-304 頁。
40）胡志強『優勢来自聯合：関於海上聯合作戦及其系統実現的思考』（北京：海洋出版社、2012 年）。
41）朱文泉『島嶼戦』全 3 巻（北京：軍事科学出版社、2015 年）。
42）必ずしも海軍に限らないが、中国は専門家集団の大規模育成にかなり力を入れてきた。2008 年 12 月、党中央弁公庁は「中央人材工作コーディネート小組の海外ハイレベル人材の引き入れ計画に関する意見」を発表し、5～10 年間国家の重点施設（学科、企業、ハイテク開発区）などでブレークスルーが期待できる分野で指導的人材の帰国や招聘を進めることとした。

　　この中には、海洋法などの専門家も入っていて、その中で傅崐成（アモイ大学海洋研究院院長）は、南シナ海の「U 字線」等の検討を行ったことがある。この計画は「千人計画」と呼ばれることがある。彼のイニシアチブで、上海交通大学の法学院は、2013 年 5 月、FRPI（アメリカ外交政策研究所）のジャック・デリル（Jacque deLisle）教授を招き、「南シナ海と東シナ海の海域を超えた考察」と題する講演を行ったこともある。

　　このことから、中国の中には、海洋問題を国際法の立場から考えていき政策提言を行う人々が存在していることがわかる。ほぼ間違いなく、中国は台湾問題を東シナ海や南シナ海と関連づけていき、法制度に基づく軍事力を使わない方法で主張をしてくるであろう。
43）たとえば、馬平（主編）『聯合作戦研究』（北京：国防大学出版社、2013 年）。馬平は、国防大学戦役教研部主任で少将の階級をもつ。

44) 段昭顕「論建設海洋強国的戦略目標」、『中国軍事科学』（2013年第3期）、12-15頁。
45) 劉永宏・唐復全「新形勢下海軍転型建設的戦略思考」、『中国軍事科学』（2012年第5期）、58-66頁。
46) 解徳海「海戦次於攻撃措置運用問題初探」、薛剛凌（主編）『海空安全、信息化建設和軍民融合式発展』（北京：人民出版社、2013年）、63-70頁。なお、論文が掲載されているこの書籍では、ほかに武力行使、宇宙利用、北極、核兵器、IW、占領などに関する国際法上の研究論文がおさめられている。
47) Timothy Crawford, "Preventing Enemy Coalitions: How Wedge Strategies Shape Power Politics," *International Security*, 35: 4（Spring 2011）, pp.155-189. Yasuhiro Izumikawa "To Coerce or Reward?: Theorizing Wedge Strategies in Alliance Politics," *Security Studies*（22: 3, 2013）, pp.498-531.
48) 小笠原欣幸「台湾の対中認識と政策」、日本国際問題研究所研究プロジェクト『主要国の対中認識・政策の分析』中間報告（2014年2月）、第7章。
49) Stephen Walt, *The Origins of Alliance*（Ithaca: Cornell University Press, 1987）.
50) 吉田真吾「デタントの成立と日米同盟—相互不安と『正当性の危機』による制度化の進展」『国際安全保障』（36：4, 2009年）、19-39頁。
51) 本分析で言及した「くさび戦略」も、いわば裏側から同盟理論を考察したものともいえよう。
52) 中国の国防技術については、Tai Ming Cheung（ed.）, Forging *China's Military Might: A New Framework for Assessing Innovation*（Maryland: Johns Hopkins University Press, 2014）.
53) 吉田和男・井掘利宏・瀬島誠（編）『地球秩序のシミュレーション分析—グローバル公共財学の構築に向けて』（日本評論社、2009年）。
54) Takashi Sekiyama, "Coordination, Compromise, and Change: An Implication of the Repeated Games of 'the Battle of the Sexes7'," *Journal of Mathematics and System Science*,（4: 8, 2014）, pp.557-568.

# 第 2 章
# 台湾政治と軍事戦略の関係

門間理良

## はじめに

　台湾の軍事戦略は、国家利益や国家目標を根本に据えて、国家の情勢判断に基づいた国家戦略構想と国家軍事戦略計画が策定されている（詳細は第 3 章）。そのため、当然のことながら、軍事戦略計画はその時代ごとの国家としての情勢判断に大きく影響されている。台湾では 1996 年 3 月に最初の総統民選が実施されて以降、李登輝（総統在任時期：1988〜2000 年。中国国民党）、陳水扁（同：2000〜2008 年。民主進歩党）、馬英九（同：2008〜2016 年。中国国民党）の 3 名が総統となっている。本章ではこれら 3 名が総統であった時期の台湾の政治動向を比較して、当時の政治動向がそれぞれの時期における軍事戦略策定と台湾軍の組織変革にどのような影響を与えていたかを明らかにすることを目的としている。ただし、李登輝政権の始まりが蔣経国の死去による自動的な昇格であったことを踏まえ、また、1970 年代は台湾をめぐる国際環境に大きな変化があったこともあるため、蔣経国政権の時期にも触れて本論の導入部としたい。ここで主に取り上げる政治動向とは、台湾の内政（社会情勢を含む）と対中政策及び対外政策を指すものとする。

## 1．蔣経国政権期

### (1) 政治動向
　台湾の民主化は蔣経国政権後期からアメリカの強い勧めの中で進められて

きた。蔣経国は既に 1982 年の時点で台湾を民主化すること、それが「台湾プロセス」になること、中国に対する開放を行う意向をアメリカ側に明らかにしていた[1]。1981 年 7 月にアメリカのカーネギー大学の陳文成教授が帰省した折に台湾国防部の台湾警備総司令部に尋問された後、台湾大学構内で変死体となって発見された事件や、アメリカ国籍華人ジャーナリスト江南が台湾の国家安全局幹部の指示で動いた暴力団幹部により 1984 年 10 月にアメリカで暗殺された事件があった。アメリカ人やアメリカで働く者が台湾当局の関与があった中で変死したり殺害されたりしたことは、1979 年に施行された台湾関係法の精神を踏みにじるものであった。台湾にとって台湾関係法によるアメリカのコミットメントの維持は最重要課題であったから、アメリカが要求する台湾の民主化は避けて通ることができない大きな問題だったのである。1986 年 9 月には民主進歩党のゲリラ的な結党があった。これは戒厳令下の台湾においては、禁じられていた新たな政党の結成に該当する行為だったが、蔣経国は黙認した。中華民国が台湾に遷って以来事実上の一党独裁を続けてきた国民党政権が民主化を進めるには、健全な野党の育成が必要なことであり、それを認めることは内外に国民党政権の変化を示すことにもなる。また、台湾の政治風土から新たに生まれた民進党は、「台湾プロセス」を体現した政党でもあった。翌 1987 年 7 月には世界で最も長い戒厳令が解除され、台湾の民主化は加速度を増していくことになる。

　この時期、蔣経国政権は台湾を「復興の基地」、自らを「合法政府」と位置づけるとともに、中国を「大陸失陥地区」、中国共産党を「反乱団体」とみなしていた。1987 年 9 月、蔣経国は現段階の中国大陸政策における「反共」の基本国策と、「国土」の光復目標、「国家の安全」を図るという原則は不変であるとの認識を示している。しかしながら、当時の台湾における対中政策開放の声は大きく、1987 年 11 月 2 日、行政院は現役軍人及び現職公務員以外で中国大陸に親戚のいる台湾住民の中国訪問を申請方式で許可した。これは蔣経国がアメリカに約していた対中開放政策の一環という見方ができるであろう。だが、蔣経国政権期において、対中政策の進展はこれ以降特記すべきものはなく、さらなる展開は李登輝政権を待たなければならなかった。

　1979 年 4 月、アメリカで国内法である台湾関係法が制定され、同年 1 月 1

日にさかのぼって施行された。同法は西太平洋における平和、安全、安定の確保に協力することや、平和手段以外によって台湾の将来を決定しようとする試みは西太平洋地域の平和と安全に対する脅威であり、アメリカの重大関心事であると記すとともに、防御的兵器を台湾に供与することを明らかにしている。さらに、同法は「台湾のすべての人民の人権の維持と向上が合衆国の目標である」とも明記している。1954年12月に署名締結され翌年発効した米華相互防衛条約は1979年1月1日の米中国交正常化に伴い同年12月14日に終了したが、台湾関係法は、その後の台湾の安全を保障する強い拠り所として現在まで存在している。

　レーガン（Ronald Wilson Reagan）政権期の1982年には台湾の安全保障上非常に不利に作用する「台湾向け武器売却についての米中共同コミュニケ」が出されたが、それと前後してレーガン政権は台湾側に「6項目の保証」を出して、同コミュニケが文字通り履行されないことを約したことで、台湾に対する武器売却はその後も継続されている。

### (2) 台湾軍の状況

　台湾の軍事戦略は蔣経国政権後期に「防衛固守、有効抑止」戦略に変更されたものの、台湾軍の編制や人事、軍をめぐる法制度そのものに大きな変化は見られなかった。しかし、1980年から1989年にかけて、鈍重な大陸軍の組織編制を改めるべく「陸精案」が実施された。同案は主として陸軍師団級の組織改編で、12個重装備師団、9個予備師団を調整して、21個歩兵師団、6個軽装備師団に再編するなどした[2]。国防部長や参謀総長をはじめとする国防部、軍の最高幹部は台湾住民では少数派に属する外省人が大多数を占めている。これは国民党が外来政党だったのと同様で、台湾軍はあくまでも中国から渡ってきた外省人を中核に構成された外来の軍隊だったことを示している。

## 2. 李登輝政権期

### (1) 政治動向

　李登輝は1988年1月13日、蔣経国総統の急逝によって、同日に憲法規定に基づき副総統から総統に昇格した。だが、この時期の李登輝は総統に就任したものの、それはあくまでも憲法上の規定で総統の座に就いたにすぎず、国民党内に確固たる基盤は存在しなかった。李登輝は1988年1月27日に党代理主席に、同年7月の党13全大会で正式に党主席に就任したものの、李登輝のリーダーシップは集団指導体制の下にあるべしというのが、外省人古参エリート間の暗黙の了解だった[3]。そのため、李登輝が党内で権威を獲得するのは、蔣経国の本来の総統任期満了だった1990年までを務め、同年、国民大会によって改めて総統に選出されるまで待たなくてはならなかった。1988年から1990年までの台湾政治は急速に多元化が進んだ時期で、李登輝もその権力基盤の安定に力を注いだ3年間だった[4]。

　1993年8月に開催された国民党第14回大会で出席予定者2,089人中1,686票を獲得し、党内での権威と権力を盤石のものとした李登輝は、憲政改革を実行した。立法委員の全面改選を行って万年議員を引退させて、立法院を現在の台湾住民が選出した議員のみの構成にするなど、民主化と台湾化を進めた。総統の民選も行い、第1回総統民選では54パーセントの得票率で当選した。また、政権後期にあっては、台湾省の凍結を進めた。それまで中華民国の実効支配地域の面積と人口の大部分を占める台湾本島と台北市と高雄市を除く澎湖諸島が中華民国の一省としての台湾省と位置づけられて台湾省政府が置かれていたが、その機能を1998年に凍結（事実上の廃止）させたのである。これは台湾を身の丈大にする政治的措置であり、いわば中華民国の台湾化を図る作業であった。これは台湾軍の組織にも影響を与えることとなった。

　中台関係では、李登輝時代が始まって1年あまりが経過した1989年6月4日に発生した天安門事件は、中台関係進展の契機にも、台湾の国際社会における活動の活発化の契機にもなった。中国が国際関係の中で孤立する中、1990年9月総統府は「自由、民主の原則の下で、国家の統一を加速させる

ため」に総統をトップとする国家統一委員会を設置することを決めた[5]。また、中台関係に関する政策決定機能と事務遂行の効率を強化するために行政院大陸委員会を1991年1月に設置した[6]。また、当時は中台間で官同士の接触がなかったため、政府の公権力が直接介入処理することが不可能だった。そこで、民間の性質をもった組織に政府が指定した公権力の執行を委託し仲介させる役どころとして、財団法人海峡交流基金会を1991年3月に成立させた[7]。中国側も同様の組織として、国務院台湾事務辦公室と海峡両岸関係協会を成立させた。中台当局のこれらの措置によって、中台間交流の際の実務処理を行うチャネルが構築されたことになる。

そのような状況下、1991年3月に国家統一綱領が新たな中国政策の基本枠組みとなった。国家統一綱領の要点とされたのは以下の4点である。①「一つの中国」を堅持し、中国の統一を求める、②平和統一を堅持し、武力の使用に反対する、③台湾地区の人民の権益を尊重することを統一の前提とする、④平和統一のプロセスは段階を分け、なおかつ時間表は設けない[8]。この定義は文面上あくまでも「一つの中国」を目指すことを謳っているものの、台湾地区の人民の権益が尊重されなければ統一はしないこと、統一完成に目標年度を設定しておらず、現状の固定化を目指したものとも解釈できるものであった。1991年に李登輝政権は「動員戡乱時期」終結宣言を行って、中国との戦争状態が終結した旨を一方的に宣言した。

外交関係でもこの時期の台湾は攻勢的だった。1989年5月、郭婉容財政部長がアジア開発銀行年度総会出席のため北京に赴いたが、これは台湾の行政院閣僚として初の訪中であった。また、天安門事件後、台湾はグレナダ、バハマ、リベリア、ベリーズと相次いで国交を結び[9]、1990年1月に台湾政府は「台湾・澎湖・金門・馬祖」の独立関税地域名で、GATTに加盟を申請している[10]。

1989年3月、李登輝は休暇を利用したシンガポール訪問を行ったが、その際シンガポール側からは「台湾から来た総統」という表現で遇された。この曖昧な表現は本来の外交儀礼からすれば不十分であったが、「実務外交」を標榜する李登輝にとって、重要なことは訪問を達成することであった。李登輝の積極的外交方針と行動力は、中国にとっては台湾が台湾海峡を挟んだ

2つの政治実体の存在を世界にアピールする行動と捉えられた。その行動の頂点が李登輝の1995年の訪米と母校コーネル大学における「中華民国在台湾」という発言を繰り返した演説であり、1996年の総統民選の実施であった。中国は短距離弾道ミサイルを使用した軍事演習の名を借りた威嚇を行ったものの、米国が2個空母機動部隊を台湾海峡に差し向ける動きを前になすところがなかった。

さらに、1999年の「二国論」の概念提起は、中国にとって台湾の事実上の独立に向けての動きに等しいものであったため、中台関係は極度に冷却化し軍事的緊張も高まった。

(2) 軍事改革

この時期の特徴として、中華民国の民主化、台湾化に伴って、蒋経国政権期までは大きく手をつけられなかった台湾軍の本質的な改革が進められ始めたことが挙げられる。

その中でも、台湾軍の党軍から国軍への転換がはかられ始めたことは特筆に値する。2000年3月、台湾軍制服組トップの湯曜明参謀総長が総統選挙投票終了直後に「国軍は総統の指揮権に服する」ことをテレビで宣言した。台湾軍は元々孫文が革命を遂行するための自前の軍隊が必要であるとの考えから、ソ連の赤軍をモデルに作ったいわば国民党軍であった。以来中華民国は国民党政権が2000年まで存続していたため、台湾軍は事実上国民党軍として存在してきた。2000年3月は国防法が公布されたものの施行されていない時期である。政権交代の可能性を見越して、台湾軍がどの政党の総統であれ、台湾住民が選挙で選択した総統の指揮権に服することを誓ったのは、台湾の民主化を保証する点で大きな出来事だったといえる。

李登輝政権以前の台湾軍は基本的に中国大陸から移ってきたときの大陸的な陸軍偏重の編制のままだった。しかし、李登輝政権の下で、中華民国の実体である台湾を守るための軍隊にする改革を行っている。その1つが大規模な兵員削減と国防部組織の簡素化である。この背景には、台湾における少子化で部隊に欠員が生じていたという事情に加え、世界的な軍の少数精鋭化の流れに台湾も乗ったということが挙げられる。1997年4月に発表された「国

軍4年精実（精鋭）化案」（通称：精実案）は、同年7月1日から2000年6月30日までの期間に当時45万人あまりだった兵員を38万人あまりにまで削減するというものだった。6万2,000人あまりの削減には将官100人、佐官5,000人、尉官8,000人が含まれている。これに合わせて国防部や各総司令部、司令部では1998年7月1日から幕僚単位を30パーセント近く簡素化した。陸軍では数個師団及び独立旅団を撤廃して新たに師団指揮機構と十数個の諸兵種旅団を編成した。海軍も新型艦艇導入計画を立てて、艦艇要員の削減と戦力向上の両立を図った。また海軍陸戦隊も師団編成から旅団編成にした。空軍も新型戦闘機の導入を進めるとともに、東部指揮部を廃止して教育訓練・準則発展司令部に改編するなど組織の転換を進めた[11]。

　李登輝は通常2～3年の任期で陸海空軍出身者が順番に就任する参謀総長の座に8年間居続けた郝柏村を国防部長に表面上格上げする形で退かせ、さらに行政院長に任命するなど、郝の軍に対する強大な影響力を削ぎ、総統の軍に対する統帥権を確立させることに努めた。また、外来の軍隊としての性格が色濃かった台湾軍では、台湾人口の9割近くを占める本省出身の将官が極端に少ないという不自然な状況が続いていたが、李登輝政権はその是正に努めた。李登輝政権期最後の参謀総長（第17代）である湯曜明は、本省出身者初の参謀総長になった。しかしながら、湯曜明以後の参謀総長は2015年現在の厳徳発（第24代）を含め全員外省籍であり、本省籍の軍高級幹部の育成には見えない壁が存在することを示唆している[12]。

　台湾の民主化の過程において、蔣経国政権期まではブラックボックスだった台湾軍に関して公開できる部分は公開していくとの方針が、李登輝政権の下で決せられた。李登輝は1990年に総統に就任すると2年以内に『国防白書』を公布するとの希望を明らかにした[13]。その方針に基づき国防部は1992年1月に最初の『国防白書』を発刊し、爾来2年に1度のペースで発刊を続けている。

　組織面でも大きな変化があった。国防部は1992年7月に台湾警備総司令部を撤廃したほか、同年8月には憲兵、陸軍、海軍陸戦隊などから抽出した部隊を再編して海岸巡防部及び地区海岸巡防部を成立させた。また、1992年に国防部は「台湾軍管区司令部」の名称から「台湾」の二字を取り去り軍

第2章　台湾政治と軍事戦略の関係　57

管区司令部と名称を変更して、軍管区司令部兼海岸巡防司令部とした[14]。これらは、1991年の「動員戡乱時期」終結宣言に伴った措置である。台湾警備総司令部は戒厳令執行時期においては台湾の治安を守る名目で台湾住民を監視し時には暴力をふるう組織であったが、それが撤廃されたことは、台湾軍の機能が、内戦状態における国内治安の維持から国防重視へと変わってきたことを示す証左であった。

## 3．陳水扁政権期

### (1) 政治動向

　陳水扁は、自らと国民党の連戦、無所属の宋楚瑜と争った結果、40％足らずの得票率で当選した。藍（国民党系）陣営が分裂したために漁夫の利を得た形となった。初の政権交代を実現させた陳水扁政権は、本来であれば李登輝政権後期から末期にかけて急速に冷却化し、軍事的緊張に向かった中台関係の緊張緩和に努力しなければならなかった。しかし、中国生まれで三民主義を元に中国統一を目指す国民党と異なって、民進党は元々台湾独立を標榜した台湾土着の政党であり、陳水扁も独立傾向の強い人物であると中国側にさらに警戒されたため、中台関係は全く改善しなかった。中台関係は改善しないまま、2002年に陳水扁が中台は事実上2つの国であるとの含意をもつ「一辺一国論」を提起した。中国は2005年に「反国家分裂法」を公布・施行して、中国の国内法として台湾の独立を違法とした。それに対して、陳水扁政権は2006年2月に国家統一委員会の廃止と「国家統一綱領」の廃止を国家安全会議高層会議で決定した[15]。これらの動きは中国と台湾とを相対化させる動きだが、対内的にも陳水扁政権は「脱中国化」を進めた。その中には地名や公営企業などの名称から「中華」などの中国的なものを取り去って「台湾」に変えるといった「正名」の措置も含まれる[16]。

　悪化する中台関係の一方で、米中関係は9.11テロの発生とその後の「対テロ戦争」という観点の共有もあって急接近した。アメリカを介した中国の台湾に対する圧力も強化されていくことになった。また、陳水扁政権にとって不幸だったのは、民進党が少数与党政権を余儀なくされたことと、それを

甘受して立法院で多数を占める藍勢力に妥協的な政策をとることができなかったことが挙げられる。そのため、陳水扁政権期は国防のための予算編成もままならないことが続いた。

### (2) 軍事改革

陳水扁政権期における軍事戦略面の最も重要な変化として、「決戦境外」の戦略思想の提起と軍事戦略を、従来の「防衛固守、有効抑止」から2002年に「有効抑止、防衛固守」へと転換させたことが挙げられる。この軍事戦略転換の背景には、同年における陳水扁の「一辺一国論」の提起に見られるような中国との関係悪化による軍事的緊張の高まりがあると考えてよいだろう。「決戦境外」の戦略思想は、台湾本島に着上陸しようとしてくる解放軍を殲滅するのではなく、もっと離れた海空域で解放軍を叩くことができる戦術と武器・装備を整えることを意図している。また、軍事戦略の中で「有効抑止」を前面に出してきたのは、侵攻してくる解放軍を殲滅することよりも、解放軍が台湾に対し武力発動を思いとどまるだけの戦力を確保し、必要な場合は中国大陸を攻撃する能力を台湾軍に付与したいというより積極的な意思を示したものと解される。

陳水扁政権下における軍事面における最も重要な変化として、2002年3月の国防法と改正された国防部組織法の施行が挙げられる。国防法施行以前は、参謀総長は総統にのみ責任を負うとされ、国防部長の権限は軍政面にしか及んでいなかった。また、国防部長の業務は政治家としての識見よりも、軍官僚としての実務能力を要求されるものが多かった。その状況で国防部長が有効に動くには、元高級軍人としての個人的権威と豊富な実務経験に頼る他なかったので、国防部長職には元将官の中でもトップクラスだった人物に任せることがほとんどであった。しかし、国防法の下では、軍政（人事・予算）、軍備（兵器調達）、軍令（作戦・指揮）が文官の国防部長の下で一元化され、その権限と責任は大幅に増大した。参謀総長は、制服組のトップとして国防部長の軍令に関する幕僚長と位置づけられた。軍政・軍備に関して国防部長を補佐する2人の副部長が置かれた。これにより、国防部長職には、軍の背景をもたない人物が就任しても、指導力を十分に発揮できる素地が整え

られた。

　2006年からは有事には各軍種の総司令部は司令部となった。陸海空軍の総司令は平時の訓練、武器・装備の責任者としての位置づけとなり、戦時は戦力を参謀総長に差し出して自らは参謀総長の参謀になる組織に改められた。ただし、2006年1月の時点で国防部組織法の改正が追いついていなかったために、司令部の司令官は総司令というちぐはぐな現象が一時続いた[17]。

　国防法は、台湾軍が国民党の軍隊から国家の軍隊へ転換することを法的に保証した点でも画期的な法律であった。同法第5条では、国軍は憲法に服し、国家に忠誠を尽くし、人民を愛護し、職責を全うすることで国家の安全を確保することを謳い、第6条では、現役軍人が政党や政治団体あるいは選挙立候補者が提供する職務に就くことや、軍事機関内部に党組織を組織すること等を明確に禁止している。国防法は、台湾軍が国家の軍隊であることを法的に保証したもの、と評価できるのである。とはいえ、同法制定に関しての功績は李登輝にある。李登輝が中華民国の民主化と台湾化を促進し、その結果としての将来における平和裏の政権交代を可能にするために、台湾軍から国民党軍としての性格をできる限り払拭することを意図して、李登輝時代に国防法の成立にまい進したからである。

　次にダウンサイジングの状況を確認しよう。既に「精実案」を終えた台湾当局は、次なるダウンサイジングである「精進案」を2004年1月より実施した。これにより、2005年6月末段階で約29万6,000人だった全兵力は、2008年末までに27万5,000人にまで減少した（陸軍9万6,000人、海空軍はそれぞれ3万余人）。この再編の基本は次の通りだった。

① 　ハイレベルの指揮部門と後方支援、行政部門を優先的に削減する。
② 　指揮階層を減らすことで指揮速度を速め、かつ後方支援を迅速化させる。
③ 　これにより三軍の統合作戦機能を強化して国軍の総合戦力を向上させる。

　この当時の組織改編でまず注目されたのは空軍である。国防部は2004年4月に陸軍防空ミサイル指揮部を格上げして、参謀本部直属機関のミサイル司令部（司令は中将。兵員6,000余人）を組織していた。しかし2005年12月

29日、もともと空軍指揮下にあった防空砲兵警衛司令部を中核にして新たに防空砲兵司令部を成立させ、ミサイル司令部指揮下にあった防空ミサイル部隊（ペトリオット、天弓、ホークの各ミサイル部隊）をそこに移管した。また、空軍防空砲兵警衛司令部に所属していた各警衛中隊は、憲兵司令部に移管された。ミサイル司令部は、台湾の防空能力向上が重視されている折から、人民解放軍のロケット軍のような「第4の軍種」的存在となるかに思われていた。ところが、ミサイル司令部が指揮するミサイルが多種多様だったため、部隊の日常訓練、設備の維持・補修、戦時の作戦指揮などが非常に煩雑となり、戦闘力を有効に発揮させることが困難であると認識され、空軍指揮下で防空部隊の指揮機構を整合化させる決定を下したと見られる。その他、空軍の10個警衛大隊も2005年末から2006年初頭にかけて順次憲兵司令部麾下に移管され、憲兵部隊が空軍基地・陣地の安全を統一的に確保する体制となった。

陸軍は、台湾島に所在する第6、第8、第10の計3個軍団が維持されたものの、その下部に位置づけられていた8個の師団指揮機構は取り消され、14個あった諸兵種旅団は7個に再編された。また、金門・馬祖・澎湖・花東の各防衛司令部は各々指揮部に降格した。また、離島では旅団級単位を撤廃し、大隊級単位を指揮部が直接指揮するようになった。

陸海空軍の主要な司令部は残されたものの、陸海空軍指揮下の各後方支援司令部は、2005年末に統合後方支援司令部に移管された[18]。

国防部は参謀本部を含めると従来の4局（総政治作戦局・軍医局・主計局・軍備局）、6司（戦略規画司・人力司・資源司・法制司・軍法司・予備事務司）、10室、2会体制から、4局、5司、9室の計18部門体制にスリム化された。

これらの再編に伴い、将官も大幅削減された。台湾軍将官の定員は2006年1月段階で481人（上将13人[19]を含む）であったものを387人（上将9人、中将64人、少将314人）に削減することになった[20]。当時の国防部の指揮下にある上将ポストは、参謀総長（一級上将。上級大将に相当）を含め、国防部副部長（軍備担当）、陸海空軍司令（3人）、総政治作戦局長、国防大学校長、統合後方支援司令部司令、予備司令部司令、陸海空軍副参謀総長（3人）のほかに、法律上は軍政担当副部長（現実にはシビリアンが任命されている）を

入れると 13 人である（これ以外にも、当時は上将から国家安全局長が任命されていた）。ここから 2006 年元日付で軍政担当副部長職の上将ポストを撤廃して、完全にシビリアンのポストとした。また 2006 年末までに総政治作戦局長を上将職から中将職に格下げし、2007 年末までには予備司令部司令と統合後方支援司令部司令の上将ポストも廃止し、中将とされた。総司令部に置かれていた「署」（署長は少将）はすべて「處」に格下げされた。

　陳水扁政権期の軍人事の中で注目されたのは、2005 年 2 月の陳邦治総政治作戦局長の海軍総司令就任である。陳総司令は 1942 年生まれの本省人（台中県出身）で、一貫して海軍陸戦隊畑を歩み海軍陸戦隊司令（海軍陸戦隊中将）に上り詰めた。それまでの慣例では、海軍陸戦隊司令の次のポストは軍管部副司令で、中将で退役となる。ところが、陳中将は陳総統の引止めで留任し、予備司令部司令（2002 年二級上将に昇進）に就任した。陳上将はさらに、2003 年 2 月総政治作戦局長に進み、さらに海軍総司令についた。台湾省籍の海軍総司令は 2 人目だった。この人事は次期海軍総司令最右翼と見られていた費鴻波副参謀総長兼執行官を押しのけてのものであった。陳邦治と同期だった費副総長は、海軍作戦署署長、海軍艦隊司令部司令、海軍副総司令を経て、海軍副参謀総長となり二級上将に昇進した。この経歴は台湾海軍において海軍総司令になるための王道であった。それを押しのけて陳邦治上将が海軍総司令に就任した事実は、やはり本省籍の軍最高幹部を養成したいとの陳総統の強い意志が働いた結果と見るのが妥当であろう。

　陳水扁総統期の軍人事でさらに特徴的なのは、多くの高級幹部を将官に引き上げ、上将に昇任させたことである。陳水扁政権第 1 期（2000〜2004 年）には中将に合計 69 人を、少将に合計 268 人をそれぞれ昇任させている。第 2 期（2004〜2008 年）にはその数はさらに増加して中将に合計 78 人を、少将に合計 287 人を昇任させた[21]。さらに 30 人を上将に昇任させている[22]。将兵、特に将官の削減に重きを置く「精実案」、「精進案」を行う中で、これだけの将官を昇任させた背景には、外省人が多く、中台統一への意識が刷り込まれているために民進党政権に不満を抱く台湾軍高級幹部の忠誠心を、人事権を行使して確保する目的があったものと思われる。だが、多くの幹部を将官にするためには限りあるポストの任期を縮めるしかない。前掲の陳邦治上

将は予備司令部司令や海軍総司令の地位をそれぞれ1年間しか務めていない。上将に昇任して総政治作戦局長職に就いたものの、わずか1年で戦略顧問に退いた者もいる。通常これらのポストは2～3年を目安として交代となることから、陳水扁政権期は将官、特に上将のポストがたらいまわしにされていたことがわかる。これは軍高級幹部の指揮能力の向上という観点からすると、マイナスに作用するものと思われる。

陳水扁が政権の最末期の2008年2月に文民の蔡明憲を国防部長に就任させたのは、シビリアン・コントロールの体現としては一定の意味があった[23]。

徴兵制も「精進案」の影響を受けた。台湾では徴兵制（男性のみ）と志願兵制（男女）を併用しており、士官は志願兵制を、下士官と兵士は徴兵制を、それぞれ主体としてきた。兵役法に定められた兵役期間は軍種を問わず22カ月だったが、軍事力再編に伴うダウンサイジングにより、2004年1月より20カ月に、さらに2005年7月1日より18カ月に、2008年1月に12カ月にまで引き下げられた。兵力削減をしている中で兵役法に示された兵役期間を順守すると、大幅な定員超過になってしまうためである。そこで定員過剰時の兵役期間削減条文に基づいて、上記のような措置をとってきた。陳政権は将来的に徴兵制を廃止する方針を打ち出したものの、その実行は次の馬英九政権に任されることになった。

## 4．馬英九政権期

### (1) 政治動向

馬英九政権期の最大の特徴は、中台関係の劇的な改善であった。2008年5月の総統就任直後には、1999年における李登輝の「二国論」の発表以後停止していた海峡交流基金会と海峡両岸関係協会のトップ会談が再開された。以後2015年までに同会のトップ会談は計11回開催され、2010年の経済協力枠組協定（ECFA）など合計23もの協定に署名がなされた。良好な中台関係の大きな原因として、中国側が馬英九を安心して見ていられる存在と認識していたことが挙げられる。馬英九は総統就任演説で「統一せず、独立せず、武力行使せず」の「三不政策」を掲げた[24]。中国側の馬英九政権に対する

安心感は、台湾の国際組織への参加、国際活動の展開に関して道を開く形となった。馬英九は自らの外交方針を「活路外交」と名づけ、その精神は李登輝政権期の「実務外交」と一貫しているとする。また、中台双方の相互信頼を基礎に外交的な休戦（外交休兵）を行って、競争的な「小切手外交」をやめて「経済貿易外交」、「文化外交」を推進するとしている[25]。馬英九政権成立以後、台湾はアジア太平洋経済協力（APEC）首脳代表の参加者を元副総統（連戦、次いで蕭萬長）に格上げすることに成功した。また 2009 年からは「中華台北」名義で WHO 総会へのオブザーバー参加が認められている。議長ゲストという不安定な立場ながら、国際民間航空機関（ICAO）総会への参加も 2013 年に認められた。2010 年に中国と ECFA 締結後に、シンガポール、ニュージーランドとも自由貿易協定を締結することに成功した。対米、対日関係も良好だった。日本とは 2013 年に「日台民間漁業協定」に署名したほか、投資協定やオープンスカイ協定も署名した。

ただし、同時に台湾の国際社会への参加が無制限に認められたわけではない。馬英九総統は 2014 年北京 APEC の際に自らの参加を模索したが中国側は認めず、蕭萬長前副総統が首席代表として参加し、習近平とも会談した。しかし、その扱いはやはり各国元首はおろか香港特別行政区の梁振英長官より格下の扱いだった。他国の首脳は習近平主席との一対一対応で表記されているのに対し、台湾だけは「一行」と記されており、台湾代表団が習近平に会いに来たという印象を植えつけようとしている（**表 1 参照**）。また、習近平主席主催の首脳歓迎晩さん会では司会が「蕭萬長及び夫人」とだけ呼び、台湾代表であることを明らかにしなかった[26]。

## (2) 軍事改革
### ① 軍事戦略を「防衛固守、有効抑止」に戻す

馬英九政権は、陳水扁政権期の中国との関係悪化を改善したが、軍事戦略にも変更を加えている。陳水扁政権期に掲げられた「決戦境外」の戦略思想は中国の台湾に対する軍事的警戒心を高めるとの考えから取り下げられ、「有効抑止、防衛固守」の軍事戦略も「防衛固守、有効抑止」に戻された。これにより、台湾軍は台湾本島水際で侵攻してくる解放軍を叩くという戦術

表1　習近平と各国・地域首脳との会見報道比較

| 見出しに記された国名など | 写　真（全てカラー） | 会見場所 | 習近平の肩書き | 『人民日報』掲載位置 |
|---|---|---|---|---|
| ロシア大統領プーチン | 両国国旗を背景にして握手 | 釣魚台賓館 | 国家主席 | 第1面右上 |
| インドネシア大統領、カナダ総理、タイ総理、シンガポール総理をまとめて表記 | | 人民大会堂 | | 第1面下部 |
| 梁振英 | ソファに隣り合わせで着席（机上に旗はなし） | | | 第3面左上 |
| 蕭萬長一行 | | | 中共中央総書記 | 第3面右上 |

出所：2014年11月10日付『人民日報』を基に筆者作成

を再び採用することになった。さらに、馬英九政権期は台湾軍のさらなるダウンサイジングである「精粹案」を実施した。「精実案」の終了により2008年末に27万5,000人にまで削減した台湾軍を、さらに21万5,000人にする計画を2014年11月に完成させた。将官の数も393人から292人にまで減少した。馬英九政権はその後も2019年までに台湾軍を17万〜19万人まで削減する「勇固案」に取りかかっているが、2015年段階において戦力の低下を危ぶむ声があり一時停止中である。

また、馬英九政権期には2013年1月に国防六法が施行されたことにより、台湾軍成立以来最大の組織改編が行われている。

② 参謀総長が四つ星から三つ星へ

これまで参謀総長は二級上将（三つ星）の誰かが一級上将（四つ星）に昇任して補職されていた（第一線を退いている戦略顧問は除く）。しかし「国防部参謀本部組織法」第4条に、「参謀総長は上将とする」とだけ記したことで、参謀総長に就任した者を一級上将に昇任させる必要がなくなった。ただし特別な功績があった参謀総長や、戦時においては参謀総長を一級上将に戦時特進させて指揮に当たらせるとして、一級上将の階級は存続させている。

この措置は、生涯現役と規定されている一級上将を今後は作らないとする馬英九総統の強い意志の下で実施されたものである。

③　上将職の減少

これまでの台湾軍の上将職は、制服組トップの参謀総長が全軍ただ1人の一級上将だった他に、軍備担当副部長、陸海空軍各司令3人、国防大学校長、陸海空軍副参謀総長3人の計8人が二級上将という構成だった。これらのうち、執行官を兼ねる副参謀総長（副参謀総長の筆頭）を除く副参謀総長2ポストが中将に格下げされた。

④　各種司令部が指揮部に格下げ

66年間続いてきた聯勤司令部（統合後方支援司令部）は陸軍補修指揮部と合わせて陸軍後勤指揮部となった。首都防衛や総統府警護などの役割のほか、対テロ特殊作戦などもこなす憲兵部隊を擁する憲兵司令部は国防部指揮下の憲兵指揮部に改編された。三軍の予備部隊の管理・編制・召集・訓練を平時任務とする予備司令部が予備指揮部に改編された。この措置により、司令部は陸海空軍の3司令部のみとなった。2012年2月にミサイル指揮部を中核に再編された防空ミサイル指揮部（ホークミサイル、ペトリオットなどの部隊を指揮）は参謀本部直属機関となった。

⑤　総政治作戦局が政治作戦局に

中華民国国軍はもともとソ連赤軍をモデルに生まれた国民党軍であり、軍内には政治工作を担当する「国防部総政治部」が存在していた。その流れを汲んでいたのが総政治作戦局だった。現在は軍内に党組織を作ることは許されなくなったこともあり、任務は文化宣伝工作や心理戦の訓練、軍事ニュースの製作や将兵の福利厚生などとなっていた。しかし上述の出自があったため、一般の局とは異なり「総」の字が残され、2009年2月までは二級上将が局長を務めるなど格上の扱いを受けていた組織である。2009年2月以後は、中将の副局長が局長代理として同局のトップに立っていたが、2014年の再編で局長代理が中将のまま正式な局長に就任した。このような国防組織

図1　台湾国防部の組織（2015年）

```
                        部長（文官職）
                              │
          ┌───────────────────┼──────────────────┐
          │                                      │
      副部長（2人）                            参謀本部
          │                                      │
      常務次長（2人）                          参謀総長
          │                                      │
                                          副参謀総長執行官
                                                 │
                                          副参謀総長（2人）
```

| 軍事機構 | 軍事機関 | 部本部単位 | 直属機関 | 単位 | 軍隊の指揮遂行のために、各種機構や部隊を設置可能 |
|---|---|---|---|---|---|
| 予備指揮部 | 陸軍司令部 | 戦略規画司 | 政治作戦局 | 人事参謀次長室 | |
| 憲兵指揮部 | 海軍司令部 | 資源規画司 | 軍備局 | 情報参謀次長室 | |
| | 空軍司令部 | 法律事務司 | 主計局 | 作戦・計画参謀次長室 | |
| | その他の軍事機関 | 総合評価司 | 軍医局 | 後勤参謀次長室 | |
| | | 総督察長室 | | 通信電子情報参謀次長室 | |
| | | 全民防衛動員室 | 法律に基づいて研究機関や在外の軍事機関・要員を設置可能 | 訓練参謀次長室 | |
| | | 国防購入室 | | | |
| | | 政務辦公室 | | | |
| | | 人事室 | | | |
| | | 政治風紀室 | | | |
| | | 主計室 | | | |
| | | 業務の必要に応じて、組織の編成可能 | | | |
| 所属機関・部隊 | 所属機関・部隊 | | | | |

配属　　　　　配属可

出所：中華民国国防部ウェブサイト

のトランスフォーメーションを経て、台湾国防部は図1のようになっている。国防部、参謀本部のスリム化が進み、4司4局7室体制にまで減少している。

⑥　軍事裁判法の改正

　2013年7月に発生した陸軍下士官虐待死事件がきっかけで軍事裁判法が改正され、平時に軍人が犯した犯罪は一般の刑法によって司法機関が裁くことになった。有事（戦時）における現役軍人の犯罪は、従来通り陸海空軍刑法に基づき軍事裁判で裁かれる。改正過程が拙速に過ぎると批判する元軍の高官もいる[27]。また、蘭寧利海軍退役中将は「サイバー・ウォーに代表される現代の戦争には『戦時』というものがない」と指摘し、扶台興元少将（元国防大学戦略研究所所長）は、「特殊戦部隊のある種の体力訓練は一般人の訓

第2章　台湾政治と軍事戦略の関係　67

練をはるかに超える。これを虐待と呼ぶのか、それとも訓練と呼ぶのか」と述べ、軍人を一般刑法で裁くことの不当性を指摘している[28]。

### ⑦ 軌道に乗りつつある志願兵制

2014年度の下士官・兵の募集目標が10,557人に対して、実際に入営したのは15,024人だった。この数字は前年より4,082人多かった[29]。ただし、本来志願兵制は2015年1月より完全実施の予定であったが、当初は予期したほど応募する者が集まらず、2017年1月まで延期した経緯があった。各種手当の増額などの措置を施した結果、応募者が集まりだしたが、今後も有為の人材を軍に呼び込むためには給与などわかりやすい誘因が欠かせないだろう。また、任期を全うできない若者も少なくないことから、志願兵制には改善していく余地が多分に残されている。

## 5．将来の台湾軍の変化

将来の台湾軍がどのように発展していくかを想定していく上で、重要となるのは予算である。台湾の国防予算は2013年度（台湾は暦年制を採用）で、3,127億台湾元（2014年3月9日のレートで約1兆666億円）で、中国の公表された国防予算の1/10以下に過ぎない。馬英九総統は第1期総統選挙における公約でGDPの3パーセントを国防費にあてるとしているが、民進党政権期・国民党政権期を通じて2パーセント台にとどまり続けていた。台湾の元国防部最高幹部も、台湾軍最大の弱点は国防予算の不足であると指摘している[30]。図2からも了解できるように、台湾の国防予算は3000億台湾元前後で長年推移している。また、台湾の経済成長速度も中国のような伸びを示しているわけでもないことから、今後も台湾において国防予算が突出した伸びを示すとは考えにくい。よって、政権交代の有無にかかわらず、台湾は今後かなり長期にわたって国防予算は3000億台湾元台にとどまるであろう。

しかも、国防予算の内訳を示した図3を見ると、2008年から人権費が増加を始めた一方で、武器などの投入にあてる予算は減少傾向にあることがわかる。台湾では特別に大きな額の武器購入に際しては特別予算が組まれるこ

図2 台湾の国防予算の変化（中央政府総予算と国防予算）

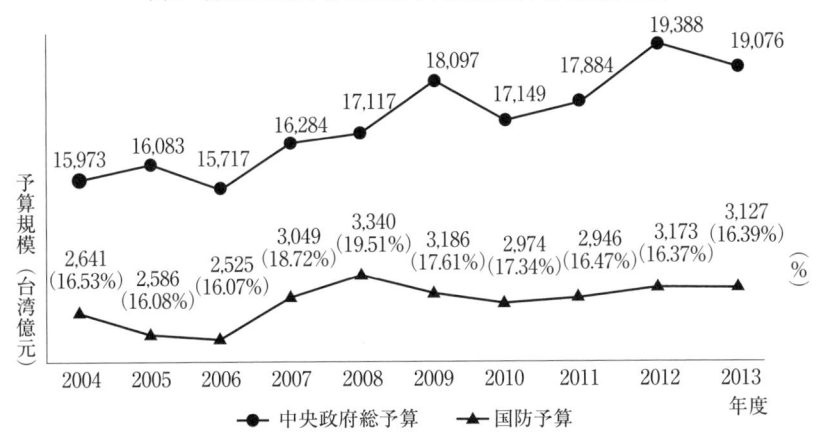

| 年度 | 中央政府総予算 | 国防予算 |
|---|---|---|
| 2004 | 15,973 | 2,641 (16.53%) |
| 2005 | 16,083 | 2,586 (16.08%) |
| 2006 | 15,717 | 2,525 (16.07%) |
| 2007 | 16,284 | 3,049 (18.72%) |
| 2008 | 17,117 | 3,340 (19.51%) |
| 2009 | 18,097 | 3,186 (17.61%) |
| 2010 | 17,149 | 2,974 (17.34%) |
| 2011 | 17,884 | 2,946 (16.47%) |
| 2012 | 19,388 | 3,173 (16.37%) |
| 2013 | 19,076 | 3,127 (16.39%) |

予算規模（台湾億元）／（％）

資料出所：『中華民国 102 年　国防報告書』135 頁

図3　2004 年から 2013 年までの国防予算の内訳

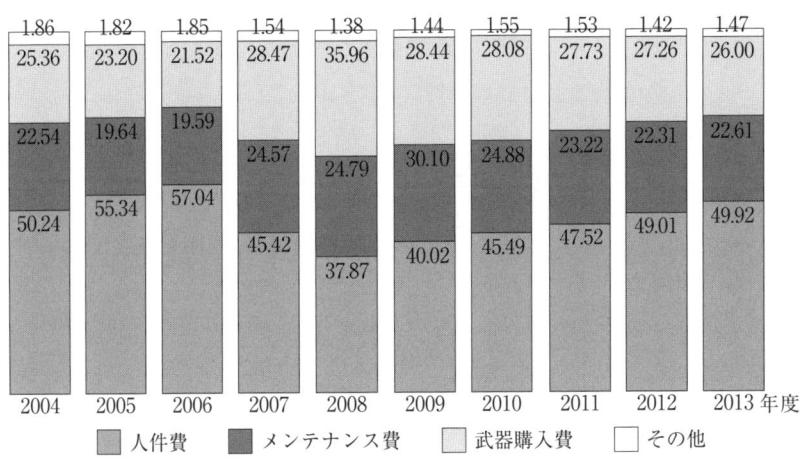

（％）

| 年度 | 人件費 | メンテナンス費 | 武器購入費 | その他 |
|---|---|---|---|---|
| 2004 | 50.24 | 22.54 | 25.36 | 1.86 |
| 2005 | 55.34 | 19.64 | 23.20 | 1.82 |
| 2006 | 57.04 | 19.59 | 21.52 | 1.85 |
| 2007 | 45.42 | 24.57 | 28.47 | 1.54 |
| 2008 | 37.87 | 24.79 | 35.96 | 1.38 |
| 2009 | 40.02 | 30.10 | 28.44 | 1.44 |
| 2010 | 45.49 | 24.88 | 28.08 | 1.55 |
| 2011 | 47.52 | 23.22 | 27.73 | 1.53 |
| 2012 | 49.01 | 22.31 | 27.26 | 1.42 |
| 2013 | 49.92 | 22.61 | 26.00 | 1.47 |

資料出所：『中華民国 102 年　国防報告書』135 頁

とはあるので一概にはいえないものの、人件費が武器購入費用を圧迫しているという表現も可能である。台湾軍は今後もダウンサイジングを続けていくとは考えられるものの、徴兵制よりも人件費がどうしても多額になる志願兵制に移行することを考えると、このままの国防予算では武器購入予算がこれまで以上に逼迫していく可能性がある。

また、今後は以下の諸点が台湾の安全保障に大きな影響を与えると思われる。

① 中国との経済・貿易関係の密接化

今後も台湾が中国との経済・貿易関係が密接化して、台湾は中国なくして存在はできないとの現実から離れられず、台湾側は戦わずして精神的な敗北を迎える可能性がある。

② 中国との軍事力の乖離

現状でも圧倒的な戦力差となっている中国との軍事力は今後も開いていくことになる。現在の「防衛固守、有効抑止」の軍事戦略構想をどこまで保持していられるかが問題となる。

③ 台湾の軍事力更新の現状とスピード

最近米国から供与される武器は、PAC-3 や P-3C など防御的なものに限定されるようになっており、通常動力型潜水艦や F-16C/D 戦闘機などが供与される目途は立っていない。

④ 中国の台湾軍幹部に対する統一戦線工作やスパイ工作

中国の台湾に対する統一戦線工作の一例として、台湾の退役将官団に対する接待工作をあげてみよう。2013 年 5 月 10 日から、総政治作戦部主任だった許歴農元上将を団長とする退役将官団が北京・天津を 8 日間の予定で訪問した。そのほかのメンバーは、程邦治（元三軍大学校長）、王文燮（元国防部副部長）、夏瀛洲（元国防大学校長）、曹文生（李登輝時代初期の総統府侍衛長）、季麟連（陳水扁時代の統合後方支援部司令）の 5 人の退役上将、李貴発（元空

軍副司令)、韋家慶、趙立年などの7人の退役中将で合計13人だった[31]。訪問団の規模は2012年11月に共産党大会が開催されて以後、最大規模になった[32]。今回は中共中央軍事委員会と北京の解放軍部隊、国防大学(座談会を実施)のほか、総参謀部も訪れると報じられた。

　2013年5月13日、許歴農元上将一行は釣魚台賓館で国務院台湾事務辦公室の張志軍主任が主催し、陳元豊副主任や多数の局長が参加する晩餐会に出席した[33]。また14日には、人民大会堂で全国政治協商会議の兪正声主席と会見した。兪正声政協主席は、台湾の兪大維元国防部長(1897～1993)の親戚(兪部長の兄弟の孫)にあたることを自ら紹介した。今回訪中した将官団のメンバーは兪大維国防部長の直属の部下だった者ばかりである[34]。

　これまでも中国側の黄埔同学会が受け皿となって、台湾の退役将官団が訪中する例があったが[35]、このケースでは中共中央軍事委員会による接遇があると報じられたことが注目された。范長龍上将や許其亮上将といった副主席が対応するのか、その下の軍事委員会委員レベルが対応するのかは重要な点だったが、その後の報道はなかった。もし、中央軍事委員会が接遇していたとしたら、おそらく総政治部主任の張陽上将が対応したと考えられる。理由の第1は、団長の許歴農元上将が人民解放軍総政治部主任に相当する総政治作戦部主任だったこと、第2は、今回の代表団に副主席を対応させると、次に格上を対応させることを考えた場合、残るは主席である習近平しかいなくなることである。中国側としては、習近平主席の登場は、後日のカードとしてとっておきたいと考えるのではないだろうか。いずれにしても、中国側が台湾の退役将官団を厚遇していることは明らかであり、中国側の統一戦線工作が一段と高いレベルになったことは興味深い。

　このような現状に対して、台湾では野党民進党から批判の声が高く上がっている。同党の蔡煌瑯立法委員などは、退役将官一行が中国に赴いて党政軍のハイレベル高官と会見し、北京の解放軍部隊を見学し、国務院台湾事務辦公室の招待を受けるなど、政治に干渉しており、「彼らは退役将軍ではなく、裏切り者の将軍だ」とまで述べた。これに対して、行政院退除役将兵輔導委員会の曾金陵主任委員(元陸軍上将)は、彼らは出発前に事前説明を行っており、裏切り者の将軍などとは絶対にいえないし、制度面からいっても退役

将官が政治に影響を及ぼすことはできないと答弁しつつも、退役将官が団体で招待を受けることは適切ではないとも述べた。また、蕭美琴立法委員が、政策と条件とが揃った前提の下で軍事的相互信頼メカニズムがあると述べて、訪問団が台湾政府の方針を越えないよう注意を促したのに対して、曾主任委員は政治交渉の結果が出る前に軍事的相互信頼メカニズムの交渉はできない、軍事は政治の前を走ってはいけない、退役将官の訪中も個人的なもので、いかなる授権もしていないと答弁した[36]。

台湾では、軍人が中国、香港、マカオの人々と接触する機会が増加している状況を受けて、台湾軍人が中国の統一戦線工作に利用されることを防ぐために、「国軍正義特別案件実施規定」を修正発布して、将兵が中国人と通信したり接触したりしたときは主動的に報告することを義務づけるとともに、検挙するルートも設けて不法行為を防ぐようにしている[37]。なお、彼らから出国前と帰国後に報告を受けた国防部の最高幹部（当時）によれば、「報道ぶりと訪中団一行の考え方には隔たりがあるし、これまで報道で取り上げられた発言は必ずしも正確ではない。彼らは中華民国を大事に考えている点で、全くブレはない。直接報告を受けた立場として断言できる」と述べている[38]。

他方、2011年2月には台湾軍の現役陸軍少将が、軍事通信システム関連の機密情報を中国に提供し、数十万米ドルもの報酬を得ていたとして逮捕された。中台関係は良好とされているが、互いへのスパイ行為は継続されている。

## (1) 兵力数のさらなる削減

台湾の徴兵制は2014年末をもって消滅し完全な志願兵制に移行する予定だったが、これは2年間延期された。それは前述の伍長虐待死事件の影響が大きいとも見られている。とはいえ、今後台湾が徴兵制に戻ることは考えにくく、台湾軍は志願兵のみによって構成される軍隊になっていることはほぼ間違いないだろう。志願兵制度の優れた点は、本人の自由意思により軍隊に入るために軍役に対する意識が高いことや、志願兵の任官期間が現状の徴兵期間よりも長くなることから、高い技術を習得した人材が育つことが挙げら

図4　台湾国防部上層部（2015年11月17日）

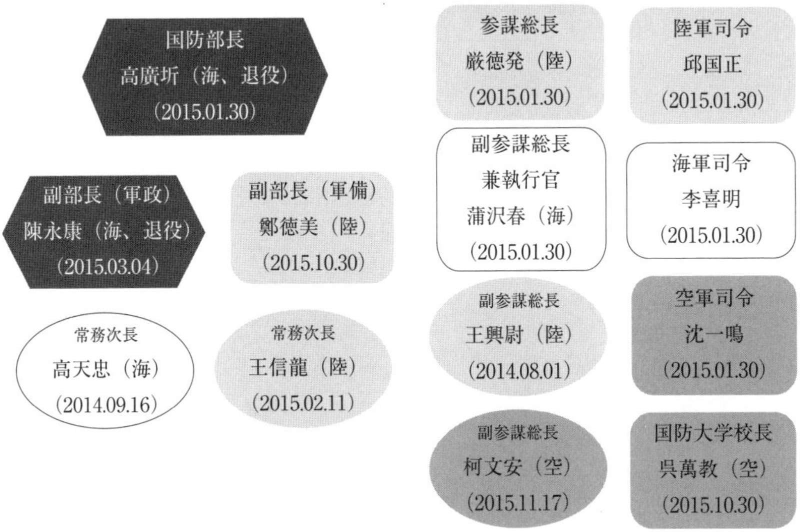

国防部長
高廣圻（海、退役）
(2015.01.30)

参謀総長
厳徳発（陸）
(2015.01.30)

陸軍司令
邱国正
(2015.01.30)

副部長（軍政）
陳永康（海、退役）
(2015.03.04)

副部長（軍備）
鄭徳美（陸）
(2015.10.30)

副参謀総長
兼執行官
蒲沢春（海）
(2015.01.30)

海軍司令
李喜明
(2015.01.30)

常務次長
高天忠（海）
(2014.09.16)

常務次長
王信龍（陸）
(2015.02.11)

副参謀総長
王興尉（陸）
(2014.08.01)

空軍司令
沈一鳴
(2015.01.30)

副参謀総長
柯文安（空）
(2015.11.17)

国防大学校長
呉萬教（空）
(2015.10.30)

出所：筆者作成
注：四角囲みは上将職、楕円囲みは中将職。氏名の下の数字は就任年月日

表2　歴代参謀総長一覧（1981～2015年）

| 氏　名 | 任　期 | 出身軍種 | 前　職 |
| --- | --- | --- | --- |
| 郝柏村 | 1981.12-1989.12 | 陸軍 | 陸軍総司令 |
| 陳燊齢 | 1989.12-1991.12 | 空軍 | 空軍総司令 |
| 劉和謙 | 1991.12-1995.06 | 海軍 | 総統府戦略顧問 |
| 羅本立 | 1995.07-1998.03 | 陸軍 | 副参謀総長兼執行官 |
| 唐　飛 | 1998.03-1999.01 | 空軍 | 空軍総司令 |
| 湯曜明 | 1999.02-2002.01 | 陸軍 | 陸軍総司令 |
| 李　傑 | 2002.02-2004.05 | 海軍 | 海軍総司令 |
| 李天羽 | 2004.05-2007.01 | 空軍 | 空軍総司令 |
| 霍守業 | 2007.02-2009.02 | 陸軍 | 総統府戦略顧問 |
| 林鎮夷 | 2009.02-2013.01 | 海軍 | 国防部軍備担当副部長 |
| 厳　明 | 2013.01-2013.08 | 空軍 | 空軍司令 |
| 高廣圻 | 2013.08-2015.01 | 海軍 | 国防部軍備担当副部長 |
| 厳徳発 | 2015.01- | 陸軍 | 陸軍司令 |

出所：ウェブサイト「国軍歴史文物館」の「歴任総長」を元に筆者作成
注：階級は林鎮夷までが一級上将。それ以後は二級上将

第2章　台湾政治と軍事戦略の関係　　73

表3　歴代国防部長一覧（1988～2015年）

| 氏　名 | 任　期 | 出身軍種 | 国防部長就任直前の地位 | 最後の階級 |
|---|---|---|---|---|
| 鄭為元 | 1987.04-1989.12 | 陸軍 | 退除役将兵輔導委員会主任委員 | 二級上将 |
| 郝柏村 | 1989.12-1990.05 | 陸軍 | 参謀総長 | 一級上将 |
| 陳履安 | 1990.06-1993.02 | — | 文官（経済部長） | — |
| 孫　震 | 1993.02-1994.12 | — | 文官（経済建設委員会副主任委員） | — |
| 蔣仲苓 | 1994.12-1999.01 | 陸軍 | 参軍長 | 二級上将 |
| 唐　飛 | 1999.02-2000.05 | 空軍 | 参謀総長 | 一級上将 |
| 伍世文 | 2000.05-2002.01 | 海軍 | 国防部軍備担当副部長 | 二級上将 |
| 湯曜明 | 2002.02-2004.05 | 陸軍 | 参謀総長 | 一級上将 |
| 李　傑 | 2004.05-2007.05 | 海軍 | 参謀総長 | 一級上将 |
| 李天羽 | 2007.05-2008.02 | 空軍 | 参謀総長 | 一級上将 |
| 蔡明憲 | 2008.02-2008.05 | — | 文官（国家安全会議副秘書長） | — |
| 陳肇敏 | 2008.05-2009.09 | 空軍 | 国防部軍備担当副部長 | 二級上将 |
| 高華柱 | 2009.09-2013.07 | 陸軍 | 後方支援司令部司令 | 二級上将 |
| 楊念祖 | 2013.08-2013.08 | — | 文官（国防部軍政担当副部長） | — |
| 嚴　明 | 2013.08-2015.01 | 空軍 | 参謀総長 | 二級上将 |
| 高廣圻 | 2015.01- | 海軍 | 参謀総長 | 二級上将 |

出所：ウェブサイト「国軍歴史文物館」の「歴任部長」を元に筆者作成
注：現在は参軍長、統合後方支援司令部司令の職は廃止されている。

れる。他方、同制度は人件費が高くつくこと、特に好況期には民間に人材を取られがちで部隊の人員充足率に影響を与えやすく、部隊の戦闘力にも悪影響が出る可能性が考えられる。台湾の青年人口が減少傾向であることもあり、欠員を抱えるよりもさらに部隊をコンパクト化する方向に向かう可能性もある。

　これまで台湾軍は「精実案」、「精進案」、「精粋案」というダウンサイジング計画を次々に実行に移した結果、将兵定員数は1994年に約50万人、1996年に46万余人、1997年に45万余人、2001年に38万余人、2011年に27万人、2014年末には21万5,000人にまで順調に削減されてきた[39]。約20年で6割削減された計算になるが、台湾の人口が2015年現在で約2300万人であることを考えると、依然人口の1パーセント近くが現役軍人ということになる。馬英九総統は以前台湾軍の将兵数を人口の0.6パーセント程度にする

74

という案を出したことがあり[40]、人口が変わらないと仮定すると、台湾軍の将兵数は13万8,000人となる。この案は、まだ正式なものではないが、トレンドとしてはこの程度の数字に向けて将兵数は削減されていくであろう。ただ、2015年現在は兵力を17万～19万人にまで削減する「勇固案」の段階で一時停止されている状態にある。仮に13万8,000人にまで将兵数が削減されれば、上将職も削減を余儀なくされる。おそらくその頃に上将職となっているのは参謀総長、軍備担当副部長、陸海空軍各司令の5ポストぐらいで、あとは中将職に格下げとなっているだろう。なお、軍備担当副部長は文官を任命することも法律上可能である。

　シビリアン・コントロールの分野においては、台湾の民主化とともに大きな進展が見られる。以前は制服組ポストだった国防部の司長（局長）の中でも戦略規画司、資源規画司、総合評価司、国防購入室、全民防衛動員室、人事室、政治風紀室、主計室などは文官がトップであり、人事室、政治風紀室に至っては全員が文官で編成されている[41]。また、軍医局長、主計局長などの役職についても、法律改正を経て文官も就任できるようになっている。「国防部組織法」によって国防部本部は武官・文官合計で定員819人と定められているが、そのうち3分の1を文官が占めるよう規定されている。2013年時点では、文官の予算上の定員は203人だが現有は161人となっている[42]。これらの人員の中には退役した上校（大佐）以上の階級をもっていた武官が文官に転換して就任するケースが13.66パーセント（22人）を占めている[43]。これは軍の精強性維持の観点からも支持されている。また、台湾では「軍のことは軍人がよく知っている」という考えも強く、軍隊の経験が文官になっても生きていると積極的に捉えられている。

　その代表例が台湾の国防部長職である。これらには上将（大将）退役者、特に参謀総長（2013年までは4つ星、2014年からは3つ星）経験者が就任することが多かった（例外は蔣経国・陳履安などごく少数である）。2016年2月現在、同職にある高廣圻部長も海軍二級上将を退役して就任している。だが、今後は軍高官の履歴をもたない国防部長が徐々に増えていく可能性がある。

### (2) 国防部機構のさらなる再編

　前述のとおり、国防部機構の再編は一段落した。ただし長い目で見た場合、さらなる再編があることが予想される。たとえば2013年にようやく名実ともに1つの局となった政治作戦局だが、さらに規模を縮小させて名称を変える可能性がある。同局は既に政治作戦そのものよりも、軍人（退役を含む）の福利厚生を業務に含めた組織になっている。あえて指摘するならば、今後政治作戦の分野で重要になってくるのは中国に対する防諜業務ではないだろうか。その場合は、国防部でも軍事情報局や参謀本部情報参謀次長室、憲兵指揮部などの業務とも関係してくる。それ以外では国家安全局や法務部調査局も大きな役割を果たしている。これらの機構すべてを統合することは現実的にありえないが、一部機能をどこかの部門に統合していく組織改編は考えられる。また、情報という側面で考えると、今後ますます重要性を増してくるネット関連部隊との統合も考えられよう。

　また、憲兵指揮部も組織縮小の方向で動いてきており、将来も独立した指揮部を有した組織として存在しているとは限らない。兵員削減の過程で、陸軍指揮下に入れようとする議論が出たこともあり、そのようになる可能性もある。

### (3) 士気・警戒感の低下

　馬英九総統は2008年6月、陸軍士官学校成立84周年記念式典で、「今後、中国軍を仮想敵国としてだけ見ることはない」と言明した[44]。さらに同年6月30日の将官昇任記念式典における祝辞で「大陸は台湾にとって脅威でもあり、また機会でもある」と述べた[45]。この発言は台湾のこれまでの歴代総統である蒋介石、厳家淦、蒋経国、李登輝、陳水扁とはいずれも異なる対中融和的なスタンスである。さすがに第2期の馬英九総統は、第1期就任当初より中国に対して政治的・軍事的に厳しい姿勢をとるようにはなったが、中国との密接な経済貿易交流を促進させる方針に変化は見られなかった。軍の最高指揮官である総統が、今後もこのような姿勢で中国と対峙していくのであれば、軍全体の士気や中国に対する警戒心が低下していく可能性は否定できないが、民進党政権の成立はその傾向に歯止めをかけることになろう。

図5 中華民国陸海空軍の軍徽、国民党旗、中華民国旗

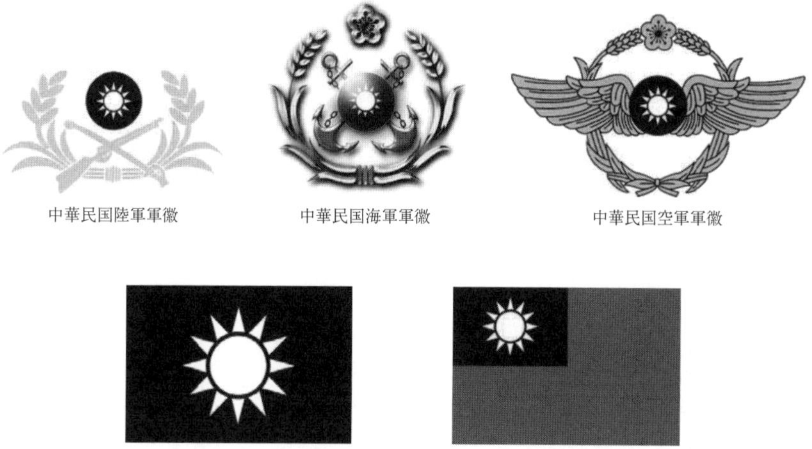

中華民国陸軍軍徽　　中華民国海軍軍徽　　中華民国空軍軍徽

中国国民党旗　　中華民国国旗

　また、現在既に中華人民共和国出身者を親にもつ青年男女が台湾軍に入ってきているが、近い将来にはその数も増加しているはずである。この頃には台湾人と結婚して台湾に住む中国女性や男性が本省人・外省人・少数民族に続く第4のエスニックグループとして認知されているだろう[46]。彼らの子供たちも当然台湾人ではあるが、その子供たちが父母の祖国に対してどこまで警戒感を維持していられるのか、何のために戦うのか、何から祖国を守るのかという疑問が将兵の中に生まれてこないとは限らない状況になっているだろう。

　また、2013年7月4日、徴兵で陸軍に入隊していた退役間近の伍長が懲罰室に1週間入れられた後に、過度の体力訓練を課され熱中症で死亡するという事件が発生した。同事件は、現役軍人が軍駐屯地内で引き起こした事件であるため、軍事裁判で裁かれることで事態は進行していた。しかし、台湾国民の間では、軍事裁判は軍隊内における人権が十分に確保されていない、事件を引き起こした上官に有利な判決が出る恐れがある、また、下の階級の者だけが罰せられて、上の階級の者は罪を免れるなどの危惧を抱く者が少なくなかった[47]。それに加えて、平素の馬英九政権への不満が複合する形で大規模なデモを誘発していた。7月20日には3万人（デモ主催者側発表）が

第2章　台湾政治と軍事戦略の関係　77

国防部を取り囲み、高華柱国防部長による直接謝罪と真相究明を要求する事態にまで発展した。この時は楊念祖副部長（軍政担当）が路上に出て、陳情書の受領と国民に対する謝罪を表明している[48]。さらに、8月3日の総統府前で行われた伍長追悼式典には、主催者発表で25万人（警察発表で11万人）もの群衆が参加するほどだった[49]。この事件に対する台湾民衆の反応からは、軍に対する信頼感の失墜と怒りが見て取れる。また、この事件以来、軍内部では著しい士気の低下が見られており大変憂慮していると、国家安全会議の元最高幹部は指摘している[50]。

### (4) 残される党と軍の歴史的関係

　2013年元日の国防六法の施行に伴い、李登輝時代から続いてきた台湾の国防関係諸法は整備がほぼ完了した。これにより、台湾軍は国軍としての法的位置づけを手に入れた。ただし、そのような中にあっても党軍としての払しょくしがたい残滓がある。それを端的に示すのは陸海空軍旗などにはすべて国民党のシンボルである「青天白日」があしらわれている点である。青天白日旗は孫文が1905年に組織した中国革命同盟会の旗として採用されたものである。それを大衆政党として新たに組織されたとはいえ、同盟会の流れを汲む中国国民党が党旗として採用したものである。それを一部利用した「青天白日満地紅旗」が中華民国旗として統一的に全中国で掲げられるようになったのは、張学良の易幟（1928年12月）からである[51]。国旗にも青天白日のデザインが使用され、国章にも青天白日が用いられている以上、軍徽に利用する理屈は立つものの、中華民国は国家と党、党と軍隊が一体化した体制で形成されてきたことが了解できる。陸軍士官学校校歌にも「党旗はためく（党旗飛舞）」との歌詞があり、民進党政権下では、この部分を問題視して2006年から歌わないようにしていた[52]。しかし、馬英九総統は陸軍士官学校成立84周年記念式典に出席した折、この校歌を一緒に歌っている[53]。長年親しまれてきた軍徽や校歌を変更することに大きな抵抗があることは了解できるものの、ことは党軍関係にかかわる。国民党政権では、これが問題化されることはなかったが、民進党政権下で再度見直しとなる可能性もあるだろう。

1) 若林正丈『台湾の政治―中華民国台湾化の戦後史』（東京大学出版会、2008年）、164頁。
2) 陳勁甫『国防二法與中華民国軍制変革』（前程企業管理有限公司、2012年）、44頁。
3) 若林正丈『台湾の政治　中華民国台湾化の戦後史』（東京大学出版会、2008年）、174頁。
4) 楊丹偉『解析台湾的大陸政策』（群言出版社、2007年）、29頁。
5) 「国家統一委員会設置要点」第1条、第2条。
6) 中華民国行政院大陸委員会HP「成立縁起」http://www.mac.gov.tw/ct.asp?xItem=44064&CtNode=5957&mp=1（2015年9月23日閲覧）。
7) 海峡交流基金会HP「海基会的成立與沿革」。http://www.sef.org.tw/ct.asp?xItem=1548&CtNode=3798&mp=19（2015年9月23日閲覧）。
8) 楊丹偉『解析台湾的大陸政策』（群言出版社、2007年）、33頁。
9) この4カ国中で現在も台湾と国交を維持しているのはベリーズのみである。
10) 1995年12月、台湾はGATT失効に伴いWTO加盟を新たに申請し、2001年11月に加盟が承認された。その後台湾の立法院における加盟議定書の受諾、受諾文書のWTO事務局への寄託を経て、2002年1月1日にWTO加盟が発効している（経済産業省公正貿易推進室「台湾のWTO加盟」2002年1月）。http://www.meti.go.jp/policy/trade_policy/wto/accession/data/taiwan_keii.html（2015年9月23日閲覧）。
11) 国防部「国防報告書」編纂委員会『中華民国89年　国防報告書』（国防部、2000年8月）、185-187頁。
12) 国軍歴史文物館HP「歴任参謀総長」。http://museum.mnd.gov.tw/Publish.aspx?cnid=1484&Level=2（2015年9月29日最終閲覧）。
13) 国防部主編『中華民国81年　国防報告書』（黎明文化公司出版、1992年）、1頁。
14) 陳勁甫『国防二法與中華民国軍制変革』（前程企業管理有限公司、2012年）、45頁。
15) 総統府プレスリリース「總統主持國安高層會議」2006年2月27日。
16) 「正名」が定着した例としては、中正国際空港を桃園国際空港に名称変更したことが挙げられる。一方、定着しなかった例としては、中正記念堂を台湾民主記念館に変更した例がある。
17) 現在は既に解消済み。陸海空軍の司令は総司令の時と同様、二級上将が任命されている。
18) これも国防部組織法の改正が追いつかなかった影響で、軍種司令部の指揮下にさらに司令部が置かれるという奇妙な組織となった。一例を挙げると、空軍司令部の指揮下に空軍作戦司令部が置かれ、海軍司令部の指揮下に海軍艦隊司令部が置かれるという具合である。これも現在では解消され、各軍種司令部指揮下のこれら旧司令部は指揮部と呼称変更され、司令も指揮官と呼び改められている。
19) 13ポストは台湾軍の現職者のためのもので、総統府戦略顧問（有給職。定員15人）に就任している上将を除く。2016年2月現在、戦略顧問に就任しているのは4人の一級上将のみ。一級上将は自らが退役申請しない限り生涯現職を保証されている。

20) この定員もすべて台湾軍の現職ポストを指し、国家安全局や総統府に配置されるポストは除かれている。
21) 門間理良「台湾の軍事」内「図表6-3-3　陳水扁政権期に中将・少将に昇任した軍人数」中国総覧編集委員会編『中国総覧2007-2008年版』(ぎょうせい、2008年)、504頁。
22) 同上書「図表6-3-2　上将への昇任人事一覧」503頁。これは二級上将から一級上将への昇任を含めた数字である。上将は特任官(総統任命)であり、上将への昇任は不定期に行われる。これに対して中将・少将への昇任は毎年1月1日付、7月1日付で行われる。
23) 蔡の回顧によれば、当初陳水扁から国防部長就任を打診された際、固辞して柯承亨軍政担当副部長(文官)を、その後霍守業参謀総長を推薦した。しかし、柯に立法委員の経験がなく、立法院を抑え込めるかを陳が危惧したこと、霍が陳に対して、今回の国防部長はシビリアンを起用すべきとの意見を述べて固辞したため、最終的に蔡が同職を引き受けたという(張炎憲、陳世宏主編『蔡明憲與桿衛国防』財団法人呉三連台湾史料基金会、2011年、199-200頁)。
24) 総統府プレスリリース「中華民國第12任總統馬英九先生就職演說」2008年5月20日。
25) 総統府プレスリリース「總統訪視外交部並闡述『活路外交』的理念與策略」2008年8月4日。
26)「蕭萬長已與美国務卿凱瑞会談」『中国時報(電子版)』2014年11月11日。
27)「唐飛批：草率修法　完全是政治操作」『聯合報(電子版)』2013年8月7日。
28) 聯合影音網「速修軍審法　退役将領批太草率」http://www.udn.com/2013/8/7/NEWS/NATIONAL/NATS4/8079987.shtml (2013年8月13日最終閲覧)。
29)『国防部103年度施政続効報告』14頁。
30) 2014年1月17日、台湾台北市における筆者聞き取り。
31) 一行の総数を16人とする報道もある(「退役将領訪陸　退輔会：有説明」『中央社』2013年5月15日20時18分)。
32)「退将今登陸　首訪中共中央軍委会」『中国時報(電子版)』2013年5月10日。
33)「十三位退役将領　北京会見張志軍」『中国時報(電子版)』2013年5月14日。
34)「会見台湾退休老将　俞正声：両岸同根同源　応共禦外侮」『中国時報(電子版)』2013年5月15日。
35) 本件については、防衛省防衛研究所編『東アジア戦略概観　2013』(防衛省防衛研究所、2013年)第五章第四節を参照されたい。
36)「退役将領訪陸　退輔会：有説明」『中央社』2013年5月15日20時18分。
37)「国防報告書」編纂委員会『中華民国102年　国防報告書』(国防部、2013年)、122頁。
38) 2014年1月17日、台湾台北市における筆者聞き取り。
39) 国防部「国防報告書」編纂小組『中華民国81年　国防報告書』(黎明文化公司出版、

1992年1月)、64頁、「国防報告書」編纂委員会『中華民国89年　国防報告書』(国防部、2001年)、80頁。
40)「中国攻台　厳明：国軍可撐一個月」『自由時報(電子版)』2014年3月7日。
41)「国防報告書」編纂委員会『中華民国102年　国防報告書』(国防部、2013年)、133頁。
42)「国防報告書」編纂委員会『中華民国102年　国防報告書』(国防部、2013年)、133頁。
43) 付録3「民国102年国防部文官人員進用方式統計表」「国防報告書」編纂委員会『中華民国102年　国防報告書』(国防部、2013年)、191頁。
44)「第1次馬国軍講話　不再提共軍脅威」『中国時報』2008年6月17日。
45)「馬総統勉晉任将領　以建軍備戦減少戦争脅威」『軍事新聞通訊社(電子版)』2008年6月30日。
46) 2013年末時点で、台湾における中国人との結婚登録件数は延べ約31万6,000組で、離婚件数は延べ約9万4,000組となっている(「自開放以来截至102年12月両岸交流統計表」行政院大陸委員会、2014年2月製表)。
47)「軍検辦小不辦大？　楊念祖否認」『自由時報(電子版)』即時新聞、2013年8月1日12時10分。
48)「3万群衆包囲国防部　副部長出面道歉」『自由時報(電子版)』即時新聞、2013年7月20日12時4分。
49)「送仲丘討真相　擠爆凱道　25万人怒吼馬下台」『自由時報(電子版)』2013年8月4日。
50) 2014年1月15日、台湾台北市における筆者聞き取り。
51) 中国国民党HP「党旗與党歌」参照。
52)「軍隊既国家化　不容党魂復辟」『自由時報(電子版)』2008年6月16日。
53)「馬總統黨國不分自甘屈辱　台灣岌岌可危」『自由時報(電子版)』2008年6月18日。

# 第3章
## 台湾の軍事戦略

門間理良

## はじめに

　本章では主として1992年からほぼ隔年で公刊されている『国防報告書』[1]、2009年及び2013年に公刊された『中華民国四年期国防総検討』（4年ごとの国防計画見直し：いわゆるQDR）及び総統府プレスリリースといった公的資料に依拠しつつ、適宜新聞報道も利用しながら台湾の戦略環境認識、国家戦略や軍事戦略を順次明らかにしていくことを目的としている。本文中において、中華民国と台湾、中華民国国軍（あるいは国軍）と台湾軍、という言葉が混在しているが、それは必ずしも中華民国国軍を台湾軍と表現できない部分があることによる。また、台湾の『国防報告書』では伝統的に中国を中共と呼んでいる（地域として呼ぶ場合は中国大陸）が、本章では中国としている。

## 1．台湾の戦略環境認識

　台湾の戦略環境認識は、いくつかの層を構成している。特に台湾の生存に直接かかわってくる次元として、東アジアの戦略環境、中国の情勢が大きく影響を与えている。本節では、2013年版『国防報告書』の記述に基づいてまとめておく[2]。

### （1） グローバルな安全保障認識

　アメリカが世界の安全保障環境上、依然として支配的力を有している。EU、

ロシア、中国、インド、日本などの組織や地域大国や地域や国際関係に対して逐次影響力を増してはいるが、全体的形勢としては「一超多強」である。

## (2) アジア太平洋の安全保障認識

中国やインド、ASEAN 各国は世界の経済成長を牽引し、政治経済の総体的な情勢に影響を与えている。アジア太平洋地域は急速に発展しているものの、中国の軍事力拡張、アメリカのリバランス戦略、領土・領海の紛争、朝鮮半島での対峙、資源競争、非伝統的安全保障問題などで重大な安全保障の議題に直面している。そのため、各国が軍備競争を行い地域全体が脅威と挑戦とにさらされている。

## (3) 中国に対する安全保障認識

中国は 18 回党大会で提出した「国防と軍の近代化の推進加速」報告及び 2013 年に習近平主席の「召集すればすぐに応じ、戦場に来たらよく戦い、戦えば必ず勝つ」という軍隊建設指導と、「遠戦速勝、首戦決勝」の戦略指導の下で、先進諸国の軍隊建設の発展経験を汲んで、統合作戦を主軸において積極的に部隊組織を調整し、訓練大綱を編纂し、新型の武器や養成した人材などを配備・配置するなどの国防近代化のトランスフォーメーションを進めた。これにより「情報条件下の局部戦争に勝利する」近代化された部隊の構築を期している。

中国は台湾海峡両岸の形勢の緩和と交流拡大などの雰囲気によって政治交渉の有利な条件を作り出し、中国の印象を徐々に改変し、国軍将兵の対敵意識をあいまい化させて、台湾側が敵に抵抗する意志を弱体化させようとしている。

2020 年に台湾に対する全面的な作戦能力を完成させることを企図している。将来の中国は統合作戦を基本作戦形式として、第三国の軍隊が中国の台湾攻略に介入することを有効に阻止することを企図しており、台湾に対する脅威は少しも減少していない。

## 2．台湾の国家戦略

　台湾の国防は中華民国憲法を最高の根拠としている。憲法第137条は「中華民国の国防は、国家の安全を防衛することで、世界平和を維持保護することを目的とする」と記されている。この憲法条文の「国家の安全防衛」「世界平和の維持」という国防上の最高目標を達成するために、国防にかかわるより具体的な戦略が練られていくことになるが、その流れはおおむね以下のようになっている。2015年においても、この流れは大戦略、国家戦略、軍事戦略の分野では大きな変更がない。ただし、近年台湾軍は統合作戦を重視するようになっている。そのため、従来はフォースユーザーでもあった陸海空軍各総司令部は、有事の際はフォースプロバイダーとして参謀総長に軍を差し出す軍種司令部に位置づけを変更されている。

　そのため、各軍種総司令をトップとして各軍種総司令部が担っていた作戦時における各軍種部隊の指揮は、現在では参謀総長をトップとする国軍統合作戦指揮センターが行うよう体制が変更されている[3]。

　安全保障上の上位概念から順次検証していくと、台湾初の国防白書である1992年版『国防報告書』において、国家の利益と国家の安全保障目標が明示されている。

　「国家の利益」を評価するには国家を組成する四大要素とされる、領土・主権・政府・人民の安全をもって基本要求としなければならない。現段階（1992年）における台湾地区の国家利益は、①中華民国憲法の規範の下で、一切の権益を維持する、②領土の完全性と主権の行使を確保する、③外部の侵略を受けずに生存する権利を保障する、④経済の繁栄と社会の安定を持続する。

　「国家の安全保障目標は、国家の利益を保障するために侵犯と脅威を受けないことである」とし、「現段階において台湾地区が受けている脅威として①中国の侵犯、②国土の分裂、③社会の動乱、④地域の衝突」を挙げて「最大の脅威が中国による武力侵犯である」としている[4]。

　また、1998年版『国防報告書』では「安全と恐れのない生活環境を提供し、永続的な繁栄と発展の基礎を構築する」を政府の基本的責任と明示して、

表1 台湾軍の軍事戦略体系

| 担当部門 | 戦略区分 | 体系 |
|---|---|---|
| 国家安全会議 | 大戦略及び国家戦略 | 国家利益<br>国家目標<br>↓<br>国家の情勢判断<br>世界政局の判断<br>地域の情勢判断<br>国力の分析<br>↓<br>国家の戦略構想<br>↓<br>国家安全保障の諸政策<br>軍事（ほかに政治・経済・心理）<br>↓ |
| 国防部 | 軍事戦略 | 国軍軍事戦略計画<br>国軍軍隊建設構想<br>↓<br>国軍兵力整備建設計画<br>↓<br>国軍戦争準備計画 |
| 各軍種総司令部 | 軍種戦略 | 軍種戦略計画<br>軍種軍隊建設構想<br>↓<br>軍種兵力整備建設計画<br>↓<br>軍種戦争準備計画 |
| 戦　区 | 野戦戦略 | 戦役計画<br>作戦計画 |

出所：国防部主編『中華民国85年　国防報告書』（黎明文化公司出版、1996年5月）59頁

「国家の競争力を引き上げると同時に外敵の武力による脅威に対して有効な防衛措置を採らなければならない」としている[5]。

近年の『国防報告書』はいきなり国防政策の叙述から始まっているが、

2013年版『国防報告書』には、国防政策策定のための上位概念として、2010年に馬英九総統が発表した「黄金の十年、国家の将来像」構想を掲げている。この中には、国軍の建設と戦争への備えの目的が「戦争の予防」にあるとし、自衛の決心を頻繁に見せることで政府が中国との関係をさらに改善することへの台湾民衆の信頼を得ることができると指摘している。アメリカや日本との密接なバイの関係を維持し、特にアメリカとの安全保障上の協力を継続していることを強調した。アメリカとの関係ではF-16A/B戦闘機のアップグレードへの協力を挙げて、F-16C/D戦闘機とディーゼル潜水艦の売却要請を継続するとともに、「国内で生産不能」で「防御的」な武器の購入を強調し、「古い武器の更新」という三原則に変化はないと馬総統は述べている[6]。台湾が自らの安全保障を語る上で最大かつ唯一の軍事的脅威が中国であるという点は、中国との関係が劇的に改善している馬英九政権でも同様である。

## 3．台湾の国防政策と国防戦略

　台湾の現在の国防建設方針は「固若盤石」（盤石のように堅固）である。この表現は馬英九政権（2008年5月20日〜2016年5月19日）から始まったもので、総統府HPのプレスリリースでは、2008年7月2日の国防大学、陸海空軍各士官学校、国防医学院の合同卒業式における馬英九総統の祝賀演説が初出である[7]。敵（中国）をできるだけ台湾本島から遠い地域で叩こうという陳水扁政権期の「決戦境外」の戦略構想と比較すると、「固若盤石」はしっかりした防御に徹しようとする守勢の姿勢が明確である。台湾は、このような武力を構築することによって、敵に軽々とは戦端を開かせず、脅威を抑止して戦争を予防し、人民の生活の安心をはかって国家を永続的に生存発展させるとしている。そのための策略として、『国防報告書』では①頼れる戦力の構築、②防衛の決意の展開、③地域の安定を守る、④精神戦力を強固にする、⑤災害救援の強化、⑥志願兵制の推進、⑦将兵に対するケアの向上、を挙げている[8]。

　台湾は現段階の戦略目標を「戦争の予防」、「国土の防衛」、「緊急事態への対応」、「衝突の防止」、「地域の安定」としている。

## (1) 戦争の予防
### ① 堅実な防衛作戦整備

国防のトランスフォーメーションを積極的に推進し、国防科学技術を発展させ、防衛性の武器を継続的に獲得し「新しさを打ち出した、非対称の」戦力を構築し、戦力の保存と基礎施設の防護能力の強化を行う。

中台間で戦端が開かれた場合、中国軍のミサイルは台湾の空軍基地（駐機中の戦闘機そのものや、管制施設、給油タンク、滑走路など）、ミサイル基地、レーダーサイトを真っ先に急襲すると思われる。これは、予想される第一反撃手段の要となる部分を徹底的に破壊することで、自軍の同様の施設が破壊されることを防ぐためであり、航空優勢を勝ち取るための必須条件でもある。航空機は地上にあるときが最も脆弱であること、航空基地は航空機の戦力発揮を支えるものであることから、敵の絶好の目標となる。発進した戦闘機は1時間程度で燃料や弾薬の補給、整備のために基地に帰投しなければならない。よって、空軍を保有する各国は、継戦能力の確保のために、地上の航空機を相手の攻撃から守る掩体壕の構築、給油タンクの地下化などを行っている[9]。

遮蔽物のない飛行場に戦闘機、警戒機などが駐機している場合は、破壊力の大きい通常弾頭を搭載した弾道ミサイルによる攻撃が大きな効果をもたらすこととなるが、もし航空機が頑丈な掩体壕に入っていれば、CEP（半数必中界）50m程度の中国の弾道ミサイル攻撃から生き残る可能性は比較的高い[10]。台湾空軍の基地では台湾東部の花蓮に所在する佳山基地が中央山脈の東部をくりぬいた巨大な地下格納庫をもつことで知られているが、そのほかは清泉崗基地（台中）・嘉義基地・新竹基地や、軍民共同の台南基地などにしても、一概に弾道ミサイルに対する防御は弱いと考えられている。

そこで、台湾は受動的な防衛強化として、第1に、滑走路自体の強化とその急速な修理能力の強化、航空機の掩体壕の増設及び強化、給油タンクの地下埋設などの措置を施す必要がある。これらの措置により、弾道ミサイル攻撃からの脆弱性を減少させることが可能となる[11]。このような方策以外には、航空機そのものの分散、電子的防御、偽装、ダミーの配置などの防御措

置が考えられる[12]）。また、台湾本島からある程度離れた蘭嶼・緑島・東沙などの飛行場を拡大して分散させたり、国外基地に一時避難させたりするアイディアもあるが[13]）、中国軍の攻撃をできるだけ早い段階で察知しておくことが、安全な分散を成功させる鍵となっている。

② 地域の軍事安全交流合作の推進

　　台湾は西太平洋第一列島線の中心結節に位置しており、軍事地政学の戦略的地位は重要である。そのため、国軍は高官の相互訪問、安全保障対話、セカンドトラック交流、教育訓練、軍事購入及び軍事協力などの方式を通して、各国と良好な関係を維持し、2国間あるいは多国間の軍事交流合作の実現に向けて努力し、安全保障協力メカニズムの構築と地域の平和で安定した環境の構築に協力する。

　ここで注目されるのは、第一列島線という表現を利用した台湾の軍事地政学上の戦略の重要性への言及である。第一列島線と台湾の地政学上の重要性を軍事的に結びつけた総統の発言は、総統府 HP のプレスリリースでは 2003 年 9 月の陳水扁総統の発言が初出である[14]）。

　その後、馬英九政権になってからは馬総統自身から第一列島線という発言そのものは見られないが、2013 年 2 月の外交部声明「釣魚台列島問題で、台湾が中国大陸と連携しない理由」では、「わが国は東アジアの第一列島線の重要な位置にあり、中国は近年全力で海、空軍の軍事力を増強し、第一列島線を突破しようとしている。長期にわたり、わが国は米・日と政治、経済、国防の分野で高度な共通利益を共有しているが、中台がこの件で連携することに対して、米・日その他の隣国は重大な懸念を表明しており、わが国と米・日との両者間の協力関係や東アジア地区の政治及び軍事バランスに影響することでもあるため、特に慎重にあたるべきである」[15]）と指摘した。台湾は自らの地政学的重要性に言及した上で、日米と今後も「政治、経済、国防の分野で高度な共通利益を共有」し続ける意思を示したともいえる。この文章からは、台湾が軍事的観点から中国の西太平洋への自由な進出を阻む「防波堤」としての役割を担おうという意志を明らかにしている点は貴重であり、

第 3 章　台湾の軍事戦略　89

アメリカから今後も武器供与を受けつつ、日本とも良好な関係を築きながら台湾の安全を確保していこうとする馬英九政権の明確な方向性を表している[16]。

　この項目に挙げられている協力関係を構築していくのは難しい面もあるが、セカンドトラック交流については、海外の研究者を台湾に招待してシンポジウムを開催したり、民間シンクタンクの客員研究員や国防大学教官という身分やその他の機関の肩書を借りて海外のシンポジウムに出席したりするなどの工夫を台湾側は日常的に行っている。また台湾は、国土が狭く十分な訓練空間を確保できないシンガポールに対して、国交をもっていないにもかかわらず訓練場を提供するという具体的な支援をしている[17]。

　軍高官の相互訪問は、友好国とは頻繁に往来があるが、国交のない国とも秘密裏に往来をしているケースもある。また、アメリカの現役の国防総省高官や軍人が台湾を訪問することはないものの、退役した元米太平洋軍司令官は台湾軍の演習視察に毎年のように招待されている。台湾の国防部副部長も年に数度米国を訪問し、国防総省高官と会合していることが確認されている。たとえば楊念祖国防部副部長は2012年10月、ペンシルヴァニア州ハーシーで開催された米台防衛産業会議で会議を終えてから、ワシントンDCの国防総省に赴き、アシュトン・カーター（Ashton Carter）米国防省副長官と会見したことが確認されている。カーター副長官との会談は30〜40分にわたり、米台間の軍事相互行動について広範な意見交換を行い、ある「敏感な話題」についても触れたという[18]。また、両副部長が握手を交わす写真が米国防省ウェブサイトに公開され、楊念祖副部長の肩書がTaiwan Vice Minister of Defenseと表記されていたことも注目に値する[19]。

　このような活発な動きはあるものの、二国間にせよ多国間にせよ軍事交流合作の実現は難しい状況に台湾が置かれていることには変わりがない。


③　国防力を厚くする
　　渉外に携わる軍事の人材育成を強化し、国際事務への参与を持続させ、広範な軍事外交を展開する。軍事の革新、国防科学技術の研究開発、シビリアン・コントロールを遂行する。

台湾軍は武器獲得に関し「国内製造を主とし、国外購入を従とする」との原則を有している[20]。最近の国防科学技術の研究開発に関しては、雄風3型超音速対艦ミサイルの開発や雄風2E長距離巡航ミサイルの開発、8輪装輪装甲車CM32の開発、RT-2000自走ロケット砲「霹靂」の開発、FACG-60光華6号ミサイル艇の開発、錦江級哨戒艇の開発、補給艦「盤石」、ミサイル快速艇「陀江」の開発などが挙げられる。戦車、潜水艦といった主要兵器の開発には至っていないが、民進党は政権を獲得したら、潜水艦（通常動力型、1500トンクラス）の自主建造に着手すると公約している。また、自主開発したF-CK-1戦闘機（経国号）も期待された性能を発揮できずに、配備を予定の半分の130機にしてしまった経緯もある。

　そのF-CK-1戦闘機も1992年の実戦配備開始から既に20年以上が経過し、アップグレードの必要に迫られている。2014年1月16日には、台南で性能向上型F-CK-1戦闘機の展示式典が馬英九総統主催の下で開かれた。今回の性能向上措置は71機に施される。主な改修点はアビオニクス、レーダー、コックピット設備、武器とされているが[21]、新たなエンジンに換装したわけでもないので、根本的に機体性能が向上したとはいえない。これも、台湾に十分な戦闘機エンジン開発技術がないことを示している。

④　両岸の相互信頼議題
　　中国が提出した「両岸軍事安全保障相互信頼メカニズム」構築の議題は、目下わが国政府の政策である「急ぐものを先に、急がないものは後で、簡単なものを先に、難しいものは後で、経済を先に、政治は後で」の原則によって、経済貿易、文化及び民生に関する議題を主軸においている。両岸交流の逐次推進によって相互信頼を累積させる。この議題は目下のところ主観的客観的条件が未だ整っておらず、将来の政府の両岸政策と協調し、推進を慎重に検討する。

　馬英九政権は2008年5月に発足した当時、非常に「両岸軍事安全保障相互信頼メカニズム」構築への意欲は高かった。それは漢民族がもつ「危機はチャンス（機会）でもある」との伝統的な観念ゆえだったかもしれない（「危

険」と「機会」が組み合わされて「危機」となる)22)。それは2009年に公布された台湾初のQDRにも表れている。このときのQDRは「両岸軍事安全保障相互信頼メカニズム」の項目に16行を割き、「時機が漸次成熟した時には、さらに一歩両岸の軍事信頼メカニズムを進めて、意思疎通によって見通しと理解を促進させ、交流によって敵意を瓦解させ、積極的に地域の安全保障協力に参与し、共同で台湾海峡の平和と地域の安定を維持する」との文言が記されている23)。それが今回は上記に示したようにわずか4行が記されたに過ぎない。馬英九政権1期目と最も大きな温度差が見られる箇所であると指摘できよう。

### (2) 国土の防衛
#### ① 精鋭な国軍の建設
現代の科学技術戦争の形態に応じて、高い素質をもった人材を求め、経済・社会の条件の変化と結合して、獲得できる国防資源の下で志願兵制を進め、国防組織とトランスフォーメーションを強化し、兵力構造を向上させる。

#### ② 高効率の統合戦力の整備建設
統合作戦構想に依拠して、統合作戦指揮メカニズムを持続的に向上させる。また「遠距離精密接戦」と「同時的統合作戦」能力を重点に置き、各項目における統合作戦能力を発展させ、敵の侵犯行動を止める。

台湾軍が指す「遠距離精密」の武器としては、前述のアップグレードされたF-CK-1戦闘機に装備された「萬剣弾聯合遥攻武器」が当てはまる。これはAGM-154 J-SOW（Joint Stand-Off Weapon）に類似したものと説明されている24)。この統合スタンドオフ兵器は滑空式誘導爆弾ともいえるもので、敵の飛行場や建物などを狙える。目標への誘導はGPSと慣性誘導によるものであり、命中精度がどの程度になるかが気になるところである。

③ 近代化された武器の獲得

「基本戦力を維持し、非対称戦力を重点的に発展させる」の方針にのっとり、鍵となる技術の自力発展及び各系統の武器の研究開発を優先させる。防御的で国内では自力生産できず古くなった武器にかえて先進的な武器システムを外国から購入する。

④ 戦力保存の強化

敵の高強度な突然の来襲の脅威に直面して、戦力保存を強化する。初期の戦闘で損傷しても、迅速に回復し作戦能力を発揮できるようにする。電信・交通・エネルギー・ダム及び電力などの鍵となるインフラの稼働に対する支援を維持し、戦力の持久と発揚を確保する。

⑤ 全民国防の実力の蓄積

全民国防教育を持続的に推進し、民衆の愛国的情操及び国防意識を育てる。招集訓練教育を通じて予備部隊戦力を維持し、平時・戦時の迅速な動員能力を確保する。

2014年現在予備役に属する者は合計260万余人である。予備役戦力維持のために、現役を退いてから8年以内の者を優先的に用いて2年に1回の割合で戦闘訓練が実施されている[25]。召集されるのは毎年14万人で、1回の訓練期間は5～7日間である[26]。

(3) 緊急事態への対応
① 監視・偵察・警戒能力の向上

情報・監視・偵察能力を総合させて、各種の情報を集めて研究し情報の整合と早期警戒能力を向上させる。周辺の海空域の安全状況を厳密に監視して、友好国とわが国との情報交換を強化して、各種の危機を有効に防止する。

② 危機対応メカニズムの完全化
　　国軍の統合作戦指揮メカニズムを通じて、国家が直面するテロ攻撃や潜伏した敵による急襲時に快速反応部隊が「局面を安定させ、危機の重心を掌握し、対応行動を統合する」の原則を採用し、主管機関や地方政府を支援して迅速に危機を消滅させて、「内部の突発的変事を防ぎ、外部からの急襲を防ぐ」ようにする。

③ 緊急作戦能力の向上
　　敵の急襲行動に対して処置の方策を準備し模擬訓練を実施する。処置順序を熟知しておき、総合的な対応と危機対処能力を強化する。

④ 災害防止救援能力の向上
　　現行の災害防止メカニズムと戦力を基礎として、国外の経験を汲み取り、政府の防災訓練と結合して整備工作を進めることで、地方政府を有効に助ける救援行動に迅速に投入させる。

⑤ 情報の安全防護の維持
　　国家の通信情報安全防護体系と結合して、ネットの安全整備を強化する。

(4) 衝突の防止
① 軍事衝突の防止規範をしっかり実施する
　　演習活動の公布、QDR、国防報告書などの情報を通じて情報の透明化の措置を行い、周辺国家に対してわが国の国防政策の主旨、軍隊建設や準備目標、軍事活動の内容を理解させることを進め、猜疑や誤判、誤解を減少させ、相互了解を促進させる。

　現状では李登輝政権の1992年から始まった国防報告書と、総統就任後10カ月以内に公布しなければならないQDR（2009年開始）が、国防部の公布する最も重要な文書となっている。大きな問題は台湾の周辺国家はみな台湾

と国交を有していないため、政府間・国防部間の連絡体制が理想的ではないということである。

② 軍事衝突の防止規範の各項目規定の順守
　「危機を予防し、状況を掌握し、急変に対応し、処理を素早く行い、拡大を防ぐ」及び「もめ事を起こさず、大きな衝突にせず、敵対行為を低める」との原則と戦備規定を国軍が守り、任務執行中の誤判や突発事件による衝突を避けるようにする。

(5) 地域の安定
① アジア太平洋地域の平和と安全の構築
　「関係を構築し、国の友誼を強固にし、コンセンサスを達成し、実質的同盟関係を締結する」との順序で、アジア太平洋各国との安全保障対話と交流を増進させ、西太平洋第一列島線にあるという台湾の戦略的早期警戒機能を十分に発揮する。伝統的・非伝統的安全保障などの議題について処理し、さらに多くの国際的責任を引き受けて、アジア太平洋地域の国家とのさらに緊密な安全保障の連結を求める。

② 地域の海空域の安全を共同して守る
　アジア太平洋の国家と東シナ海・南シナ海及び台湾周辺海空域の交通線の安全維持を強化して、制度化された戦略対話協力のルートを構築する。

このような目標を掲げる一方で、台湾は2013年に起きたフィリピン沿岸警備隊による台湾漁船銃撃事件発生後、海岸巡防署と海軍とからなる漁船護衛艦隊を南方海域で活動させて、フィリピンを威嚇・牽制した[27]。2013年5月16日にはそれに加えて、海軍最大の基隆級（旧米キッド級）駆逐艦「馬公」を同海域に展開させて演習を行った。また、台湾政府内では、海軍の台湾南部海域における偵察巡視活動範囲を拡大させようとの議論も起きた[28]。これまで同海域における演習は北緯20度10分以北だったが、それを北緯

第3章　台湾の軍事戦略　95

20度の台湾側の暫定法執行線にまで南下させるというもので、将来的には同海域を演習海域として定期的な演習を行うことも考慮中だと軍関係者は述べた[29]。

台湾では一般に海上法執行機関が対応するべきケースでも、それに加えて海軍艦艇を利用してプレゼンスを誇示しようとする傾向があるが、これは国民党政権特有のものではない。陳水扁政権時代の2005年6月、尖閣をめぐり日台間で緊張関係が増した際に、海軍は済陽級（旧米ノックス級）フリゲートを立法院長の同海域付近視察のために派遣したことがあるからである。外交的目標達成のために、軍事力を積極的に利用することについて、ハードルが極端に低いという点は中国と共通しているといえる。台湾海軍がフィリピン海軍よりも相対的に精強であることも、台湾側が強気に出られる一因ともなっていると考えられる。

なお、台湾海軍と海岸巡防署の親和性の背景には、海岸巡防署が台湾軍の海岸巡防部隊を中核にして、水上警察や税関などと合わせて成立した組織であることや、日本の海上保安大学校のような専門の幹部養成学校をもたず、海軍士官学校の卒業生をリクルートしたりして幹部としているため、海軍関係者と友人関係をもっている者が多数いることなどの理由が挙げられる。

③ 対国際テロと人道支援救援活動に参与するよう努力

　テロ活動、海賊行為を押さえ込み、周辺国家と人員の訓練・交流や情報の交換を行うとともに多国間軍事演習参加の機会を求める。国家の総体的な外交政策と協力して、人道救援を行い、国際公民の責任を果たすようにする。

近年台湾軍が参与した国際救援活動としては、2010年1月12日に発生したハイチ大地震と2013年のフィリピン台風の例が挙げられる。前者では台湾は地震発生から12時間後にレスキュー隊をハイチに派遣し、ほかの国際部隊と合同で捜索活動を行い、7名を救出したほか、台湾の支援でハイチに恒久住宅200戸、仮設住宅500戸を建設するなどの貢献を行った[30]。このほか、台湾軍は空軍所属のC-130H輸送機を使って支援物資をハイチの隣国

であるドミニカ共和国まで空輸した。C-130H 輸送機は屏東空軍基地の第439連隊第16大隊の張海浜空軍大佐（政治作戦主任）を指揮官とした23名からなっていた。積載された救援物資は医療器材300箱近く（計5.3トン）で1日あたりの飛行時間は8〜9時間だった。同機は1月24日にドミニカ共和国のサンイシドロ空港に到着し、1月31日午前に台北の松山空港に戻った[31]。往復途中ではアメリカの3カ所で給油・整備を行った。台湾軍機のアメリカ入りは1979年の米台断交後初めてのことだった[32]。台湾空軍にとって一挙に4万キロメートルを飛行する経験は初めてだっただけに、人道支援で貢献しただけでなく、貴重な長距離飛行訓練の機会を得られたわけである。

　また、2013年フィリピンの台風被害の際は、第1段階として、11月12〜14日に空軍のC-130輸送機、延べ12機を派遣し、新竹にある空軍基地から救急救援物資約100トンをフィリピンに空輸した。第2段階は11月19〜21日に同機延べ6機を派遣し、屏東の空軍基地から、約50トンをフィリピンに運んだ。第3段階は11月25日に高雄の左営海軍軍港から、約530トンの救援物資が海軍の揚陸艦とフリゲートの2隻に積み込まれ輸送されている[33]。

　台湾が行う共同訓練といえるものは、現状では中国との海上法執行機関（日本の海上保安庁的組織）同士の合同捜索救難訓練にとどまっている。2011年1月に海岸巡防署の新型船の進水式に出席した馬総統は、「海巡署は昨年、686件の救助活動を行い、317隻の船舶と、1,252人の救助に成功した。救助活動に国境はなく、昨年9月16日に海巡署は対岸（中国）と金門・厦門海域で『両岸連合捜索救援演習』を共同で実施した。同様にわれわれは日本、フィリピン、アメリカなどともこの方面で交流と協力を進めていく必要がある」と指摘し、軍の共同演習よりもはるかに現実的な部門での共同訓練の実施を探っていく方針を述べている[34]。

④　不拡散規範の順守

　　わが国は国際規範を順守してアジア太平洋地区の平和安定の向上に努力し、核兵器を生産せず、開発を発展させず、取得せず、備蓄せず、使

用しないとの方針を守り、防御的武器システムのみを発展させる。地域及び国際的な不拡散関連の努力を支持し、武器輸出管理レジームの規範を厳格に順守する。

　以上が台湾の国防戦略の概要である。一読して了解できることは、台湾は国際社会の大部分から国家として認められていないために、通常の連絡メカニズムを含めた軍事的な交流や武器取得、共同訓練などといったさまざまな分野で多くの制約を抱えている事実である。もちろん、たとえ国交がなかったとしても本来なら解決可能な分野においても、中国の掣肘があって、十分な活動ができないところが依然としてある。ただし、ハイチやフィリピンにおける自然災害の例では、軍の活動に関して中国から抗議が来ることはなかった。人道支援に対して難癖をつけたと見られることを中国が避けたという面もあるが、国民党政権になったことで中国側が馬英九政権に一定程度の国際空間における「行動の自由」を与えているという見方は可能であろう。なぜなら1999年の台湾大地震の際（当時は李登輝政権）や2003年のSARS発生の際（当時は陳水扁政権）は、中国が台湾を代表するという態度を世界に示し反感を買った事実があるからである。

## 4．台湾の軍事戦略

　ここでは国防戦略の下位概念である台湾の軍事戦略の分析を行う。台湾の軍事戦略はそのときどきの国際情勢の変化に従って緩やかに変化している。そこで、まずその変遷を2006年版『国防報告書』の記述[35]を参考にしながら確認しておこう。

### (1)　第1期：「攻勢作戦」期（1949〜1969年）

　国軍が蒋介石政権とともに台湾に渡ってきた後、当時の政府の指導方針によって軍事力を再編した後、大陸反攻を行うことを前提にしていた。攻勢作戦による「大陸反攻の機会を創出する」との作戦用兵指導によって、水陸両用上陸作戦や海空軍の攻勢能力の構築が重視された。この時期は台湾そのも

のに中国に対する攻撃能力が存在していた。しかし、1969年のリチャード・ニクソン（Richard M. Nixon）大統領によるグアム・ドクトリン発表を転機に第7艦隊の台湾海峡パトロールの規模が縮小され、台湾の攻勢的な軍事戦略も見直しを迫られることとなった。

(2) 第2期：「攻守一体」期（1969～1979年）

　攻勢だけでなく守勢も重視するようになった時期。1971年には中華人民共和国が国連安保理常任理事国の地位を得て、1972年にはニクソン訪中と日中国交正常化など、国際社会における中国の地位が強化されていった。国軍は台湾海峡における形勢の変化に伴い、軍隊建設及び戦備を攻撃主体から防御主体へと調整していった。防衛部署に対する需要も戦備より軍隊建設の比重が年々高まっていった。この攻守一体の軍事戦略も1979年の米中国交正常化と、それに伴う米華相互防衛条約破棄により転機を迎えた。

(3) 第3期：「守勢防衛」期（1979～2002年）

　蔣経国政権、李登輝政権を経て第1期陳水扁政権の途中までの時期となる。米台断交による台湾の防衛環境の悪化などの国家情勢や国際環境の変化によって国家建設の目標を「復興の基地をつくる」とし、台湾に根差した国家体制を創造するため経済建設を全面的に推進し、国民生活の条件を向上させ、国軍も「守勢防衛」に調整した。陸海空軍の均衡のとれた戦力を発展させることとなった。制空・制海・対上陸作戦の戦力建設を重要事項として、戦略的持久と戦術的速決を有効に遂行できる軍隊建設と戦備が目標となった。

　1995年から、防衛作戦任務を有効に遂行できるように国軍の戦略構想を「防衛固守、有効抑止」に調整して、将来の台湾海峡における戦争の形態に対応した有効な抑止戦力の建設と快速反応能力を追求するようになった。国軍は「精鋭、小型、強力」を建設方針として制空におけるバッジシステム（自動警戒管制組織）化、防空総合化を目標とした。制海では艦艇武器のミサイル化、指揮管制の自動化、対潜作戦の立体化を目標とした。対上陸作戦では装甲化・立体化・電子化・自動化を目標とした。

(4) 第4期:「積極防御」期(2002～2008年)

2000年5月より始まった民進党政権(陳水扁総統)の下で、戦略構想の優先順位を2002年に変更した。「有効抑止」とは抑止効果を備えた防衛戦力を建設し、遠距離の攻撃目標に対する精密な打撃戦力を積極的に研究開発し配備することで、敵の攻勢の兵力と火力を有効に瓦解あるいは遅滞させることができるようにして、敵に理性的な損失評価をさせて、いかなる軍事行動を起こす企図も放棄させることを指している。また全国民の総体的な防衛力と三軍統合戦力によって、国土の防衛を堅実に実施し敵を拒み、撤退殲滅させる目標を達成させるというものであった。これが達成されれば、台湾本島より離れた地域での中国軍に対する打撃力を台湾軍が保有することになる。

(5) 第5期:「守勢防衛」期(2008年～現在)

国民党政権に戻ったことで軍事戦略構想における優先順位を元に戻した。警戒能力を高めながらも、基本的に上陸しようとする敵を水際で殲滅することを想定した戦略である。ここからは2013年版『国防報告書』の記述を適宜訳出しつつ分析を加えるものとする[36]。

## 5．軍事戦略任務と台湾軍の能力

① 防衛固守で国家と領土の安全を固く守る

　　第一撃、首脳急襲の防止、機動反撃、持久作戦の能力を備える。「戦略的持久、戦術的速決」の指導によって戦略上の守勢を採用し、時間と空間を争って有利な態勢を創造する。

② 敵の侵犯意図をくじいて有効に抑止する

③ 海空の交通の命脈を維持保護して封鎖に対抗する

④ 統合作戦で敵の本土接近を阻止・遅滞させる

⑤ 陸上防衛では敵を上陸させて足場を作らせない

　　敵が優勢な海空戦力をもって上陸部隊を強行上陸させようとしても、敵が橋頭堡を固める前に連続して反撃し、敵を水際で殲滅する。

巡航ミサイルを含め 1400 発にも達すると台湾側に見積もられている中国からのミサイルによる飽和攻撃を耐えて戦力を保存し、参謀総長の指揮の下で陸海空軍による統合作戦によって台湾周辺海空域で中国軍との戦闘を繰り広げ、着上陸を水際で阻止しながら時間を稼いで、国際社会の支援と米軍による救援を待つのが台湾の基本姿勢である。厳明国防部長は、台湾が中国に攻撃された場合、どの程度持ちこたえることができるのかとの質問に対して、これまでの漢光演習の検証結果から少なくとも 1 カ月は大丈夫であると立法院で答弁した[37]。

　漢光演習は台湾軍の年次演習の中で最大の三軍統合演習で、コンピュータによる机上演習と実動演習とがある。2013 年に行われた演習では、国防部は、能力を発展させた中国軍が 2017 年に台湾に対して突如全面侵攻を開始したとの想定で 7 月 15 日から連続 5 日間のコンピュータ演習が実施された。演習は国防部長が統裁官を、軍政・軍備担当の副部長が副統裁官を務めた。「攻撃軍」を国防大学が担当し、「防衛軍」は参謀総長が指揮官となった。演習目的は、敵軍の近代化に応じた台湾軍の組織変革と新型武器の実戦配備と将来の軍隊建設の発展方向に基づく 32 項目に及ぶ対抗戦術を検証するものだという。また、国防部作戦計画次長室の曾復興次長助理は、中国軍の空母「遼寧」が演習で対応すべき対象であることを否定しなかった[38]。

　「遼寧」は 2013 年 6 月 9 日から 7 月 3 日にかけて海上で訓練を行い、6 月 29 日には艦載機 J-15 の離着艦訓練も行ったことが報じられている。これは前回（2012 年 11 月 23 日）実施した、陸上基地を離陸した J-15 が「遼寧」に着艦した後、再び発艦して陸上基地に帰投した[39]のとは異なり、艦上にいた J-15 が発艦後に再び着艦したというものである[40]。もちろん、着艦中に機体の発艦位置への移動、整備や補給などの作業も行っているので[41]、空母艦載機として最も基本的な動きができることを実証したことになる。とはいえ、裏を返せば、依然中国の空母はそのレベルにとどまっているということでもあり、今後クリアしていかねばならない作業は山積している。

　なお、中国との軍事力比較において、台湾軍が中国軍のような敵地を攻撃できるミサイル戦力を保有していないことがしばしば話題にのぼる。だが、台湾がミサイル開発を行っているという説もある。それによれば、陳水扁総

第 3 章　台湾の軍事戦略　101

表2　台湾と中国の軍事力比較

| 区分 | 項目 | 台湾軍 | 人民解放軍 |
|---|---|---|---|
| 総兵力 | | 24万余人<br>(2014年末に21万5,000人に調整) | 227万余人 |
| 陸軍 | 兵　力 | 17万余人（中央直属部門を含む） | 125万余人 |
| | 主力装備 | 戦車・装甲車1,500余両<br>陸軍航空部隊ヘリコプター200余機<br>大口径火砲1,000余門 | 戦車・装甲車15,400余両<br>（含歩兵戦車・装甲輸送車）<br>陸軍機約600機<br>各種火砲7,200余門（含対戦車砲） |
| 海軍 | 兵　力 | 3万余人（含陸戦隊） | 26万余人（含航空兵、陸戦隊） |
| | 艦　艇 | 艦艇190余隻 | 艦艇800余隻 |
| | 主力艦艇 | 大型作戦艦20余隻<br>水陸両用作戦艦10余隻<br>潜水艦4隻 | 大型作戦艦70余隻<br>水陸両用作戦艦40余隻<br>潜水艦60余隻 |
| | 航空兵 | 対潜ヘリコプター20余機 | 各型機600余機 |
| 空軍 | 兵　力 | 3万余人 | 37万余人 |
| | 主力機種 | 戦闘機370余機(F-16、M-2000、K-FC-1、F-5) | 戦闘機2,900余機(J-7、J-8、J-10、Su-27、Su-30)<br>爆撃機400余機<br>攻撃機280余機<br>無人機280余機<br>防空ミサイル約1,000セット |
| 防空ミサイル指揮部 | 兵　力 | 5,000余人 | |
| | 主力装備 | 防空ミサイル約30セット | |
| 第二砲兵<br>(現ロケット軍) | 兵　力 | | 14万9,000余人 |
| | 主力装備 | | 戦略ミサイル190余基<br>戦術ミサイル1,400余基<br>核弾頭200余基 |

出所：『中華民国102年　国防報告書』51頁
注：習近平主席は、2015年9月3日に解放軍の30万人削減を発表したが、どの軍種からどの割合で削減するのかなど詳細は明らかにされていない。

統と蔡明憲国防部長は2008年に中山科学研究院（台湾の武器研究開発機関）が開発した中距離ミサイル（中国語原文：「導弾」）の試射を台湾南部の基地で視察したと蔡明憲は述べている[42]。台湾紙も指摘しているが、そこには単に「導弾」（ミサイル）と記されているだけで、地対地弾道ミサイルなの

か巡航ミサイルなのか、正確には明らかではない。蔡元国防部長の発言について、国防部報道官は評論しないとの立場を表明している[43]。だが、厳明国防部長は将来の作戦形態を立法院で問われた際、地対地ミサイル、巡航ミサイルなどを含めた遠距離精密打撃兵器と答弁している[44]。これら新旧の国防部長の発言から、少なくとも台湾でもミサイルに代表される中国を直接攻撃できる手段について、研究を進めていることが窺える。今後も、台湾が政治実体として存在し続けていくために、中国に武力による統一を躊躇させる軍事力を保持しておくことは重要であることを考えれば、台湾がミサイル開発を進めていく可能性は十分にあると考えておくべきであろう。

## 6．将来の台湾軍の防衛作戦

『国防報告書』には「将来の防衛作戦の需給」という項目が設けられ、台湾国防部はここに挙げた目標に向けて軍の整備を行っている。よって台湾軍自身が理想としている将来像がこの項目から見えてくる。以下は最新版『国防報告書』の記述に基づいた軍の整備目標である[45]。

① 敵の封鎖、首脳を狙った攻撃、奇襲や非対称戦法に対応した兵力計画を立てる。また、遠海における快速反応及び緊急支援能力を重点的に強化して、台湾の防衛作戦の需給に見合った近代化された国防力を一歩一歩構築する。

② 各軍（兵）種の戦力や部隊組織、指揮メカニズム、ドクトリン、戦術・戦法、教育訓練などは統合作戦形態との整合を持続させる。

③ 各主要武器システム間の高度な連携を行い、「偵察・処理・決定・行動」の時間を縮減させて、有効で敏捷な指揮管制、即時かつ障害のない通信連絡、精密で高効率の火力による打撃ができるまでに総合戦力を高める。

④ 高度の急襲の脅威に対応して、防御力を強化する。基礎施設の防護を強化し、敵の急襲によるマヒを避けて戦略的持久を遂行できるようにする。

⑤ 防衛作戦を行う際、敵よりも数量的に弱い現実に鑑みて、作戦効率の向上や火力機動の転用、反応の迅速化、作戦運動の活発化に努める。

⑥ 「革新的で非対称」の戦力を発展させて、有利な時間と空間を運用して敵を遅滞させたり敵の攻勢をマヒさせたりする。

⑦ 軍事戦略構想に基づき、常備兵力で攻撃し予備兵力で国土を守るという理念で、人、装備、訓練が一体となった軍隊整備動員工作をしっかりと行う。行政動員体系と結合したやり方で予備兵力、物力を迅速に動員し、三軍の部隊戦力の充実化を図り防衛作戦任務を達成させる。

さらに『国防報告書』では、「防衛固守、有効抑止」の軍事戦略構想に基づいた統合作戦構想を明らかにしているが、この点はQDRの方が詳しいので、2013年版QDRから将来のより具体的な強化すべき目標について、台湾軍が目指している統合作戦能力にかかわる部分を抜粋し[46]、適宜解説を加えていくことにする。

### (1) 統合制空作戦能力
#### ① 情報収集、早期警戒、戦闘管理能力
地域作戦管制センターを構築し、防空自動化システムを更新する。空の情報を有効に整合して情報の相互共有環境を構築することで、作戦精度を向上させる。早期警戒システムの性能を向上させ、早期警戒能力を強化する。全天候型レーダーによる偵察、ミサイル攻撃の早期警戒、共同作戦画像及び敵味方識別などの能力を強化する。

② 空中迎撃能力

　ステルス性、空中給油機能、長距離、目視距離外作戦、先進的電子戦システム、空対地、空対艦ミサイルなどの能力を備えた次世代戦闘機、無人機の計画・製造を行う。多目標接戦能力のある長射程ミサイルシステム、対レーダーミサイルを計画製造し、主力戦闘機の空対空、空対地作戦能力を強化する。先進的なデータリンクシステムの構築を持続的に進め、現有主力戦闘機のデジタル化指揮管理能力を強化して、総体的な航空優勢戦力を向上させる。

③ 統合防空、ミサイル防御能力

　早期警戒レーダー、ミサイル警戒センター、パトリオットシステム及び購入計画のある新型ミサイルと結びつけて、完全なミサイル防御体系を構築する。

④ 基地及び陣地の防護能力

　重要基地と陣地の機動化、地下化、シェルター化を進める。対レーダーミサイルへの対抗、偽装、滑走路の緊急修理能力を高める。

(2) 統合制海作戦能力

① 情報収集、早期警戒、戦闘管理能力

　台湾海峡周辺の重要海域の監視・偵察範囲を拡大させ、早期警戒能力を強化して、同海域の海空の情報を有効に掌握する。

② 水面（水面下）作戦能力

　潜水艦と先進的な水上作戦艦の計画建造を計画して空中からの対潜及び水雷作戦能力を充実させて、有効な制海と機動打撃兵力を作り上げ、反封鎖、統合迎撃能力を増強させる。

　遠隔操作の精密対艦兵器を計画製造し、海空の迎撃能力を強化する。水雷作戦の研究部門を作り、掃海艦を建造して機雷対抗能力を高めて、シーレーンの安全を確保する。

③ 新型の補給艦と救難艦の獲得を含めた後方支援、救援、人員後送能力の強化を図る。

　台湾は長らくS-2Tトラッカーによる哨戒活動を行ってきたが、ようやく新戦力を補充することに成功した。アメリカに12機発注していたP-3C哨戒機の1機目が2013年9月25日にグアム島から台湾の空軍屏東基地に到着したのである。同機は2007年にアメリカが台湾に売却したもので、ロッキード・マーティン社が修理と性能向上を行い、2015年12月までに全機がデリバリーされるという[47]。

　台湾軍の対潜部隊は2013年6月末まで海軍の航空指揮部隷下にあったのだが、7月1日より空軍対潜作戦大隊に所属するようになった。哨戒機が所属する軍種はアメリカ・イギリス・日本などは海軍所属、オーストラリア、ニュージーランド、ノルウェーは空軍所属と国によりさまざまである。台湾軍が対潜部隊を空軍隷下に置いたのは、海軍と空軍で別々に搭乗員の訓練や機体のメンテナンスをするよりも、空軍指揮下にまとめた方が少ない資源を有効活用できるとの見込みがあったからだろう。気になるのは、P-3Cを効率よく運用するための支援システムを、台湾軍は保有していないと思われることである。日本の海上自衛隊であれば、哨戒飛行中のP-3Cは航空対潜水艦戦作戦センター（ASWOC）と密接に連携しているが、台湾軍の場合だと哨戒機が単独で司令部との連絡をするにとどまると思われる。

　掃海艦については、台湾は米国よりオスプレイ級機雷掃討艇（基準排水量893トン、全長57m、乗員51人［士官5人含む］）を2隻購入した（2012年に実戦配備済み。永靖、永安と命名）。掃海艇は港湾出入口や狭い海峡に敷設された機雷を除去する任務を帯びた船である。掃海艇の中には機雷敷設機能を併せもった海上自衛隊の「うらが」のような艦艇もあるが、オスプレイ級に同機能は付与されていない。台湾海軍の掃海艇は1990年代に取得した永陽級（アグレッシブ級）（満載排水量835〜920トン、乗員86人［士官7人含む］）と永豊級（満載排水量558.3トン、乗員45人［士官5任含む］）の各4隻だったが、オスプレイ級の配備によって10隻となった。しかし、台湾の軍事に詳しい立法委員（国会議員に相当）は、「台湾の掃海艦（艇）は10隻に満たない。

有効に掃海するならば10〜15隻は必要だ」と述べている[48]。永陽級は装備の近代化は行っているものの艦齢は50年を超えている。よって、しばらく運用されるであろうが、今後の軍のダウンサイジングと合わせて考えるならば、この艦齢と乗員の多さといった理由から早晩除籍となるものと思われる。

2013年11月5日、台湾国際造船公司が建造した新型補給艦「磐石」の進水式が挙行された。「磐石」は海軍で現役の「武夷」に続く2隻目の補給艦である。命名及び進水式典には国防部参謀総長の高廣圻上将や海軍司令の陳永康上将らが出席した。高参謀総長は1隻だけでは平時と戦時の任務需要を満たすことが難しかったとし、「"自主国防"政策の下、"国産"方式で高性能、高機動力を擁す補給艦を造船した」と説明し、これにより任務遂行能力の強化が図られると述べている。「盤石」の諸元は全長196m、幅25.2m、喫水8.6m、巡航距離8,000海里、定員165人、最高速度は22ノットで、満載排水量2万859トンとされている[49]。「盤石」は2015年3月31日に実戦配備された[50]。

台湾海軍は第二次世界大戦期に製造されたガピーII型潜水艦2隻とオランダより1980年代後半に輸入したズヴァールドビルス級2隻を保有しているのみで、前者は訓練用である。2001年4月にジョージ・ブッシュ（George W. Bush）政権は通常動力型潜水艦8隻の売却を承認したが、これまで実現していない。台湾では、潜水艦の自力製造については、台湾国際造船公司が名乗りをあげたことはあるが、国防部は信頼性の問題もあり、乗り気でなく予備調査費が与えられていた程度だった。ところが、2014年3月、中国の全人代開催に伴い国防予算対前年比12パーセント増が伝えられる中、厳明国防部長が潜水艦の自力製造に向けて動き出す旨、立法院で答弁した[51]。それによれば、1,500〜2,000トンクラスの通常動力型潜水艦の自力製造に向けて、評価を開始するという。これは今まで以上に積極的な動きで注目されていたが、同様の計画を2016年5月に発足する民進党政権も進める模様である。

(3) 統合地上防衛作戦能力
① 統合停泊地攻撃能力

　海上で敵を撃破する作戦指導によって、遠距離、正確な武器、三軍統合を強化してC4ISRシステムを有効に整合させて、早期警戒、遠距離精密打撃能力を作り上げて、渡海中の敵を殲滅する。多連装ロケット、無人機、汎用ヘリ、攻撃ヘリを購入して統合停泊地攻撃を遂行する。

② 海岸戦闘能力

　水際で勝利する作戦指導によって、敵の上陸と橋頭堡の構築とを阻止する目標をもつ。高性能の対装甲ミサイルや短射程の対装甲ミサイル及び新型戦車などの装備の購入を続ける。

③ 機動反撃作戦能力

　機動能力と火力との協調などの能力を含めて部隊を強化する。軽中型の戦術装輪車両と装甲歩兵戦闘車の生産を進めて、機動打撃能力の向上を図る。新型自走砲を新たに作り緊急機動作戦能力を向上させる。

④ 対降下作戦能力

　敵のエアボン（ヘリボン）攻撃、敵の集結、水陸両用作戦の支援を瓦解させることを目標とする。指揮・通信・監視・偵察と野戦防空能力を強化する。

⑤ 機動偵察捜索能力

　機動防空レーダー、車載式野戦防空レーダー、暗視装置を獲得し、戦場における目標捕捉能力を高める。

⑥ 衛戍作戦能力

　駐屯地防衛（憲兵）作戦能力を強化して、中枢及び重要地域の安全を強固にする。

⑦ 戦力保存能力

重要軍事基礎施設の防護、偽装・欺瞞、拡散及び機動配備など戦力の保存措置を強化して、戦場における生存率を有効に向上させて戦力を持続させる。

⑧ 水陸両用支援能力

各作戦区及び離島への快速反応・増援能力を確立する。作戦遂行のためのプラットフォームを獲得して、離島及び作戦区での地上防衛、緊急対応作戦を有効に支援する。

台湾陸軍は汎用ヘリとしてUH-1Hを1970年代半ばまでに約120機導入し、現在でも主力ヘリに位置づけられているが、老朽化が進むとともに墜落事故も起きていた。台湾軍は後継機種の選定を急いでいたが、2010年1月にアメリカからUH-60Mを60機購入することが決定した。そこでUH-1Hは30機を残して除籍処分となることが決定している。UH-60Mは15機が災害救助用に利用されることになっている。また、アメリカの売却リストにはスペアエンジン18基、ミサイル警告システムなどが含まれている[52]。

台湾はアメリカよりAH-64Eアパッチ攻撃ヘリ30機を購入した。同機は2007年12月に立法院審議で予算を獲得し、2008年末に30機（計593億台湾元）の発注書にサインし[53]、2014年10月までに全機がデリバリーを完了している。

台湾陸軍の主力戦車はアメリカから購入したM60A3戦車である。台湾軍の戦車についても新型導入が図られてもよい時期に既になっている。購入先はアメリカしかないことを考えるとM1A2戦車が報じられたことがあるが、台風被害などで道路などのインフラが損傷した場合、重量が60トンを超える同戦車は移動に困難をきたすとも見られている。日本の10式戦車を見てもわかるように重量を抑えた方が、台湾の国土には合っているように思われる。

(4) 統合 C4ISR 能力

情報通信技術の発展トレンドに合わせて現状の指揮・管制システムの性能向上を図る。データリンクのバンド幅の拡充及び安全とジャミングへの抵抗能力の向上を図る。プラットフォーム（OS やハードウェア）リンケージシステムを拡充し、指揮・管制、目標の割振り、火力の協調、戦闘損傷報告などを有効に遂行できるようにする。地上部隊の指揮・管制能力を向上させて、部隊の総体的戦力を向上させる。

(5) 通信システム

通信プラットフォームを統合させる。各級指揮所の無線ネットワーク、有線電話、IP 電話を統合して、現存及び新しい通信装備の相互運用性を向上させる。無線通信ネットワークを強化する。民間通信資源を活用する。通信秘匿用の機器を発展させて通信情報の安全を確保する。

(6) 情報監視偵察システム

監視範囲の拡充：中長距離の電子偵察を有効に運用し、陸海空における監視を拡充する。指揮・管制システムと統合して、早期警戒能力と戦場の透明度向上のために、戦場情報の共有を行う。電子パラメーター偵察能力を強化し、逐次機動偵察装備を増やしていく。

(7) 統合情報作戦能力

早期警戒及び統合情報安全能力を高めるために、全ての情報安全システムとメカニズムを統合させる。軍事ネットワークの安全防護措置の計画は統合監視・偵察などの方法を通じて行う。最新の通信情報安全技術を軍事使用向けに導入し、わが軍の情報安全防護と作戦能力を向上させる。専門家の人材育成を行って、情報安全と緊急対応能力を向上させる。総合的な情報戦能力を向上させて、国軍の情報戦・電子戦の優勢を確保する。

(8) 統合電子戦能力

国軍の電子戦の初歩的能力を運用して、戦場での生存率を高めるための電

磁的防護能力の計画を立てる。包括的な統合電子戦防護能力を確立するために、各主要戦闘兵力の早期警戒能力を主要陣地の電磁的防護能力と協調させるようにする。

　現在台湾では早期警戒機としてE-2Tが実戦配備されている。同機はアメリカでアップグレードのための改修を受けていたが、2013年3月に台湾の高雄港に陸揚げされた。今回の改修は主としてエンジンとレーダーシステムと報道されている[54]。この時の2機の引渡しにより、台湾軍が保有するE2Tは全6機がホークアイ2000と同様の水準を得たことになり、台湾の早期警戒能力及び空中管制能力の向上に貢献するものと考えられている。

# おわりに

　今後、台湾の国防政策や軍事戦略がどのように変化していくかを予想することは難しい。しかし、中国経済の減速は始まっているものの、相対的に台湾より経済規模が大きく、軍事予算は今後も伸びていくであろうこと、中台関係は民進党政権の誕生によって交流の進展スピードは減速する可能性はあるものの、最低でも現状の交流レベルは維持されるであろうこと、交流の進展にもかかわらず中国軍はその存在意義という見地からも「台湾解放」のための準備を整えていくであろうこと、台湾も中国を軍事的には仮想敵国の位置に置き続けるであろうこと、台湾軍のダウンサイジングは継続されるであろうこと、国防予算が劇的に増加することはないであろうこと、米国が一度に多数の先進的な攻撃的兵器を台湾に供与することはないであろうこと、台湾では志願兵制が定着しているであろうこと、などである。

　これら「合理的予測」に立って考えると、台湾軍は早期警戒能力とミサイル攻撃への対抗手段と統合作戦能力の向上に努めるであろう。また、自らも中国に対する攻撃手段を獲得する努力もするだろう。具体的には潜水艦の取得あるいは自主開発、中国を射程に入れた弾道ミサイルや巡航ミサイルの開発を行うだろう。無人機の開発と配備も十分に考えられる。

　ただし、このような努力にもかかわらず、台湾は中国の政治状況が国家の

分裂など台湾にとって有利な形で激変せず、台湾も現状維持を志向する限り、軍事的には苦しい状況が長く続いていくことになるものと思われる。

1) 第1回目の公布は1992年で、以後2年に1度のペースで西暦偶数年に公布されてきた。ただし、2008年には総統選挙で敗北し退陣が決まっている民進党政権（陳水扁総統）が、駆け込み的に退陣直前に『中華民国97年　国防報告書』を公布したために、後を継いだ国民党政権（馬英九総統）が翌2009年10月に『中華民国98年　国防報告書』を公布して、国民党政権の国防政策を明らかにした。この措置は国防法第30条にある「定期的に国防報告書を提出する。ただし国防政策に重大な改変があった場合は適時にこれを提出しなければならない」との一文に依拠している。この時から『国防報告書』は西暦奇数年の公布となっている（公布月は一定していない）。2年に1度の公布頻度を毎年公布に改める可能性について、以前筆者は国防部関係者に尋ねたことがあるが、「毎年公布は国防部の負担が大きい」、「毎年公布しなければならないほどには、国防政策や軍事戦略などに大きな変化はない」との回答を得たことはあるが、これが現在の国防部内の『国防報告書』公布に関する共通認識となっているかは承知していない。
2) 「国防報告書」編纂委員会『中華民国102年　国防報告書』（国防部、2013年10月）、26-66頁。
3) 同上、107、108頁。
4) 国防部主編『中華民国81年　国防報告書』（黎明文化公司出版、1992年1月）、40-41頁。
5) 国防部主編『中華民国87年　国防報告書』（黎明文化公司出版、1998年3月）、47頁。
6) 総統府プレスリリース「総統主持『黄金十年』系列第五場記者会」2011年10月17日。ただし、2015年段階では、ディーゼル潜水艦の海外からの購入の目途が全く立たない状態が続いているため、国産化に向けて動き出すようになっている。
7) 総統府プレスリリース「総統主持97年三軍五校院聯合畢業典礼」2008年7月2日。
8) 「国防報告書」編纂委員会『中華民国102年　国防報告書』（国防部、2013年10月）、65-66頁。
9) 防衛大学校・防衛学研究会編『軍事学入門』（かや書房、1999年）、205頁。
10) Roger Cliff et al., *Entering the Dragon's Lair, Chinese Anti Access Strategies and Their Implications for the United States*（Santa Monica, CA: RAND Corporation, 2007), p.82.
11) Roger Cliff, *China's Military Modernization and the Cross-Strait Balance*（Santa Monica, CA: RAND Corporation, 2005), p.4.
12) 陳偉寛「試論我空軍戦力保存之研究」《空軍軍官雙月刊》（台湾国防部、130期）。
13) 胡蜀茗「台澎防衛作戦中空運機戦力保存之研究」《空軍軍官雙月刊》（台湾国防部、122期）。ただし、この論文でいう国外基地は台湾が国交を有する国ではなく、アメ

リカ・日本・韓国・フィリピン・シンガポール・マレーシアのそれであり、実現性はかなり低いものである。

14) 総統府プレスリリース「総統主持『三軍聯合攻撃演訓』」2003年9月4日。その後、同様の趣旨で第一列島線が総統から語られたのは2008年の海軍視察の際である（総統府プレスリリース「総統偕副総統視導海軍水下作業大隊及海軍陸戰隊兩棲偵搜大隊演訓」2008年4月15日）。
15) 2013年2月8日、台湾外交部「釣魚台列島問題で、台湾が中国大陸と連携しない理由」『台湾週報（電子版）』2013年2月26日。
16) 門間理良「馬英九政権、尖閣処理で中国と連携しない旨を明確に表明」『東亜』（一般財団法人霞山会、№ 550、2013年4月号）、52-53頁。
17) 尾形誠「台湾をめぐる安全保障・軍事交流について」『東亜』（一般財団法人霞山会、№ 557、2013年11月号）、20頁。
18) 「美国防部称楊念祖『台湾国防部副部長』」『TAIWANCON（電子版）』2012年10月5日。
19) 両副長官の握手の様子については、http://www.defense.gov/HomePagePhotos/LeadPhotoImage.aspx?id=87214 を、会議の様子については、http://www.defense.gov/photos/newsphoto.aspx?newsphotoid=15624 を、それぞれ参照されたい。
20) 「国防報告書」編纂委員会『中華民国102年　国防報告書』（国防部、2013年10月）、141頁。
21) 「総統主持空軍翔展専案接装典礼　肯定IDF優異性能」『軍事新聞通訊社（電子版）』2014年1月16日。
22) たとえば馬英九総統は「台湾にとって中国大陸は1つの機会でもある。台湾指導者としてどのようにすれば脅威を減少させ、機会を増加できるかを知らなければならない」と述べている（総統府プレスリリース「総統接受墨西哥『太陽報』系集団董事長瓦斯蓋茲（Mario Vázquez Raña）專訪」2008年9月3日）。
23) 中華民国98年四年期国防総検討編纂委員会『中華民国98年　四年期国防総検討』（国防部、2009年）、23頁。
24) 「図文：萬剣弾聯合遥攻武器」『軍事新聞通訊社（電子版）』2014年1月16日。
25) 「国防報告書」編纂委員会『中華民国102年　国防報告書』（国防部、2013年10月）、118-119頁。
26) 「国防報告書」編纂委員会『中華民国102年　国防報告書』（国防部、2013年10月）、161頁。
27) 海軍と海岸巡防署は「海上任務総合支援協定書」にサインし、海巡署の漁業保護活動に協力している。また、台湾の排他的経済水域内で海軍と巡防署が協力して漁業保護活動を行って主権防衛の決心を明らかにしていると『国防報告書』に記述している（「国防報告書」編纂委員会『中華民国102年　国防報告書』（国防部、2013年10月）、182頁）。
28) 「広大興案　海軍重検戦略角色」『中央社』速報、2013年5月15日0時53分。

29)「槍上膛　刀出鞘　紀徳艦助陣　周四軍演　直搗案発海域」『中国時報（電子版）』2013年5月14日。
30)「馬英九総統がハイチ共和国を訪問」『台湾週報（電子版）』2013年8月15日（記事出所：同年8月14日付総統府プレスリリース）。
31)「飛4万公里援海地　賑災英雄返国」『自由時報（電子版）』2010年2月1日。
32)「ハイチ舞台　対中神経戦　大地震　米が台湾の支援に便宜」『産経新聞』2010年1月24日。
33)「フィリピンの台風災害に中華民国各界および国民からの義捐金と救援物資総額は約1019万米ドル」『台湾週報（電子版）』2013年12月12日（記事出所：同年12月4日付外交部プレスリリース）。
34)「馬英九総統が海巡署の『台南艦』及び『巡護7号船』の進水式に出席」『台湾週報（電子版）』2011年1月28日（記事出所：同年1月26日付総統府プレスリリース）。
35)「国防報告書」編纂委員会『中華民国95年　国防報告書』（国防部、2006年8月）、92-93頁。
36)「国防報告書」編纂委員会『中華民国102年　国防報告書』（国防部、2013年10月）、70-73頁。
37)「中国攻台　厳明：国軍可撐一個月」『自由時報（電子版）』2014年3月7日。
38)「漢光兵推　模擬打中共航母遼寧号」『聯合晩報（電子版）』2013年7月9日。
39)「殲—15在『遼寧艦』順利起降」『解放軍報』2012年11月25日。
40)「大陸航母遼寧艦　駐艦飛行、短距起飛成功」『聯合晩報（電子版）』2013年7月5日。
41)「遼寧艦完成訓練返青島軍港」『深圳特区報』2013年7月4日。
42) 張炎憲・陳世宏主編『蔡明憲與捍衛国防』（呉三連台湾史料基金会、2011年）、208頁。
43)「前国防部長／／蔡明憲掲密：台湾有中程導弾」『自由時報（電子版）』2013年3月16日。
44)「中国攻台　厳明：国軍可撐一個月」『自由時報（電子版）』2014年3月7日。
45)「国防報告書」編纂委員会『中華民国102年　国防報告書』（国防部、2013年10月）、71-73頁。
46) 中華民国102年四年期国防総検討編纂委員会『中華民国102年　四年期国防総検討』（国防部、2013年）、32-40頁。
47)「我向美買12架　104年完成交機／首架P-3C反潜機抵台」『自由時報（電子版）』2013年9月26日。4月段階で8機がデリバリーされている。
48)「美対軍售　助台提升防衛力」『自由時報（電子版）』即時新聞、2010年1月30日22時55分。
49)「海軍の国産補給艦『盤石』が進水式　来年の就役めざす／台湾」、『フォーカス台湾』（中央社、2013年11月5日）及び「高廣圻主持盤石軍艦下水典礼　象徴海軍再添堅実戦力」『軍事新聞通訊社（電子版）』2013年11月5日。

50) 総統府プレスリリース「總統出席『海軍沱江、磐石軍艦成軍典禮？　國艦國造成果展示活動』」2015 年 3 月 31 日。
51) 「嚴部長：潛艦国造與外購並行　達成戰略嚇目標」『軍事新聞通訊社（電子版）』2014 年 3 月 6 日。
52) Defense Security Cooperation Agency News Release "Taipei Economic and Cultural Representative Office in the United States UH60M BLACK HAWK Helicopters," Washington, Jan. 29. 2010.
53) 「AH-64E 阿帕契攻擊直升機報到　公開亮相受矚目」『軍事新聞通訊社（電子版）』2013 年 11 月 7 日。
54) 「『鷹眼 3 号』預警機返国　性能提昇強化空防能力」『軍事新聞通訊社』2013 年 3 月 9 日。

# 第4章
# 台湾とアメリカの「現状維持」をめぐる相剋

阿部純一

## はじめに——台米関係と台湾の「現状維持」シナリオ

　台米関係の将来動向を考察する際に必要不可欠なことは、台湾もアメリカもかかわらざるをえない中国の将来動向を踏まえることである。いいかえれば、米中関係ならびに中台関係の将来動向への考察がなければ、台米関係の将来を見通すことはできない。中台関係については、第2章で主に取り上げているので、本章では必要最小限の記述にとどめ、主に米中関係を視野に入れつつ論を進めたい。

　台湾が位置する東アジアにおいては、中国の経済的及び軍事的台頭によってパワーバランスに大きな変化が生じている。すなわち、第二次世界大戦後、日米安全保障条約を中核として米国の軍事的前方展開が維持されてきたことによって東アジア地域の安定が保たれてきたが、中国が急速な経済成長を継続する中で、それと歩調を合わせて国防費を急増させ、軍の近代化と戦力の増強を進め、合わせてその軍事力の展開する範囲を沿海部から西太平洋まで拡大してきている。

　中国の軍事力増強は、台湾を中国の版図に統一することを最優先にしつつも、現状では東シナ海、南シナ海という、中国のいうところの「第一列島線」（南西諸島、台湾、フィリピンからインドネシアに至るライン）の内側において軍事的優勢を確保するとともに、それを越えて「第二列島線」（伊豆諸島、小笠原諸島からグアム、サイパンなどマリアナ諸島を経てパプアニューギニアに至るライン）をうかがう西太平洋海域まで進出してきているのである。

こうした中国の軍事的展開は、後にも触れるが1996年春の台湾海峡危機の際に、米軍が2つの空母機動部隊を台湾近海に展開し中国を牽制したのに対し、中国がなすすべがなかったという屈辱的経験[1]を踏まえ、米海軍空母機動部隊を台湾有事の際に接近させないことを目的の1つとしているものと解釈されている。すなわち、米国の表現を借りれば「接近阻止・領域拒否（Anti-Access, Area-Denial=A2AD）」戦略である。中国はそのために、海軍戦力にとどまらず、東風（DF）21D対艦弾道ミサイルや東海（DH）10長距離巡航ミサイルなど、地上発射や空中発射のA2AD兵器の開発・配備も進めている。

　このような軍事展開に加え、中国は台湾に向け福建省に1,000基を超える東風11、東風15など短距離弾道ミサイル（SRBM）を配備し、台湾側のパトリオットPAC3など弾道ミサイル防衛戦力の規模と対処能力を量的に凌駕する「飽和攻撃」戦力を構築している[2]。これへの対処を含め、台湾の軍事的対応については第1、3章で触れられているのでここでは詳述しない。

　本章においては、台湾自身にとっても、また日米両国にとっても、東アジアの安全保障を安定的に維持していく上で、予見しうる長期展望において台湾が「現状」すなわち独立した政治実体として存続することの重要性を明示する狙いがある。今後の動向を視野に入れ、台湾が独立した政治実態であり続ける実現可能性は、以下の要件に依存することになる。

　第1のシナリオとして、中台の「現状」が維持されることに中国と台湾が共通の利益を見出すことである。しかし、このシナリオにはきわめて広範なニュアンスが含まれる。台湾を本土に統一することに高い優先順位を与えてきたとはいえ、1949年の建国以来60年以上にわたってそれを実現してこなかった中国にとってみれば、台湾の本土への統一は決して緊急の課題ではなく、それを急ぐあまり「武力統一」の脅しをかけることによって生じかねない台湾住民、米国、さらには日本や東南アジア諸国などへの過大な影響は避けたいところである。台湾側にも、経済的に見た中国への依存関係が深まる中で、中国優位の方向に拡大一途となっている両岸の軍事バランスへの不安から考えて、海峡両岸の政治経済的接近は避けがたいとはいえ、そのまま中国に飲み込まれることには抵抗がある。自ら切り開いた政治民主化の成果を

放棄し、中国の共産党独裁体制のもとに組み込まれることへの拒否反応は強いであろう。このシナリオは、中台ともに「現状維持」こそが利益を共有しうるという考えに基づいている。

　第２のシナリオは、中国が台湾統一のコストを勘案し、「割にあわない」と判断した場合であり、その意味でいえば第１のシナリオと重複する部分もある。ただし、それにとどまらない部分があるとすれば、たとえば台湾の統一にあたり、中国が提示する「一国両制」モデルをめぐる中台関係であろう。「一国両制」とは、中国側の提示に基づけば台湾側が特別行政区として中華人民共和国の統治下に置かれるものであり、現在台湾が享受している「主権国家」のステータスを放棄することが前提になる。当然ながら、台湾がこのモデルを受け入れる可能性はほとんどないというのが現状である。つまり、中国が自ら提示した統一モデルが台湾に拒絶され、新たな統一モデルを提示できずに継続される「現状維持」というものである。いいかえれば、中国が外交的に台湾統一の実現を目指したものの、「一国両制」に代わる打開策を見つけられないまま「武力行使」によるコストの大きさに手をこまねくという構図である。

　第３のシナリオは、政治的・戦略的配慮のシナリオであり、中国が台湾を実質的にコントロールしつつも、帝国主義的イメージの対外的拡大を抑えるために形式的に台湾の「現状維持」を認めることである。しかし、この場合の台湾は事実上中国からの政治的独立を失っていることになり、実質的な「現状維持」ではなくなっていることから、本章での検討からは外れることになる。

　第４のシナリオは、中国において共産党独裁の政治体制が行き詰まり、旧ソ連が分裂したときのように中国に複数の独立主権地域が生まれる中で台湾の「独立」が関心の範囲外になることである。いわば中国による統一圧力の消滅による台湾の事実上の独立ともいえる。しかし、この中国の「自壊・分裂」シナリオは、その可能性を排除するものではないが、これを前提に議論の構築を試みるのは生産的ではない。よって、本章では検討の対象とはしない。

　もちろん、ここに挙げた以外のシナリオもありうるだろう。ただし、筆者

がありうると想定したこのようなシナリオを設定してわかることは、実際には第1のシナリオに沿った分析が現実的であるということだろう。第2のシナリオも可能性としては現状の延長として想定しうるが、状況的に第1のシナリオのバリエーションとして考えることができよう。

　中台間の経済規模の比較格差は今後も開くであろうし、同様に軍事力の格差も開くとすれば、台湾にとって現実的な選択は、台湾が経済的実体として中国に必要な存在であり続けるとともに、それでも台湾が中国から独立した民主主義政体を維持していくことであろう。その台湾の安全保障にアメリカがコミットメントを継続し続けるならば、中国といえども台湾との統一を強引に推し進めるわけにはいかない。いわば「現状維持」がもっともありうるシナリオなのである。

　本章では、そうした台湾の「現状維持」をめぐる歴史的背景、安全保障上の含意、政治的・心理的ジレンマ、さらに米中関係の文脈に潜む「現状維持」を困難にする要因について考察を進め、台米関係を長期的に展望しようとするものである。

## 1. 台湾の将来予測と「現状維持」

　思えば、アメリカの対台湾政策は、朝鮮戦争が勃発した1950年6月に、戦線の台湾海峡への拡大を恐れた米国が第7艦隊を台湾海峡に差し向け、「中立化」を図ったとき以来、一貫して「現状維持」を目的としていた。それによって一時はアメリカから見放されていた台湾の国民政府は息を吹き返した[3]。朝鮮戦争によって米ソ冷戦がアジアに拡大し、台湾の国民政府は米国の庇護を受けることができるようになったからである。

　しかし、1953年1月のアメリカにおけるアイゼンハワー（Dwight D. Eisenhower）政権の成立と、同年3月の朝鮮戦争休戦協定の調印が台湾海峡に新たな局面をもたらすことになった。事実上の米中戦争であった朝鮮戦争が休戦したことによって、台湾の国民政府はアメリカと中国との関係改善を懸念するとともに、中国革命の残された課題である台湾の武力解放が中国にとっての次なる軍事行動として実行に移される状況となったからである。

こうした懸念から、国民政府はアメリカに相互防衛条約の締結を求めることとなった。アイゼンハワー政権は、発足するとすぐに台湾海峡の中立化を撤回し、国民政府の「大陸反攻」政策を支持する立場を明確にしてはいたが、相互防衛条約を締結すればアメリカは台湾と中国との戦争に巻き込まれることになり、そのアンビバレントな状況から条約締結には消極的であった[4]。しかし、1954年9月にいわゆる第一次台湾海峡危機が発生し、福建省沿岸の金門島が中国から砲撃される事態となった。アメリカは台湾への軍事援助を強化するとともに、アメリカの台湾防衛コミットメントを明確にすることで中国の攻撃を抑止するため、米華相互防衛条約を1954年12月に調印した。
　しかし、アメリカが中台の戦争に巻き込まれたくないという意思のもとで締結された米華相互防衛条約は、つまるところ蔣介石の「大陸反攻」を思いとどまらせ、台湾海峡の現状を維持することを意図したものであった。
　アメリカにとって、対台湾政策の次の転機は米中接近から米中国交樹立に至る1970年代であった。米ソ冷戦という大きな文脈の中で、アメリカは対ソ戦略を有利に導くため中国との連携を図ったのである。その過程で、アメリカが神経を使ったのが台湾への対応であり、台湾という長年にわたった「同盟国を見捨てる」といった印象を国際社会に与えないようにする努力が米国に求められた[5]。
　その成果が、1979年1月の米中国交樹立（すなわち台米断交、米華相互防衛条約の破棄）を受けて、アメリカ議会が国内法として立法した「台湾関係法」であった。これは、アメリカと同盟関係にあった台湾の防衛を引き続き支援するための法律である。相互防衛条約のような「同盟」を正式に謳うものではないが、同法では、①台湾を含む西太平洋地域の平和と安定が、アメリカの政治、安全保障及び経済的利益に合致し、国際的な関心事でもあることを宣言する、②米国の中華人民共和国との外交関係樹立の決定は、台湾の将来が平和的手段によって決定されるとの期待に基づくものであることを明確に表明する、③平和的手段以外によって台湾の将来を決定しようとする試みは、ボイコット、封鎖を含むいかなるものであれ、西太平洋地域の平和と安全に対する脅威であり、合衆国の重大関心事と考える、等の認識を明記した上で、④防御的な性格の兵器を台湾に供給することを確認し、加えて⑤台湾人民の

安全または社会、経済の制度に危害を与えるいかなる武力行使または他の強制的な方式にも対抗しうる合衆国の能力を維持する、としてアメリカが断交後も台湾の安全保障にコミットすることを明言している[6]。

　もちろん、台湾の安全保障を直接担うのは台湾軍であり、しかも有事の際にアメリカが台湾を軍事的に支援することが「台湾関係法」で必ずしも確約されているわけではない。有事の場合、重要となるのは台湾の軍隊の自衛力ということになるが、防衛用の兵器装備に関しては問題を抱えている。すなわち、台湾への兵器供与については、兵器輸出国である英国、ドイツ、フランスなどの欧州諸国は中国との関係悪化を恐れ尻込みしており、台湾は国産兵器とアメリカから供与される兵器に頼らざるを得ないのが実情である。台湾の防衛に必要な兵器の供与をホワイトハウスに義務づけた「台湾関係法」が、その意味で台湾の安全保障にとってきわめて重要となる。

　このように「台湾関係法」が台湾の安全保障にきわめて重要な意味をもつ以上、台湾にとってアメリカとの関係が緊要であり続けることとなる。その一方で、中国はアメリカによる台湾への兵器供与について、これを「台湾問題は国内問題である」という原則的立場から「内政干渉」であるとして強く反発し続けてきた。「台湾関係法」に基づく米国の台湾向け兵器供与問題は、米中関係において常に「火種」となってきたのである。

　その一例をここで挙げるとすれば、1981年、レーガン（Ronald W. Reagan）政権当時、その親台湾姿勢に中国が警戒を強めていたところ、台湾空軍の次期戦闘機供与問題が持ち上がり、米中間が緊張したことがある。アメリカによる台湾への兵器供与問題は米中国交樹立交渉で未解決とされていた経緯もあり、中国は強硬な姿勢を崩さなかった。1982年8月、アレキサンダー・ヘイグ（Alexander M. Haig, Jr）国務長官が訪中し、米中間で台湾への兵器供与を漸減させていくことを約束した「8.17コミュニケ」に調印することで、一応の決着をつけた。しかし、このコミュニケに先立つ7月14日、アメリカは台湾向け兵器供与の継続に絡んで、台湾にいわゆる「六つの保障」を提示していた。すなわち、①アメリカは台湾への兵器売却について中国と協議しない、②台湾への兵器売却を終了させる期限を設けない、③アメリカは中台間の調停を行わない、④「台湾関係法」を改定しない、⑤中国との交渉で

台湾に圧力をかけない、⑥アメリカは台湾の主権についての一貫した立場を変えない——とするものであった[7]。実際、「8.17 コミュニケ」でアメリカは台湾向け兵器供与を「質・量とも前年を上回らない」ことを約束しつつも、兵器供与を停止する期限については何ら約束していなかった。

　こうして、台湾の安全保障に関するアメリカのコミットメントは維持され、それによって台湾の「現状維持」が図られたのである。それを証明する事例として、既述の 1996 年 3 月の「台湾海峡危機」がある。1996 年 3 月、台湾で初めて総統の直接選挙が行われるにあたり、中国が台湾沿海を狙った弾道ミサイル演習で威嚇した際に、アメリカが 2 個空母戦闘群を台湾近海に差し向け、中国を牽制したが、これはアメリカが明言こそしなかったものの「台湾関係法」に沿った行動であり、台湾の現状を維持するための行動であった。

　ただし、米中国交樹立以来「一つの中国」政策を採るアメリカの対台湾政策はあくまでも「現状維持」であり、台湾がアメリカの支援を当てにして中国との将来的な「統一」を拒否するという意味での「独立」を企てることを支持するものではない。1998 年 6 月、当時のクリントン（William J. Clinton）大統領は上海を訪問した際に、「台湾の独立、二つの中国または一つの中国・一つの台湾、主権国家であることを参加の要件とする国際組織への台湾の加盟を支持しない」という、いわゆる「三つのノー」を明言した[8]。また、2003 年 12 月、当時のジョージ・W・ブッシュ（George W. Bush）大統領は、台湾の陳水扁総統（当時）が翌年の総統選挙の投票に合わせ、実施しようとしていた「住民投票」による直接的民意の表出がアメリカの介入能力を損ねることを懸念し、「台湾海峡の現状を一方的に変更するいかなる試みにも反対する」ことを明言した[9]。このように、台湾の安全保障の後ろ盾であるアメリカの政策が台湾の「現状維持」にとどまる限り、台湾の選択肢も「現状維持」を前提として考えざるを得ないことになる。

## 2．台湾における「現状維持」のジレンマ

　アメリカの対台湾政策が「現状維持」であることに対し、台湾はこれをどう受け止め、国際関係に対応してきたのか。2016 年 2 月現在、政権末期を

迎えつつある馬英九政権をケースに考えてみたい。

　馬英九政権は、「独立せず、統一せず、武力行使しない（させない）」（「不独、不統、不武」）という対中「現状維持」政策を公約に掲げて政権についた[10]。しかし、その一方で2008年の政権成立以来、急速に中国との関係改善を進めてきた。「三通」（通商、通航、通郵）が2008年末には実現し、中台の自由貿易協定に相当するECFA（経済協力枠組み協定）も2010年9月に発効した。結果として台湾における中国人のプレゼンスはきわめて大きなものになった。2008年にはわずか24万人だった中国からの観光客が、2013年には276万人に達した。2013年、彼らを運ぶ中台の直行便は週670便にまで増えた[11]。2014年には中国からの観光客総数は330万人に達し[12]、台湾の観光地はどこも中国人観光客で溢れかえっているという現実がある。

　こうした台湾海峡両岸の関係改善が、とりわけ日本の台湾政策における自由度を高める結果となったことは強調すべきであろう。中台関係が緊張していた国民党の李登輝総統の時代、その後を受けた民進党の陳水扁総統の時代においては、「中国は一つであり、台湾は中国の不可分の領土である」とする中国の強烈な反発を恐れて、台湾との関係を日本政府は「敬して遠ざけていた」といっても過言ではない。しかし、馬英九政権が事実上「一つの中国」を受け入れる「92年コンセンサス」[13]を対中政策の基本とし、中台の関係改善に踏み込んだことによって、日本政府は中国への配慮を軽減し、対台湾政策でフリーハンドの度合いを高めることが可能になったのである。

　その実例として、たとえば2011年9月の日台投資保護協定の締結があり、また日本に長期滞在する台湾人の在留カードの国籍記載が、従来は「中国」であったところ、2012年7月から「台湾」に変更されたことが挙げられるだろう。また、2014年には東京の国立博物館と九州国立博物館で、「台北國立故宮博物院」展が開催された。中台関係が厳しいままであったなら、こうした実績は作りようもなかっただろう。

　さらにいえば、このような日台関係の進展が、日中関係の悪化の影響をほとんど受けなかった事実も指摘しておくべきだろう。尖閣諸島問題で日中関係がいかに緊張しようとも、日台関係が大きく揺らぐことはなかった。ただし、台湾も尖閣諸島の領有を主張してきた経緯があり、馬英九総統本人も、

米国留学時代に尖閣諸島の領有をテーマとした学位論文を書いたという実績もある。とはいえ、台湾がこだわったのは台湾漁民が伝統的に漁を営んできた尖閣諸島海域における漁業権であったことは明らかで、2013年4月に日台漁業協定が締結され、同海域における漁業権が確保されたことによって、台湾における尖閣諸島問題は現在沈静化している。この問題で「当てが外れた」のが中国で、中国は尖閣諸島問題で台湾との「共闘」を目論んでいたが、馬英九総統はこれを拒否した[14]。中国に台湾の立場を政治利用されるのを嫌ったことは明らかであった。

中台の関係改善による恩恵を蒙ったのは日本ばかりでなく、アメリカも当てはまる。というのも、台湾の存在は米中にとって常に関係を阻害する要因であったからである。アメリカが台湾の求めに応じ、防衛用の兵器売却を決めるたびに米中の軍事交流が中国側によって停止されてきたという経緯もある。中台の関係が改善されたことによって、中国の台湾侵攻の切迫性が薄まり、結果として台湾への武器売却はオバマ（Barack H. Obama II）政権になって以降、年を経るに従い低調になっている。

具体的にいえば、台湾がブッシュ前政権時代から米国に要求してきたF-16C/D型戦闘機66機の新規供与は現在も塩漬けにされたままであり、オバマ政権は2012年9月、台湾が1990年代から運用してきた旧型のF-16A/B型145機のレトロフィット、つまりレーダーなどの装備を新型に更新する「能力向上」を認めることでお茶を濁したにすぎない[15]。その甲斐あって、米中の軍事交流は軌道に乗り、2013年8月には中国の常万全国防部長が訪米したほか、人民解放軍制服組の米国実務訪問も頻繁に行われるようになった。2014年夏には、ハワイ沖で行われる環太平洋合同演習（RIMPAC）に中国海軍が初めて参加した。

もちろん、だからといって台米関係が冷え込んでいるわけではない。2012年11月には台湾は米国入国の際のビザ免除の措置を付与されている。2013年3月には米国との間で「台米貿易・投資枠組み協定」（TIFA）の協議を再開し、同年8月には中南米を歴訪する途上、馬英九総統がニューヨークを訪問、ブルームバーグ（Michael R. Bloomberg）市長や米議会関係者と接触したほか、在米華僑の歓迎会に出席するなど、いわゆる「トランジット外交」を

展開し、台湾の存在をアピールした。

　その馬英九総統は、中国との関係改善だけが突出した印象を与えることを避けるためもあって、「和中・親米・友日」という、いわば「全方位協調外交」を標榜してきた[16]。この路線はそれなりに成功してきたように見える。しかし、「和中」を突き詰めていけば、経済関係にとどまらず政治関係に踏み込んでいかざるをえなくなる。政治関係に踏み込めば、対米、対日関係にも大きな影響が出てくるのは避けがたいだろう。実は経済関係についても、馬英九政権の目論見通りに事態が展開しているわけではない。中国の経済成長を台湾に取り込むことができていないのが実情である。馬英九政権の支持率が低迷し続けてきたのは、その大きな要因として景気浮揚に有効な手を打てずにきたことが大きいと見られる。

　台湾経済の指標を見ると、貿易総額（2013年）の28.7パーセントが中国・香港で、中台の経済的一体化は紛れもなく進展している[17]。しかし、台湾経済はリーマン・ショック後の景気下降から脱却できず、低成長に喘ぎ、失業率は高止まっている。台湾の有力紙「聯合報」が2013年5月に行った調査では、台湾住民の76パーセントが馬英九総統の経済運営に不満をもっているという結果が出た[18]。同年9月に入って、馬英九総統の支持率は、王金平立法院長（国会議長に相当）との「司法介入」による罷免騒動もあって、9.2パーセントという記録的な低さを記録した[19]。

　そうした中にあって、求心力を低下させている馬英九総統に対し、中国の「政治協議」圧力が高まってきている現実が浮上してきた。2013年10月6日、APECの会議で台湾の蕭萬長・前副総統と顔を合わせた習近平主席は、中台の政治問題を「次の世代に先送りすべきではない」とクギを刺し、同月11日には上海で開催された「両岸平和フォーラム」に出席した張志軍・国務院台湾事務辦公室主任が、「政治的対立を一時的に棚上げすることはできても、長期にわたって完全に回避することはできない」と述べ、台湾に圧力をかけたのであった[20]。

　しかし、馬英九総統に、中国との政治協議に踏み込む余裕はなかった。台湾住民はことのほか中国との「統一」に結びつく政治協議には敏感に反応する。2011年、再選をかけた馬英九総統は10月17日の記者会見で、条件を

付けつつも中国との平和協定締結の可能性に言及した。その直後から支持率が低下し始め、動揺した馬総統はすぐに「平和協定締結時には、その可否を住民投票にかける」と弁明した経緯がある[21]。

「統一」「独立」「現状維持」を問う世論調査で台湾の民意を見ても、たとえば国立政治大学選挙研究中心が定期的に行っている世論調査でも明らかなように、常に「現状維持」を支持する声が過半数を超えている[22]。住民のアイデンティティを問う世論調査でも、「私は台湾人だ」という回答が2015年の段階で59.0パーセントと過半数を超えているのに対し、「私は中国人だ」という回答はわずか3.5パーセントにすぎない。かつては過半数近かった「台湾人でもあり中国人でもある」という回答は漸減し33.7パーセントに下がっている[23]。一体化する経済に対し、台湾住民の心は中国から遠ざかりつつある現実がある。台湾の「現状」を大きく変えることにつながる中国との政治協議を台湾住民が支持する状況にはない。

それにもかかわらず、馬英九総統の認識は世論調査とのズレを示した。2013年10月10日の建国を記念する双十節で演説し、「海峡両岸の人々は同じ中華民族に属する。両岸関係は国際関係ではない」と述べた。「国際関係ではない」という部分について、当然ながら台湾内部から批判を受けると、その後の釈明で、「中国と台湾との間に存在するのは特殊な関係であり、国際（international）でも国内（domestic）でもない」といい繕った[24]。この問題は国会に相当する立法院でも取り上げられ、民進党の蕭美琴立法委員が国防部長の厳明に、「総統は両岸関係を国際関係ではないと表現したが、あなたならどう表現するか」と問いかけた。厳明部長はこれに対し、「敵対関係のままである」と明快に答えた[25]。政権内部でも対中国政策では一枚岩ではないことが露呈した印象を与えることとなった。

このような状況にある台湾で、もし任期の残り少なくなった馬英九政権が中国の圧力に押されて、政治協議に応ずるようなことになれば、混乱は避けられない。しかも、中国が高い優先順位で提起してくる問題は、アメリカからの兵器購入の停止であろう。台湾がこれを受け入れた途端、アメリカの「台湾関係法」はただの「紙切れ」になり、台湾の安全保障は結果的に中国に委ねられることになってしまう。

しかしながら、そうした懸念は台湾ではあまり指摘されてこなかったように思われる。また同時に、そうなることでアメリカが一貫して追求し、また台湾住民が支持する「現状維持」は不可能になるという自覚もどの程度浸透しているのか。一見うまくいっているように見える「和中・親米・友日」という「全方位外交」の政策は、「台湾が政治的にも経済的にも、さらに安全保障的にも事実上独立しているという現状」を維持していることが前提となるということを馬英九政権は再確認する必要がある。

## 3．米中「新型大国関係」と台湾の「現状維持」

　世界が大国の戦略に従ってきた時代があったとすれば、それは米ソ冷戦時代であった。世界を東西に二分し、米ソそれぞれが信奉するイデオロギーの優劣を競い、なおかつ米ソ全面戦争の勃発が人類の滅亡を意味する中で、戦略的優位をめぐってしのぎを削った時代であった。

　東欧の民主化革命とその後のソ連解体によって、冷戦の勝者として「世界の超大国」となったアメリカは、冷戦後の「新世界秩序」（ジョージ・H・W・ブッシュ（George H. W. Bush）大統領）を提示しつつも「平和の配当」としての国防予算削減を求める米国内の要求に押され、アメリカの国際的プレゼンスは縮小せざるを得なくなり、結果として国際政治のリーダーとしての責務を減少させることとなった。

　その後のクリントン政権も国内経済の立て直しに政策の主眼が置かれ、外交に見るべき成果は乏しかった。以後2001年の「9.11」テロに直面したジョージ・W・ブッシュ政権は「テロとの戦争」に資源を浪費し、「9.11」直後に開始されたアフガニスタン侵攻、2003年のイラク戦争発動等によって結果的にアメリカの衰退に拍車をかける過程を進めてしまった。

　現在のオバマ政権も、国内に厭戦ムードが横溢する中で前政権以来の「テロとの戦争」から脱却するためイラクからの撤退、アフガニスタンにおける戦線縮小、さらには国際紛争への介入忌避ともとれる消極的外交を展開し、「世界の警察官」としてのアメリカの役割を事実上放棄しつつある印象を与えてきた。

そうした状況を見る限りにおいて、米ソ冷戦後のアメリカの世界戦略の狙いの1つが「唯一の超大国」である期間をできるだけ長く保つことであったとすれば、アメリカはポスト冷戦の世界で十分な成果を上げてきたとはいえない。それどころか、アメリカの権威を大きく低下させてきたといえるだろう。

そうした中で、中国の台頭が新たな世界戦略の時代を形成することになるかもしれない。世界がアメリカの衰退によって「多極化ひいてはリーダー不在の無極化」するのか、あるいは中国という新興大国の出現によって新たな「二極化」が形成されるのか。現状を見る限り、急速にパワーを増大しつつある中国がアメリカに対抗する図式をもたらそうとしている。

それは、かつての米ソ冷戦とは異なる様相を呈することになる。米中という2大国の関係が死活的に重要になる中で、両国が経済的に深く結びついているという点だけを見ても、米ソ冷戦とは明らかに違う。今後、米中は競争的共存を前提に影響力の及ぶ範囲をめぐって複雑かつさまざまな駆け引きが行われていくことになろう。

とはいえ、衰えたとはいってもアメリカの軍事力、経済力はまだ中国の遠く及ばないところにある。アメリカに対抗しうる新興大国として名乗りを上げた中国といえども、まだアメリカに正面から対抗するだけの力量があるわけではない。

しかしながら、中国は2008年秋のリーマン・ショックからいち早く経済を立て直したことで自信を深め、2009年頃からそれまでの「韜光養晦」（後述）と称されてきた穏健路線を捨て、東シナ海、南シナ海を中心に中国の領土主権について強引ともいえる強硬な路線を採るようになった[26]。それは結果として周辺諸国の警戒を煽り、アメリカのオバマ政権も2011年秋には安全保障戦略を見直し、中国の軍事的台頭を牽制する意味合いの強いアジア太平洋への「リバランス」戦略を唱導するようになった[27]。

アメリカの戦略理論家、エドワード・ルトワック（Edward N. Luttwak）は、「中国がその台頭する力を周辺国にたいする領有権の主張という形で表現すると、それが敵対的な反応を発生させることになり、影響力（ソフト・パワー）を破壊することになって全体のパワーを減少させることになる」と喝

破している[28]）。中国は主に対米外交の要諦として「韜光養晦」路線を守ってきた。1989年天安門事件の後、鄧小平が提唱した路線であり、「時間をかけて実力を蓄え、時が来るのを待つ」というロー・プロファイル（低姿勢）戦略であった。その中国が、2010年になると少なくとも周辺諸国に対しては「韜光養晦」路線をかなぐり捨て、強硬に中国の領土主権を強調し始めたのである。ルトワックはこれを中国の「戦略的自滅」とみなし、中国の戦略的野心は失敗に帰すると明確に論じている。

　現実がルトワックのいうような帰結をもたらすかどうかは、まだわからない。中国のアジア太平洋における台頭は、まだ始まったばかりであり、アメリカの対応も国内財政の逼迫で国防予算が大幅に削減される中、腰のすわった対応となっているわけではない。したがって今後を安易に推定するわけにはいかないが、ルトワックが指摘するように、既に中国はベトナム、フィリピンなど周辺諸国を敵に回しつつある。その段階で既に中国は戦略的に失敗しているというのがルトワックの見方ではあるが、それは中国がまだ十分に実力を蓄えないうちに周辺諸国から警戒され、軍事的に優位に立つ米国からも対抗措置が検討される事態を招いたという事実から敷衍されるのであろう。

　その一方で、中国側の外交姿勢の変化を中国の内部事情から推測すると、どのようなことがいえるのだろうか。2022年まで政権を担当すると見られる習近平にとって、死守しなければならない政治課題があるとすれば、それは共産党独裁体制の堅持である。1949年の中国建国以来、習近平は「第5世代」のリーダーという位置づけになるが、既に革命第1、第2世代が政治の表舞台から退いてしまったために、共産党による統治の責任者として中国革命の伝統を守らねばならないという圧力がかかる。一党独裁の放棄、すなわち政治民主化路線へと舵を切ることは、建国の先達への裏切りにほかならないからである。習近平自身、父親である習仲勲の世代を「革命第1世代」とし、その子弟を「紅二代」として自らもそこに位置づけ、中国革命の伝統を引き継ぐ責務を自覚している。

　このことと中国の対外戦略とがどうかかわるのかといえば、実は密接な関係がある。1つの端的なケースが台湾との統一である。日清戦争の結果締結された下関条約（1895年）で中華民国が台湾の領有権を失い、第二次世界大

戦での日本の敗北で台湾を中華民国が「取り返した」ものの、中国大陸での国共内戦で蔣介石の国民党政権（中華民国政府）が逃れて政治的命脈を保った台湾は、中国共産党の統治の及ばない部分として残された。その台湾を中国の支配下に収めることこそ、国共内戦以来の中国革命の「仕上げ」にほかならない。同様に、尖閣諸島問題もしかりであり、南シナ海とりわけ南沙諸島の領有問題も、中国近代史の中で失われた（と中国がみなしている）「領土」を取り戻す「失地回復」戦略として、中国共産党による「統治」の正当化に資することになる。

いいかえれば、この「失地回復」戦略は、習近平主席が「中国の夢」として語る「中華民族の偉大な復興」を掲げる、「愛国主義」というナショナリズムと表裏一体の関係がある。であるからこそ、東シナ海、南シナ海における中国の領土主権の主張は、国民の圧倒的支持を受けることになる。その意味において外部から見れば東シナ海や南シナ海における中国の軍事力を背景とした現状の一方的な変更の試みが「覇権主義」以外の何ものでもない行動であっても、中国共産党の論理では決して「覇権主義」ではないということになる。中国共産党の指導者にとっては、むしろ「当然の権利の主張」であり、その意味において防衛的ですらあるのである。

しかし、そうはいってもそれが「現状の一方的な変更」であり、周辺諸国の利益と対立することが明らかである以上、周辺諸国と摩擦を起こし、ひいては敵に回すことになる。そうなれば、中国が「失地回復」という目標を仮に達成できたとしても、中国を取り巻く安全保障環境は中国にとって厳しいものにならざるをえなくなる。中国共産党の「失地回復」の論理を固守しつつ、周辺諸国との摩擦のジレンマを回避するための新たな戦略が習近平政権に求められることになる。

その中国にとって、米中関係が「もっとも重要な二国間関係」であり、中国にとってアメリカとの関係が外交上の最重要の問題であることは否定しようがない。周辺諸国との摩擦にアメリカの同盟国、友好国が関係してくる現実があるからである。

そこで中国が提起したのが米中における「新型大国関係」ということになる。東アジアにおける中国の「失地回復」戦略を成功させるためには、アメ

リカに中国の「失地回復」の正当性を理解させ、アメリカが周辺諸国の立場に共鳴する形での介入を阻止する必要がある。中国は、そのために「失地回復」の対象となる領土主権の問題を、譲歩・妥協の余地のない「核心的利益」と位置づけ、それをアメリカに尊重させることによって「現状の変更」を容認させるべく動いた。2009年11月、オバマ大統領が訪中し発表された米中共同声明には、「核心的利益の相互尊重」という文言があったのである[29]。

中国がいう「核心的利益」という言葉は、従来は主に台湾問題に関して使われていた。しかし、2009年7月、ワシントンで開催された米中戦略経済対話に参加した戴秉国国務委員は、核心的利益について次のように述べていた。「米中関係が長期にわたり健全で安定した関係を維持し発展するためには、相互理解と、互いがそれぞれの核心的利益を支持し尊重することが重要である」、「中国の核心的利益とは、第一に基本的制度と自国の安全の維持、第二に国家主権と領土の保全、第三に経済社会の持続的かつ安定的発展である」[30]。対外関係において中国が「核心的利益」を主張するにあたっては、当然ながら「国家主権と領土保全」ということになる。具体的には、東シナ海、南シナ海における島嶼の領有権問題である。

中国は、こうした「核心的利益」の相互尊重を基礎とする関係の構築を米国に求めるようになる。これは胡錦濤政権以来のことではあるが、「新型大国関係」という言い方で米中関係を規定しようとするために積極的な行動に出たのは、2012年2月の習近平訪米（当時は国家副主席）からであると見てよいだろう。

習近平主席は、2013年6月の訪米でオバマ大統領との初の首脳会談において再び米中の「新型大国関係」の構築を呼びかけた。その内容は後述するが、中国の主張するとおり、米国が中国の「核心的利益」を尊重することになれば、東アジアにおける戦略バランスを変更することにつながりはしないかと筆者は懸念していた。

この点について2013年末、本章を執筆するために台湾で安全保障の専門家と意見交換をする機会があり、その際に、米中のいわゆる「新型大国関係」について、これが米中双方の「核心的利益」を相互に尊重するものであるとすれば、アメリカと台湾との関係にも大きく影響するだろうし、尖閣問題を

抱える日本にとっても影響は避けられないと思うが、と問いかけたところ、意外な答えが返ってきた。

台湾側研究者によれば、中国の提唱するアメリカとの「新型大国関係」は中国側の外交プロパガンダにすぎないという。米中の協調はそれを実行しようとしても行き詰まる運命にあり、その理由は中国が「核心的利益」の適用範囲を広げすぎたからであり、今後米中の利害の衝突は避けられない、というものであった。米中「新型大国関係」はいずれにしてもうまくいくはずがない、と一刀両断したのである[31]。

では、中国の提唱する米中「新型大国関係」とは具体的にどのようなものなのかを、あらためて紹介すると、①「衝突せず、対抗せず」、②社会制度、発展の道、核心的利益と重大な関心に関する「相互尊重」、③「協力・ウィンウィン」の関係——であり、2011年のオバマ政権による東アジア「リバランス」戦略に対応する意思のもと、中国がアメリカのアジア太平洋地域における現実的利益を尊重し、この地域からアメリカを追い出す意図がないことを明確にするものであるとされる[32]。

しかし、これを別の観点から解釈すれば、アジア太平洋地域を米中の2大国で共同管理しようということになるのではないか。いわば中国版「G2論」である。既存の大国・アメリカと新興の大国・中国との「衝突」は避けることができる、そのためには米国は中国の非民主的な共産党独裁体制や人権状況を批判してはならず、また台湾やチベット自治区、ウイグル自治区など領土主権にかかわる問題に介入すべきではなく、そのかわり中国は経済や地域安保など協力できるところでは協力しよう、というスタンスと理解できる。

ただし、2013年6月、カリフォルニアで行われた米中首脳会談において、習近平主席がオバマ大統領に対し、「太平洋には米中両大国を受け入れる十分な空間がある」と述べ、「新型大国関係」を売り込んだが、オバマ大統領は習近平主席の、「アメリカと対抗せず、アジアからのアメリカ排除の意図はない」という意思表明自体は歓迎しつつも、中国の主張する「新型大国関係」という表現を公式に用いることには消極的であった[33]。

そうしたところ、2013年11月20日、オバマ大統領の側近であるスーザン・ライス（Susan E. Rice）大統領補佐官（国家安全保障担当）がジョージタウ

ン大学で「アジアにおけるアメリカの将来」と題して講演し、そこで「中国についていえば、われわれは新型大国関係を機能させるようめざす（"When it comes to China, we seek to operationalize a new model of major power relations."）34)」と明言した。朝鮮半島の非核化やイランの核問題の解決などで中国の協力が必要だということを強調する文脈の中で出てきた表現ではあるが、オバマ政権はいつの間にか中国の「新型大国関係」を受け入れていたと解釈されても仕方がないことになる。

　もちろん、オバマ政権が中国版「G2論」である「新型大国関係」をそのまま受け入れたとは考えるべきではない。ただし時系列的には、2013年6月の米中首脳会談以降の過程で米国が「新型大国関係」を暗黙のうちに受け入れることにしたとも想定しうる。しかし、ライス補佐官は中国との「新型大国関係」について、それが一体どのようなものとアメリカが理解しているか詳しくは説明しておらず、その後もホワイトハウスや国務省からの説明はないままであった。このままでは、中国は自分たちの提案がそのまま受け入れられたと解釈して35)、東シナ海や南シナ海での行動をエスカレートさせる恐れが予想された。

　その懸念は、すぐに現実のものとなった。中国の東シナ海上空における防空識別圏設定は、ライス補佐官の講演直後の2013年11月23日のことであり、12月5日には、南シナ海で訓練中だった中国空母「遼寧」を追跡監視していた米海軍ミサイル巡洋艦「カウペンス」が、中国海軍揚陸艦によって進路妨害を受けるという事案も発生している。

　もっとも、中国の挑発的行動は以前から指摘されてきた。2006年10月には、沖縄近海の太平洋上で米空母「キティホーク」に中国海軍のディーゼル潜水艦が魚雷射程内の至近距離まで接近し浮上してみせた事案があった。また、2009年3月、海南島南方の南シナ海の公海上で、米海軍情報収集艦「インペッカブル」が中国漁船によって航行妨害を受けた事案もある。最近では、2014年8月、アメリカのP-8対潜哨戒機が南シナ海の海南島付近を飛行中、中国海軍のJ-11戦闘機のスクランブルを受け、中国機がP-8に対し、わずか7メートルまで異常接近する事案があった。2015年9月にも、山東半島に近い国際空域である黄海上空を飛行中の米軍のRC-135電子偵察機に対し、

2機の中国戦闘機が接近し、RC-135機の前方150メートルを横切るという事案もあった。

　今後は、こうした米中の軍事的緊張の高まるケースが増加するかもしれない。緊張を繰り返す中で、不測の事態を回避するための米中間の具体的な取決めは、2013年6月、2014年11月の米中首脳会談で、ホットラインによる軍事行動の事前通報制度と海上での衝突回避のための行動原則の策定で合意し、2015年9月には、習近平主席の国賓としての訪米を前に、米中の空軍同士の衝突を回避する行動原則の策定で合意した[36]。しかし、現状はあくまでも中国が合意を実行するかどうかが問われる状況にある。海上や空中における最前線の軍の行動をどこまでコントロールできるか、あるいはそのつもりがあるのかが問われることになる。既に南シナ海では中国が南沙（スプラトリー）諸島海域で人工島を建設し、滑走路も複数敷設しているが、米海軍が中国の人工島に12カイリの領海主権を容認しないことを示すための海軍艦船派遣を行ったのは同年10月27日になってのことであった。このようにして見ると、中国はアメリカに膨張を続ける中国の勢力圏を徐々に受け入れさせる学習効果を狙っているようにさえ見える。

　では、米中間に「新型大国関係」が成立したと仮定した場合、台湾にどのような影響が及ぶだろうか。中国のいう「核心的利益」に台湾が含まれるのは自明であるとすれば、アメリカは台湾を今後どう扱うのだろうか。

　アメリカの立場を確認すれば、中国のいう「中国は一つであり、台湾は不可分の一部である」ことを認めてはいる。しかし、中国の主権が台湾に及んでいるかといえば、アメリカの認識は「ノー」である。だから、アメリカは自らの中国政策を説明するたびに、1972年2月の「上海コミュニケ」、78年12月の「国交樹立コミュニケ」、82年8月の「8.17コミュニケ」と「台湾関係法（1979年）」に依拠するという姿勢を崩していない。それがアメリカの台湾に関する「現状維持」政策の基礎だからである。

　しかし、台湾を中国の「核心的利益」であるとアメリカが認定するようなことがあれば、事情は大きく変わってくる。その時点で、アメリカが台湾の防衛のための兵器供与を約束した台湾関係法は無効になりかねないからである。

あらためて指摘するまでもないが、アメリカの台湾関係法を成り立たせているのは、中台の「敵対関係」である。台湾が中国の軍事的圧力にさらされている現実が台湾関係法の前提なのである。しかし、米中の「新型大国関係」は、その前提を背後から切り崩そうとするように見える。「中国の主権が及んでいない台湾の自治を守るために防衛用兵器を供与する」はずの台湾関係法は、米中間の「新型大国関係」が成立することによって「中国の核心的利益である台湾についてアメリカは行動を差し控える」ことになってしまえば、何もできなくなってしまうからである。

　この点についても、すでに現実が先行している。端的にいえば、すでに指摘したF-16C/D戦闘機供与問題である。台湾は、退役時期にある老朽化したF-5戦闘機の更新機材として米国にF-16C/D戦闘機66機の新規供与を求めてきた。しかし、オバマ政権の回答は、既存のF-16A/B戦闘機のアップグレードに応じただけであり、実質的な戦力強化につながるF-16C/D戦闘機の新規供与は拒絶してきた。ひとえに中国の強烈な反発を恐れてのことといえるだろう。今後もオバマ政権のもとでは、アメリカが台湾に対し攻撃力の増強を伴う兵器の新規供与はありそうもない。潜水艦の供与など論外であろう。

　米中の「新型大国関係」などうまくいくはずがない、と論断した台湾の研究者の見方は、それが正しいか誤りかを断定できる状況にまだ至ってはいない。しかし、その後のシリア問題で介入を逡巡し、またアメリカ国内で議会と対立し政府機関の封鎖直前まで至らしめた「決められない」オバマ大統領の内政・外交の力量不足を中国はよく観察しているはずである。これ以上外交で厄介事を抱え込みたくないオバマ政権の現実を考えれば、中国との「新型大国関係」をアメリカが受け入れる素地は十分にある。その意味でいえば、日本も台湾も楽観はできないのである。


## 4．「台湾放棄論」の出現と今後の見通し

　米中の「新型大国関係」にはアメリカによる「台湾切り捨て」の懸念があることは既に述べたとおりである。そのアメリカでは、「台湾放棄論」とも

いえる立場をとる学者・研究者も現れている。ポートランド州立大学のブルース・ギリー（Bruce Gilley）は、『フォーリン・アフェアーズ（Foreign Affairs）』誌に寄稿し、台湾の「フィンランド化」がアメリカの国益にかなうと論じた[37]。カーネギー国際平和財団のマイケル・スウェイン（Michael D. Swaine）は、アメリカが台湾への兵器供与を決めるたびに繰り返される不毛な米中対立の危険性から、アメリカが仲立ちして中台の信頼醸成を促し、台湾への兵器供与を控えるべきだと唱えている[38]。ジョージ・ワシントン大学のチャールズ・グレイサー（Charles L. Glaser）などは、もっと直接的に、台湾から手を引くことが米中関係改善に寄与するという[39]。

もちろん、アメリカでは議会を中心に台湾擁護論がまだ主流であるとはいえ、こうした「台湾放棄論」が出てきたのは、中国の強大化に歯止めがかからない中で、馬英九政権によって中台関係が改善し、中台の「平和的共存」が眼に見える形で実現しつつあるかに見えるからだろう。米国の台湾擁護派の学者であるナンシー・タッカー（Nancy B. Tucker）はかつて、「台湾が『統一』を選択した場合、アメリカにそれを妨げるオプションはほとんどない」と述べたことがある[40]。確かに、アメリカは対台湾政策で「現状維持」を追求してきたわけだが、その一方で海峡両岸の外交交渉による対立の解消も希望してきた。アメリカの基本政策が中台の「戦争」に巻き込まれたくないための「現状維持」であったがゆえに、対立を煽るような「一方的な現状の変更」に反対してきた。とはいえ、海峡両岸の「和解」がテーマになればアメリカはそれに反対しうる立場にはない。その帰結としての中台の外交的合意による「中台統一」はまだ予測の範囲に入ってきているわけではないが、現実がその方向に進みつつあるとすれば、アメリカにおける「台湾放棄論」の出現は驚くに値しない。それはつまるところ、中台の敵対関係を前提にした台米の「非公式」同盟の終焉であるとともに、台湾の「現状維持」の終焉でもある。そうした事態の展開さえ考慮しなければならない状況を迎える可能性は、現状のみならず長期的な視野に立てば排除することはできない。

さらにまた、このような米中関係の文脈から発生した「台湾放棄論」に加え、最近ではアメリカの超大国としてのパワーの衰退を前提に置く議論も出てきている。その典型的な議論がクリストファー・レイン（Christopher Layne）

のいう「オフショア・バランシング (offshore balancing)」戦略である。
　少々長い引用になるが、レインは次のように述べている。

　米国がオフショア・バランシング戦略を採れば、戦争の勃発する可能性の最も高い3つのホットスポット、つまり、台湾、朝鮮半島、東シナ海での緊張緩和によって米中対決のリスクは低下するだろう。米国が中国の攻撃から台湾を守るという事実上のコミットメント（誓約）は冷戦の名残である。1950年6月に朝鮮戦争が勃発していなければ、米国は65年近く前に台湾から手を引いていたであろう。中国にとって再統一は最重要課題である。米国にとっては、それを防ぐことに切迫した利害はない。米国はオフショア・バランサーとして、台湾を守るために軍事力は行使しないという立場を明確にする。そうなれば、台湾の政策担当者は、中国との妥協を検討せざるを得なくなるだろう41)。

　このように、強大化した中国が、そのパワーを背景に強硬さを強めている領土主権の主張にどう対処するかが問われている中で、その1つの答えが、中国の提唱する米中の「新型大国関係」を受け入れ、中国の権益すなわち「核心的利益」を尊重することによって、米中の対抗ひいては衝突を未然に防ぎ、東アジアにおける秩序を米中が共同で管理するシステムを受け入れるということなのであろう。
　この「オフショア・バランシング」戦略は、中国の提唱する米中「新型大国関係」とおおむね一致する考え方のように見える。レインによれば、第一次世界大戦の対立の構図を、衰退しつつあった世界帝国・英国と、ヨーロッパで台頭著しかったドイツとの関係になぞらえ、台頭する中国と衰退するアメリカとの衝突の愚を犯さないためにアメリカは東アジアの前方展開戦力を後方に下げ、アメリカが担っていた安全保障上の役割を、日本や韓国にシフトさせるという考え方であり、アメリカは国益の優先順位に照らして重要とはいえない尖閣諸島や台湾で紛争が生じたとしても直接の軍事的介入はしない、という政策選択である。
　アメリカは、確かに国家財政の窮乏に苦しみ、国防予算の大幅削減に直面しており、オバマ政権が打ち出したアジア重視の「リバランス」戦略も思い

通りにはいかない懸念がある。だからこそ、レインの議論が説得力をもつのだろうが、現状をつぶさに見ると事態はもっと複雑であり、考慮すべき要素が数多ある。

たとえば、中国の経済成長がこのまま持続し、アメリカを抜いてさらに国力を増すとはいいきれない。中国は国内に環境破壊、民族対立、経済格差、汚職腐敗など多くの深刻な問題を抱えている。だからこそ習近平政権は全面的な改革の深化に真剣に取り組まなければならない状況にある。改革の目的は、端的にいえば経済発展ではなく「共産党独裁体制」の維持である。それが政権の切迫した課題になっている。

中国は建国からすでに66年を経過している。ソ連の共産党独裁は、1922年の建国から1990年の一党独裁放棄まで68年続いた。これを目安にすれば、すでに執政60年を超えている中国の共産党独裁体制も制度疲労の限界に近いことが窺われる。中国は確かに経済の「市場化」という名目で、共産党が指導する「国家資本主義」経済を推進し成功してきたように見える。しかし、現在直面している中国の諸問題の多くは、共産党独裁という体制の矛盾から生じたものである。たとえば汚職腐敗は中国の「文化」だという見方もあるが、許認可権を党が一手に握る体制がその温床になってきたことは明らかであろう。

しかも中国は今後急速な高齢化社会に突入する。すでに18歳人口はピークを過ぎ、生産年齢人口は今後減少局面に入る。中国には「未富先老」という言葉がある。「豊かになる前に老いる」という意味で、これが中国の近未来の姿であろう。IMFの2015年データ[42]によれば、中国の平均所得（1人当たりGDP推定値）が8,000ドルを超えたとはいっても、台湾や韓国の2万ドル台はおろか、日米など先進国の水準（3万〜5万ドル）には遠く及ばない。社会保障制度も整備が遅れている。この先、老齢化した国民への社会保障支出負担を考えたら、人民解放軍の装備近代化に大盤振る舞いを続けることなどできるはずがない。

中国が軍の近代化に注力しているのも、共産党の指導体制を物理的に支えるのが軍隊だからといえる。人民解放軍は「国軍」ではなく「党の軍隊」なのである。その軍隊のパワーをちらつかせて、尖閣諸島や南シナ海で「拡張

戦略」を採るのは、名目として「失われた領土主権を取り戻す」という「失地回復のナショナリズム」によって国民を鼓舞し、共産党政権への求心力とする狙いが見える。

## 5．中国の軍事的台頭抑止のための台湾の「現状維持」

　中国が直面している国内課題を踏まえて考えれば、「台頭する中国」と「衰退するアメリカ」という構図だけでは東アジアの現状は見えてこない。さらにいえば、アメリカにしても、さまざまな矛盾を抱えている。中国との衝突を避けるためにアメリカが中国の権益を容認し軍事力の前方展開を後方に下げることになれば、それなりのコストを覚悟しなければならない。まずアメリカは同盟国の信頼を損ね、かつ世界の経済成長の中心であるアジアにおける存在を薄いものにしてしまう。現在アメリカが推進しているTPP（環太平洋経済連携）も、有名無実化してしまうかもしれない。

　アメリカがこれまでアジアで果たしてきた安全保障上の役割を同盟国に委任するというのも無責任な話である。たとえば、尖閣諸島の防衛にアメリカの国益が見出せないという理由で、軍事介入を拒否するならば、日本はアメリカとの同盟の価値を見直さざるを得なくなる。台湾についても、それがアメリカにとって防衛する価値がないとされれば、台湾は「現状維持」を放棄して安全保障を中国に依存せざるを得なくなるかもしれない。

　しかしながら、東アジアに目を向ければ、すでに中国の台頭を許す危険な徴候が見えている。韓国は最大の貿易相手国である中国への配慮を隠さない。アメリカが韓国に弾道ミサイル探知用のXバンドレーダーの配備を提案したところ、韓国はアメリカの弾道ミサイル防衛に懸念を深める中国からの抗議を恐れてこれを拒否している[43]。中国のパワーに独力では抗い得ない韓国、台湾の立場は、場合によっては将来の日本の立場にもなりかねない。

　こうした兆候の背後に、中国の軍事的強大化による東アジアのパワーバランスの変化が生じているという見方がある。確かに、中国の軍事力近代化のスケールの大きさとスピードの速さが注目されているが、軍事力は一朝一夕で強化されるものではない。長年にわたって整備され訓練されてきた資産で

ある。その意味でいえば、たとえ中国の軍事費がアメリカを上回ったとしても、それだけで中国の軍事力がアメリカを上回ったことにはならない。中国が経済力でアメリカを上回ったにせよ、アメリカの軍事的優位性はその後もしばらく維持されるのは間違いない。それが 2020 年代後半であるとすれば、中国経済は人口高齢化により衰退局面を迎えていることになる。

確かに総体的に見れば、台頭する中国と衰退するアメリカという見方はかならずしも間違いではない。しかし、このまま東アジアのルールメーカーがアメリカから中国に交代するという「権力移行」が生じると判断するのは早計だろう。すでに指摘したように、中国は内部に弱点を抱え、アメリカはそう簡単にアジアから引き下がるわけにはいかないからである。

その意味でいえば、日米同盟は中国にとってまだまだ手強い「障壁」であり続け、またアメリカにとってアジアへのコミットメントに不可欠な存在であり続けるだろう。日本にとっても、外交・安全保障政策の基軸であり続けるのは間違いない。そして、台湾の戦略的・地政学的価値についても再確認する必要がある。アメリカが台湾に対する「現状維持」政策を放棄することになれば、台湾は中国の手中に落ちてしまう。そうなれば、中国は西太平洋に進出する基地として台湾を利用できるし、西太平洋から南シナ海に至るチョークポイントとしてのバシー海峡も中国のコントロール下に置くことができるようになる。そればかりか、これまで台湾に照準を合わせて整備してきたミサイル戦力を始めとする軍備も、その展開の自由度を増す。

アジアで中国の思うようにさせないためにも、台湾の「現状維持」がアメリカや日本にとって必須の要件であることを肝に銘じ、中国がほぼ間違いなく衰退局面に至っているであろう 2020 年代後半まで、台湾を民主主義陣営のメンバーにとどめておくことが求められているのである。

## 6．台湾の政権交代と中国の軍事パレード

台湾では、2016 年 1 月 16 日、総統選挙と立法院選挙が同時に行われた。結果は、事前の予想通りであった。すなわち民進党の蔡英文候補が総統選挙に勝利し、民進党が 8 年ぶりに政権に返り咲くことになったのである。

そうした台湾の政権交代の可能性をかなりの程度念頭に置きつつ、中国では 2015 年 9 月 3 日、抗日戦争・反ファシズム戦争勝利 70 周年を記念する軍事パレードが北京で挙行された。

　習近平主席が軍事パレードの実施を決めたのは 2014 年末のことだとされている。2014 年 11 月の北京で開催された APEC 総会における米中首脳会談の後で、2015 年秋の習近平訪米招請の打診がなされていたと想定すれば、軍事パレードは訪米を意識したイベントであったともいえる。実際に習近平の国賓としての 9 月訪米が決まったのは 2015 年 2 月だが、訪米がこのときに突然降って湧いた話であるはずがない。同時に習近平にとって、9 月訪米と創設 70 周年を迎える国連総会へ出席し演説するというイベントを組み合わせれば、この軍事パレードの意味が浮き彫りにされる。

　すなわち、中国が第二次世界大戦の戦勝国の主要メンバーであり、安保理常任理事国である権利をもつことの正当性をアピールし、かつアメリカに対しては習近平主席の主唱する米中の「新型大国関係」を明確に受け入れさせるために、中国の軍事力がアメリカに対抗できるものであることを内外に示す必要があると考えたのであろう。同時にそれが総統選挙を控えた台湾への牽制を意味するものでもあっただろう。

　その軍事パレードは中国の「国産新兵器」のオンパレードで、中でもメディアの関心を引いたのが新型の弾道ミサイルであり、射程 1,000 キロメートルで沖縄を射程に収める東風 16 短距離弾道ミサイル、空母キラーと呼ばれる東風 21D 対艦弾道ミサイル、射程 4,000 キロメートルでグアムの米軍基地を射程に収め、かつ対艦攻撃も可能とされる東風 26 中距離対艦弾道ミサイル、弾頭を MIRV（複数個別誘導再突入弾頭）化した東風 5B 大陸間弾道ミサイルなどがパレードの隊列に加わっていたことである。しかも、ご丁寧にミサイルの側面にアルファベットで DF-16 等の白色の印字が施されていたせいもあり、識別が容易であった。DF は「東風」を意味する。ミサイルの種別を示す印字は今回が初めてではないが、網羅的に表示されたことはなかった。

　上述したミサイルは、いずれもアメリカを意識した戦力であり、とりわけ初登場となった東風 21D 対艦弾道ミサイル、東風 26 中距離対艦弾道ミサイ

ルは、西太平洋におけるアメリカ海軍の優位を脅かす存在として注目された。とくに東風21Dについては、米軍はIOC（初期作戦能力）を獲得したものと評価し、警戒を強めている。東風26については、その実戦配備を把握していなかったと思われる米軍がどう評価しているかはまだ明らかではないが、通常弾頭も核弾頭も積めるという性格から、戦術目的にとどまらず戦略目的にも使用可能なミサイルという位置づけなのであろう。

　このような中国のミサイルは、いうまでもなく西太平洋におけるアメリカ海軍の行動を制約し、中国大陸への接近を阻止しようとするものである。とりわけ中国が想定しているのは、台湾有事の際におけるアメリカ海軍の介入阻止であることは疑いない。しかしながら、本質を突いた議論をすれば、中国の対艦弾道ミサイルに代表される兵器は、海上戦力において米国に対抗することができないために作られた窮余の兵器であり、非対称戦略の典型例である。

　非対称戦略がうまくいく場合もあり得る。米海軍が警戒し射程内に空母を入れなければ効果があったことになるからである。しかし、それに伴うリスクもある。たとえば、弾道ミサイル発射を探知できる早期警戒衛星を運用しているのはアメリカだけだが、発射されたミサイルの弾頭が通常弾頭か核弾頭かの区別はつかない。東風21や東風26は核弾頭装備の可能性があるだけに、米軍が反射的に核ミサイルで中国のミサイル基地を叩く可能性があることは排除できない。アメリカにとっては、核ミサイルでなくとも、通常弾頭の精密誘導が可能な巡航ミサイルでも攻撃は可能だろう。

　中国は対米核抑止を圧倒的に地上配備の弾道ミサイルに依存している。これらのミサイルは、精密誘導の通常弾頭にせよ核弾頭にせよ、アメリカのミサイルによる先制攻撃に対してきわめて脆弱である。米軍がそのことを中国に十分に警告し、知らしめることができるなら、中国は安易に弾道ミサイルを発射できなくなる。核戦力の規模でいえば、アメリカは中国を遥かに凌駕し、その差は容易に縮まるものではないからである。

　よって、アメリカでは中国の東風21D対艦弾道ミサイルに関し、一定の警戒感はもつものの、そのために行動が制約されてもやむを得ないなどという議論にはなっていない。現状では、配備されている対艦弾道ミサイルの数

量は多くはなく、しかも一発必中の兵器ではないため複数のミサイルを一斉に発射することが必要だとすれば、その脅威の度合いは限定的なものになる。中国の軍事パレードの対米効果は、その程度のものであろう。

## 7．台湾の「武力解放」を諦めない中国

　中国の軍備拡張のみならず、東シナ海での「防空識別圏」の設定や南シナ海の南沙（スプラトリー）諸島海域での人工島建設に代表されるような東シナ海・南シナ海における露骨な膨張政策が、結果として台湾の地理的重要性を際立たせている。

　中国の戦略的狙いは、東シナ海と南シナ海を排他的な「中国の海」にすることであろう。東シナ海上空の「防空識別圏」の設定、南シナ海・南沙諸島における大規模な埋立工事による人工島建設とそこでの飛行場設置は、東シナ海、南シナ海における制空権・制海権の確立をめざすものといえる。

　台湾は、まさに東シナ海と南シナ海の結節点に位置し、中国海軍艦船が東シナ海から宮古海峡を通り、また南シナ海からバシー海峡を通って西太平洋に出る状況を監視する戦略的要衝である。逆に、中国の観点で見れば、海軍の西太平洋進出にあたり台湾を中国の海・空軍の戦略拠点とすることができれば戦略的に圧倒的な優位に立ち、東アジアの軍事バランスを中国優位に書き換えることが可能となる。

　そもそも中国が国境を接した外部に深刻な軍事的脅威が存在しない中で、4半世紀にわたり国防費を急増させてきたのは、第一義的には台湾を武力で統一するためである。中国は内モンゴル自治区の朱日和戦術訓練基地に、台北の総統府を模した実物大のモックアップを建設し、既にこれを用いた演習を行っていることを『産経新聞』が報じている[44]。習近平政権が台湾の武力統一に向け、弛まない準備を進めていることがわかる。中国の台湾侵攻は、決して絵空事ではない。

　台湾侵攻を成功させるためには、台湾海峡上空の制空権はもとより必要条件だが、何よりも重要なのは、外部勢力すなわちアメリカの軍事介入を排除することである。

そのために中国が構築してきたのが、いわゆるA2AD（接近阻止・領域拒否）戦略といわれるもので、具体的には米空母艦載機が台湾上空に飛来できない遠方（台湾を中心に、半径1,000キロメートル程度）で足止めさせようとするものである。そのために、中国は潜水艦戦力の近代化と拡充に加え、空母をターゲットとして直接攻撃できるとされる対艦弾道ミサイル（ASBM）東風21Dを開発し、長距離巡航対艦ミサイルなどの開発、配備を進めてきた。

　台湾への直接攻撃では、すでに指摘したように中国は対岸の福建省を中心に射程300〜500キロメートルの短距離弾道ミサイル（SRBM）を1,000基以上配備し、台湾が配備するパトリオットPAC3などのミサイル防衛システムに対し、数量で圧倒する「飽和攻撃」が可能となっている。

　国防費の比較では、台湾のそれは中国の約10分の1で、中台の軍事バランスは中国が圧倒しており、戦力の格差は拡大の一途である。中国に対し、軍事的に到底太刀打ちできず、米軍の支援も期待できないとなると、中国の武力侵攻の脅しに対して台湾のとりうる選択肢は、第1に戦争を回避し、降伏すること、第2に、敗戦は必至ながらも取りうる軍事的抵抗手段をすべて動員することで中国に多少なりとも損害を与える——の2つということになる。

　ちなみに、たとえ台湾が国際社会に向けて中国の軍事侵攻の非を訴えたところで、中国の従来からの主張、すなわち台湾は中国の国内問題であり、これにかかわろうとするのは内政干渉で受け入れることはできない、という反論にぶつかるだけであろう。中国が国連安保理の常任理事国である限り、拒否権を行使して台湾問題を安保理の議題にさせないことは明らかである。

　中国が狙っているのが、台湾が戦意を喪失し、戦わずして中国の軍門に下ることであるのは自明である。それなら、中台双方が人的犠牲を払うことなく事態を収めることができる。しかも、この場合においてアメリカに介入の口実を与えないというきわめて大きなメリットがある。

　中台の緊張に際して、唯一介入の法的根拠をもつのはアメリカである。台湾関係法という国内法によって、台湾に防衛用の兵器を供与し、台湾の安全が脅かされた場合、これを座視しないと定めている以上、あくまでも米国自

身の選択となるが軍事介入の可能性は高い。中国の海洋における膨張政策に合わせ、台湾の軍事戦略的ポジションを評価し、台湾が中国の手にわたる事態の深刻さを考慮すれば、介入しないという選択は限りなくゼロに近いだろう。だからこそ、中国は米国に介入の隙を与えない台湾の「無血開城」を狙っているのである。

## 8．米軍の介入を回避できない中国

　しかし、中国の望むような事態は生まれそうにない。中国のA2ADのネットワークは米国の介入をシャットアウトできるほど強力ではないし、台湾の陸海空の戦力は、中国の圧倒的優勢の前に、本当に無力だとも思えない。

　まず前提として、台湾には本土防衛の意思があり、極論すれば、米軍介入までの時間を稼げればいい。台湾の防衛能力は航空戦力をはじめそれなりに機能するだろうし、中国の弾道ミサイル攻撃は、初期において台湾各地に分散されたレーダーサイトや港湾、飛行場など軍関連施設が主なターゲットとなるだろうから、人口密集地域への攻撃による損害はそれほど大きなものにならない。仮に市街地にミサイルが1発突入した場合、搭載する爆薬は500キログラム程度であるため、ビル1棟を破壊する程度の威力だろう。これが数百発であったにせよ、被害は大きいが分散されるであろうし、台湾がそれで致命的な壊滅状態に陥ることにはなり得ない。

　かかる状況のもとで米軍が介入を明確にした場合、中国が米軍を対象にA2AD戦略を実際に発動するかどうかの判断を迫られる。もし発動すれば、それによって中台の緊張は中国のいう「国内問題」ではすまなくなり国際化する。しかも公然と米軍に攻撃を仕掛けるわけだから、アメリカ・台湾対中国の構図となる。米軍は、空母が台湾に近づけなければ、台湾から500キロメートル程度しか離れていない沖縄の嘉手納基地を使うことができる。米海兵隊も、V-22オスプレイ輸送機を使えば迅速に台湾に兵員を送り込むことができる。対艦兵器をいくら充実させても、A2ADには限界がある。もちろん中国は日本が米軍を支援する事態も想定しなければならなくなる。沖縄を中国が攻撃すれば、日本は個別的自衛権でも動ける。

もし中国が賢明にも以上のシナリオを想定できる想像力があれば、台湾侵攻を思いとどまることになるであろう。台湾侵攻が東アジアを巻き込む大規模戦争に発展しかねないからである。

## 9．蔡英文支持に舵を切ったアメリカ

　注目すべきは、アメリカの台湾に対する姿勢の変化である。2015年5月下旬から6月上旬にかけて、民進党の蔡英文主席が同党の総統候補として訪米したが、4年前の2011年9月に、翌年の総統再選をめざす馬英九に対抗する民進党の候補として訪米した時の「冷遇」ぶりとは打って変わって大変な厚遇ぶりであった。

　4年前は、『フィナンシャル・タイムズ（*Financial Times*）』が蔡英文候補と会ったアメリカ政府の匿名の高官が「彼女（蔡）は、最近の安定した台中関係を維持する意志と能力があるのかどうか、大きな疑問を感じる」（カッコ内は筆者補注）と述べたと報道した[45]。オバマ政権が暗黙のうちに蔡英文不支持を打ち出したのである。この当時、オバマ政権は米中の良好な関係を維持・発展させる上でも、馬英九総統の進めてきた積極融和的な対中政策を台湾に維持させることが望ましいという判断であった。

　今回の蔡英文訪米時の米中関係は、4年前と様変わりしていた。南シナ海で国際法を無視して人工島建設を強引に進める中国に、さすがのオバマ政権も深く懸念する事態になっており、アメリカにとって台湾がこのまま親中路線でいくよりも、中国と一定の距離を置くべきだと考え、蔡英文支持に切り替えたと見ることができる。敢えていえば、オバマ政権はようやく台湾の戦略的価値を再認識したといえる。その時々の事情で判断を変えるアメリカに翻弄される台湾の立場に同情を禁じ得ないが、今回は蔡英文候補に有利に働いたといえる。

　蔡英文候補は、今回の訪米でホワイトハウスや国務省の建物に実際に足を踏み入れ、メデイロス（Evan S. Medeiros）国家安全保障会議（NSC）アジア上級部長やブリンケン（Antony J. Blinken）国務省副長官ら最高クラスの高官と会談するなど、野党の総統候補として破格の厚遇を受けた。

台湾総統選挙における「アメリカ・ファクター」は、日本で観察する以上に大きい。アジアで国交をもつ国が1つもなく、孤立をかこつ台湾にとって、安全保障上唯一頼りにしなければならないのが、「台湾関係法」をもつアメリカだからである。そのアメリカが、蔡英文候補に「支持」のお墨付きを与えたのが、今回の蔡英文訪米であった。

　総統選挙に勝利した蔡英文の総統就任式は2016年5月20日である。2008年に政権を奪還した国民党の馬英九総統は、2期8年の任期を全うすることになるが、政権末期は10パーセントを切る極端に低い支持率に喘ぎ、レームダック状態であった。国民党は、党内の対立事情から馬英九後継の有力候補をまとめきれず、結局、妥協の産物として立法院副院長の洪秀柱女史を党公認候補とした。

　しかし、洪秀柱候補は大陸生まれの外省人であり、強固な統一論者であることもあって民進党の蔡英文候補に対する強力な対抗馬とはみなされず、中国の台湾研究者からも「人気のない二軍的な存在」と論評される存在にすぎなかった[46]。結局、有権者の支持が集まらず、本人の過激な中台統一の主張に危機感をもった国民党主脳によって、洪秀柱女史は候補からはずされ、代わって中国国民党主席の朱立倫が候補となったが、時すでに遅く、蔡英文を追い上げるに至らなかった。

## 結びに代えて——米中の戦略問題となりうる台湾の帰趨

　蔡英文候補は、総統選挙において中台関係の現状を維持するといい、決して民進党の綱領にある「台湾独立」をもち出すことはしなかった。同時に、2014年2月に台湾立法院を学生が占拠し世界的注目を集めた「ヒマワリ学運」が批判したように、馬英九政権の性急で過度な対中傾斜を継続することも、もとより政策の選択肢にないだろう。総統就任後は台湾の民意に沿って穏健かつ自律的な対中政策を模索することになる。しかし、中国は当然ながら警戒の目で蔡英文候補の言動を注目していくことになる。

　その台湾の総統選挙に先立つこと4カ月前の2015年9月22日から28日にかけ、国連総会の開催に合わせた日程で習近平主席が国賓として訪米した。

2013年夏の米カリフォルニア・サニーランズ会談、2014年秋の北京APECでの首脳会談に続く3年連続の米中首脳会談が行われたが、前2回とは様変わりの厳しい首脳会談となった。意見の相違が際立った南シナ海問題については、オバマ政権とすれば中国の南シナ海で主張する排他的行動を容認するわけにはいかなかった。海洋覇権国家たる米国の威信がかかる問題だからである。さらに米国は、日本、オーストラリアとの防衛協力を強化し、フィリピン、ベトナムとも連携して中国を包囲する体制づくりに励んでいる。習近平主席は、「南シナ海は古来、中国の領海だ」と主張し、オバマ大統領に譲歩する素ぶりさえ見せなかったが、内心では「いよいよアメリカに対抗する中国の時代になった」という自負があったかもしれない。

　米中首脳会談では、台湾問題は議題にはのぼらなかった。しかし、東シナ海、南シナ海で膨張政策を強行する中国に対抗する上で、アメリカにとって台湾の重要性についての認識が高まったとするなら、台湾問題は米中関係における戦略的問題にまでなったといえるかもしれない。いや、昔からそうだったと指摘することもできるだろう。確かに、米ソの冷戦時代における米中対立から対ソ連携、その後のアメリカの対中関与政策と中国の「韜光養晦」路線下における米中の協調がめざされた時代を経て、米中のパワーが拮抗しつつある現在に至るまで、台湾は時代の潮流に翻弄されてきた。その文脈の中で、台湾の戦略的価値が再びクローズアップされつつあるといえるのではないだろうか。

　蔡英文政権が誕生する2016年5月20日以後、台湾は慎重に中国と距離を置く政策を模索することになろう。馬英九政権は、「和中・親米・友日」という路線において、対中傾斜を強めたものの、日中関係、米中関係の悪化により足を引っ張られることになった。蔡英文政権は、中国とは適切な距離感を探りつつ、日本、アメリカとの連携を強化するように思われる。それが台湾の自立を守り、民意に沿った政策を通じて「現状維持」を図る上で有効に思われるからである。「自立した民主主義の台湾」が日本、アメリカにとってますます重要になる。

1) 台湾海峡危機の経過とアメリカ、台湾、中国の対応については、濱本良一「台湾海峡危機はいかに回避されたか」、井尻秀憲編著『中台危機の構造』（勁草書房、1997年）、208-225 頁を参照。
2) Office of the Secretary of Defense, "Military Power of the People's Republic of China 2008," p.2, http://fas.org/nuke/guide/china/dod-2008.pdf（2016 年 1 月 22 日最終アクセス）.
3) 1950 年 1 月、アチソン国務長官はナショナル・プレスクラブでの演説において、アメリカの太平洋防衛線はアリューシャン列島、日本、沖縄、フィリピンを結ぶ線であるとし、韓国、台湾を除外した。演説の当該部分については、https://web.viu.ca/davies/H323Vietnam/Acheson.htm を参照（2016 年 1 月 22 日最終アクセス）。
4) 松本はる香「台湾海峡危機［1954-55］と米華相互防衛条約の締結」日本国際政治学会『国際政治』第 118 号「米中関係史」（1998 年 5 月）を参照。
5) 佐橋亮「米中和解プロセスの開始と台湾問題―アメリカによる信頼性と安定の均衡の追求」『日本台湾学会報』（第 12 号、2010 年）、173-197 頁。
6) 台湾関係法の日本語訳本文については、http://www.ioc.u-tokyo.ac.jp/~worldjpn/documents/texts/JPCH/19790410.01J.html を参照（2016 年 1 月 22 日最終アクセス）。
7) Harvey Feidman, "President Reagan's Six Assurances to Taiwan and Their Meaning Today," *Web Memo*（No.1653 October 2, 2007）The Heritage Foundation. http://www.heritage, org / research / reports / 2007 / 10 / president-reagans-six-assurances-to-taiwan-and-their-meaning-today（2016 年 1 月 22 日最終アクセス）。
8) "Clinton Publicly Reiterates U.S. 'Three No's' Principles on Taiwan,"Embassy of the People's Republic of China in the United States of America. http://www.china-embassy.org/eng/zmgx/zysj/kldfh/t36241.htm（2016 年 1 月 22 日最終アクセス）.
9) "U.S. 'Opposition' to Change in Taiwan's Status," December 1, 2003. Sherley A. Kan, China/Taiwan: Evolution of the "One China" Policy: Key Statements from Washington, Beijing, and Taipei, August 26, 2013, CRS Report for Congress, RL30341. http://www.fas.org/sgp/crs/row/RL30341.pdf（2016 年 1 月 22 日最終アクセス）.
10) 「馬英九新三不政策　不統　不獨　不武」『蘋果日報』2008 年 1 月 16 日、http://www.appledaily.com.tw/appledaily/article/headline/20080116/30174692/。
11) 小笠原欣幸「馬英九政権期の台湾の対中認識と政策」（個人ホームページ）、http://www.tufs.ac.jp/ts/personal/ogasawara/analysis/taiwansviewandpolicytowardchina.pdf（2016 年 1 月 22 日最終アクセス）。
12) 中華民国内政部移民署「大陸地區人民進入臺灣地區（各類交流）人數統計表」中華民国 104 年 7 月、http://www.immigration.gov.tw/ct.asp?xItem=1301702&ctNode=29699&mp=1（2016 年 1 月 22 日最終アクセス）。
13) 一例として「馬英九総統が『1992 年のコンセンサス』に関する見解を発表」『台湾ニュース』2011 年 8 月 31 日、http://www.taiwanembassy.org/ct.asp?xItem=218194&ctNode=1453&mp=202。
14) 「台湾・馬総統『中国大陸と連携しない』＝釣魚台問題」『フォーカス台湾』2013 年

2月19日、http://japan.cna.com.tw/news/apol/201302190005.aspx。

15）"F-16A/B Upgrade Program," Sherley A. Kan, "Taiwan: Major U.S. Arms Sales Since 1990," November 27, 2013, pp.24-25. *CRS Report for Congress*, RL30957.

16）馬英九政権の「和中・親米・友日」路線については、拙稿「馬英九総統を悩ます『現状維持』という足かせ」*JBPress*（2013年10月30日）、http://jbpress.ismedia.jp/articles/-/39022。

17）外務省アジア大洋州局中国・モンゴル第一課・第二課「最近の日台関係と台湾情勢」平成26年4月、http://www.mofa.go.jp/mofaj/area/taiwan/pdfs/kankei.pdf（2016年1月22日最終アクセス）。

18）同上。

19）遠藤誉「両岸（中台）統一が射程内に？―習近平と馬英九の接近」、*Record China* http://www.recordchina.co.jp/a77866.htm（2016年1月22日最終アクセス）。

20）「中台関係、新段階に＝「対話圧力」強める中国―台湾の民意は「現状維持」『時事ドットコム』2014年2月11日、http://www.jiji.com/jc/c?g=cyr 及び「中国と台湾、初の平和フォーラム　政治対話の機運を醸成」『朝日新聞デジタル』2013年10月11日、http://digital.asahi.com/articles/TKY201310110385.html?_requesturl=articles/TKY201310110-385.html&ref=comkiji_txt_end_kjid_TKY201310110385（2015年9月30日最終アクセス、現在リンク切れ）。

21）竹内孝之「中国との関係改善と台湾の国際社会への参加」、小笠原欣幸・佐藤幸人編『馬英九再選―2012年総統選挙の結果とその影響』（日本貿易促進機構アジア経済研究所情勢分析レポート、No. 18）、2012年5月31日、91-108頁。

22）国立政治大学選挙研究中心ホームページ、http://esc.nccu.edu.tw/course/news.php?Sn=166#（2016年1月22日最終アクセス）。

23）同上。

24）「日本人は誤解禁物！　台湾海峡は今も火薬庫」『台湾は日本の生命線』2013年10月26日、http://mamoretaiwan.blog100.fc2.com/blog-entry-2234.html（2016年1月22日最終アクセス）。

25）同上。

26）たとえば、高原明生「オバマ政権化の米中関係と東アジア情勢」http://www.jiia.or.jp/column/201206/18-takahara.html（2016年1月22日最終アクセス）、清水美和「中国外交の09年転換とその背景」http://www.ide.go.jp/Japanese/Publish/Download/Seisaku/1109_shimizu.html を参照（2016年1月22日最終アクセス）。

27）たとえば、拙稿「明確に米国の『仮想敵国』となった中国」*JBPress*、2011年11月28日、http://jbpress.ismedia.jp/articles/-/30638 を参照。

28）エドワード・ルトワック（奥山真司監訳）『自滅する中国』（芙蓉書房、2013年）、5-6頁。

29）高原、清水前掲論文。

30）前田宏子「中国における国益論争と核心的利益」*PHP Policy Review*（Vol.6, No.48）、

http://research.php.co.jp/policyreview/vol6no48.php（2016 年 1 月 22 日最終アクセス）。

31）2013 年 12 月 30 日、台湾国立政治大学国際関係研究中心における研究会での意見聴取。

32）高木誠一郎「中国は『新型大国関係』に何を求めているのか」『東亜』（2014 年 1 月号）。

33）たとえば、高木誠一郎「中国の大国化と米国—リバランスと『新型大国関係』への対応」平成 25 年度研究プロジェクト「主要国の対中認識・政策の分析」分析レポート、http://www2.jiia.or.jp/pdf/research_pj/h25rpj05/140129_takagi_report.pdf（2016 年 1 月 22 日最終アクセス）。

34）Remarks as Prepared for Delivery by National Security Advisor Susan E. Rice, http://www.whitehouse.gov/the-press-office/2013/11/21/remarks-prepared-delivery-national-security-advisor-susan-e-rice（2016 年 1 月 22 日最終アクセス）。

35）2015 年 9 月、国賓として初めて訪米した習近平国家主席は 9 月 24 日夜、ワシントンのブレアゲストハウスでオバマ大統領と中米首脳会談を開催し、「2013 年 6 月に我々はアネンバーグ旧邸で会談し、中米両国が新型大国関係の構築に共同で取り組むという重要な共通認識を達成した」と述べ、米中間の「新型大国関係」への取り組みを既成事実化している。「習近平主席、オバマ大統領との会談で相互信頼増強を強調」「人民網（日本語版）」2015 年 9 月 26 日、http://j.people.com.cn/n/2015/0926/c94474-8955650.html。

36）「空中衝突回避へ米中合意」『朝日新聞』2015 年 9 月 25 日。

37）Bruce Gilley, "Not So Dire Straits," *Foreign Affairs*（January/February 2010）pp. 44-60.

38）Michael D.Swaine, "China, Taiwan, U.S.: Status Quo Challenged," *The National Interest*（October 11, 2011）.

39）チャールズ・グレーサー「中国の台頭と米中衝突のリスク—バランスを維持するには日韓との同盟関係を維持し、台湾は手放すべきだ」『フォーリン・アフェアーズ・レポート』（2011 年 5 月号）。

40）Nancy Bernkopf Tucker, "If Taiwan Chooses Unification, Should the United States Care?" *The Washington Quarterly*（Summer 2002）. なお、「台湾放棄論」への反論として、Nancy Bernkopf Tucker and Bonnie Glaser, "Should the United States Abandon Taiwan?" *The Washington Quarterly*（Fall 2011）がある。

41）クリストファー・レイン「パックス・アメリカーナの終焉後に来るべき世界像—米国のオフショア・バランシング戦略」『外交』（2014 年 1 月号、Vol. 23）、24 頁。

42）IMF − World Economic Outlook Databases, http://www.imf.org/external/ns/cs.aspx?id=28（2016 年 2 月 12 日最終アクセス）。

43）「米国が韓国に MD 配備すれば中国の戦略兵器に脅威」『中国網（日本語版）』2013 年 10 月 18 日、http://japanese.china.org.cn/politics/txt/2013-10/18/content_30337948.htm。

44）「台湾・総統府を実物大で複製　中国軍、武力統一向け演習」『産経新聞』2015 年 7 月 25 日、http://www.sankei.com/world/news/150725/wor1507250030-n1.html。

45)「米高官が中国に"リップサービス"」『Livedoor News』2011 年 9 月 25 日、http://news.livedoor.com/topics/detail/5891888/（2016 年 1 月 22 日最終アクセス）。
46)「中国、台湾の政権交代を確実視　党内報告で国民党候補は『二軍』日台米の連携を警戒」『産経新聞』2015 年 8 月 20 日、http://www.sankei.com/world/news/150820/wor1508200005-n1.html。

# 第5章
# 中国の対台湾政策

門間理良

## はじめに

　台湾は清朝時代にその勢力下に入ったが、1895年の下関条約によって澎湖諸島とともに日本の植民地となった。1945年の日本の敗戦によって日本は台湾の領有を放棄したが、そこに入ってきたのが中華民国であった。1949年10月に中国共産党政権が北京で中華人民共和国の建国を宣言すると、中華民国は同年12月に臨時首都を台北に置くことを宣言し、台湾を本拠地として国を固めるようになった。それ以来、中華人民共和国にとって台湾は「解放」すべき存在としての認識をもつようになった。

　だが、このような認識は時代を経るに従って大きく変化し、中国の対台湾政策も大きく変化することになった。台湾法務部調査局は中国の対台湾政策の大方針について、(1) 武装解放を目指した時期 (1949～1955年)、(2) 平和解放を目指した時期 (1955～1979年)、(3)「平和統一、一国二制度」に転換した時期 (1979年～現在) の3期に分類している[1]。

　この各時期における大方針を実現するための対台湾政策は、状況により友好的な政策もあれば、敵対的な政策もあった。それらの政策は直接的なアプローチをとる場合もあるし、間接的なアプローチを採用する場合もある。例えば (1) の時期では、基本的に軍事的手段をより前面に押し出した敵対的かつ直接的アプローチをとった。(2) の時期には、軍事的手段と政治的手段を織り交ぜつつ友好的な政策も採用するようになる。(3) の時期には、過去に比較すれば基本的に非軍事的な政策を採用したが、アプローチは直接的な

もの、間接的なものとさまざまになる。

　本章においては紙幅の関係から主として(3)の時期において、中国が採用した対台湾政策がどのようなものであったかを、中台関係、外交、軍事の3つの分野に分類して明らかにしていくことを目的としている。

## 1．1978年末までの中台関係

### (1) 武装解放を目指した時期（1949～1955年）

　この時期の中国は、中華人民共和国成立とその後の軍事的勝利の余勢を駆って一挙に台湾を攻略し、統一を完成させようとしていた時期である。すなわち正面から台湾軍を攻撃するとともに、台湾政府の転覆を図って「台湾省工作委員会」などの地下組織を成立させて活動を行わせたり[2]、「反蔣反米統一戦線」や「民主自治統一戦線」といった組織を作って統一戦線活動に従事させ、中国人民解放軍（以下、解放軍）の軍事行動という外からの攻撃に内応させて台湾を侵略占領することを企図したりしていた。実際上の軍事行動としては、解放軍が金門島の上陸占領を企図し、中華民国国軍（以下、台湾軍）に撃退された古寧頭戦役（1949年10月）が、まず挙げられる。ただし、中華人民共和国の建国宣言の前後は、中国本土の西南地方や中国大陸沿岸の各島嶼、チベットなど依然解放されていない地域が数多く存在していた。そのため、台湾は蔣介石が台北を臨時首都に定めたことで、最終的に絶対に攻略しなければならない地域ではあるものの、中国にとり台湾本島攻撃の優先順位は高くなかったと考えられる。さらには、解放軍が大規模かつ長距離の渡海作戦を行うには能力が不足していたことも関係がある。1950年代初期に解放軍が行った島嶼攻略戦は、舟山列島作戦（1950年5月）、海南島作戦（1950年3～5月）など中国本土から近接し、なおかつ台湾本島から離れ、台湾側の継続的補給が難しい地域に限定されていたことからも明らかである。また、朝鮮戦争勃発（1950年6月）後、中国が中国人民志願軍を組織して参戦したため、一時的に台湾への軍事的圧力が弱まり、中国が再び台湾攻略に向けて動き出すのは、朝鮮戦争の停戦（1953年7月）以後だった。解放軍の総司令であった朱徳は1954年8月の建軍27周年記念演説において、台湾は

古来より中国の領土であり、台湾を解放しなければ全中国を解放する任務は完成しないと指摘するとともに、この神聖な任務を完成させるために、解放軍の陸海空軍将兵は政治と軍事の訓練を強化しなければならないと檄を飛ばしている[3]。その後半年を経ずして解放軍は浙江省沿岸の大陳列島を攻略する一環で、一江山戦役（1955年1月）を実行に移した[4]。

とはいえ、蔣介石が台湾の経済建設を進める一方で、「台湾省工作委員会」などの活動の摘発に力を注いだことや、1954年12月に米華相互防衛条約が署名されて台湾本島と澎湖諸島が米国に守られるようになったため、中国は台湾解放を達成できなかった[5]。

### (2) 平和解放を目指した時期（1955～1979年）

1955年4月のバンドン会議の際、周恩来は台湾の緊張した情勢はアメリカが作り出したものと非難する一方で、国際会議を開催して緊張を緩和させる希望を表明した[6]。周恩来は同年7月にも、第1期全国人民代表大会（以下、全人代）第2次会議で「可能な条件の下で、平和な方式を用いて台湾の解放を勝ちとることを願っている」旨を宣言し[7]、中国の対台湾政策は「台湾の平和解放」の時期に入った。ただし、「平和な方式を用いて台湾を解放する」と宣言したことは、武力によらない問題解決を示したものではない[8]。周恩来は1956年の第1期全人代第3次会議で、台湾解放には平和な方式と戦争の方式があることを指摘している[9]。文脈的には平和な方式による台湾解放を重視しているものの、状況によって武力が依然として主要な手段と位置づけられていたことが了解できる。

それを証明したのが1958年8月の第二次台湾海峡危機（台湾側は「823砲撃戦」と呼称）である。この時、解放軍は金門・馬祖に対する猛烈な砲撃を行っている。ただ、その後中国側は砲撃を徐々に抑制する態度をとるようになり、10月25日には奇数日だけの砲撃になり、1961年12月中旬には実弾砲撃は停止され、奇数日のみ宣伝弾が撃ち込まれるだけになった。1979年元日からは砲撃自体が停止されている[10]。台湾側の猛烈な反撃があったことが中国側の砲撃停止を呼び込んだとも解釈されるが、中国は烈度の高い武力行使を行う状況から徐々に抑制していく政治的パフォーマンスもできるこ

第5章　中国の対台湾政策　157

とを示している。

なお、この時期の中国は1950年代末の大躍進の失敗と自然災害による餓死者の大量発生、毛沢東の国家主席辞任、経済発展の停滞、文化大革命の発動などによる混乱によって中国は対台湾工作を顧みる余裕がなくなっていた。また、対外的にも1960年には中ソ対立が本格化し、中国は台湾問題を処理する余力がなくなったのも事実である。

1970年代になると1971年の中国の国連復帰や1972年のニクソン米大統領訪中、同年の日中国交正常化があり、総じて国際環境は中国に有利だった。しかし、1976年の周恩来、毛沢東の相次ぐ死去と前後して林彪打倒（批林）、鄧小平打倒（批鄧）や四人組打倒などの運動が起こり、権力闘争に政局の重心が移ったため、対台湾工作は急務とされなくなった。

## 2．「平和統一、一国二制度」に転換した時期（1979年～現在）

この時代の初期は台湾の蔣経国時代（総統任期：1978～1988年）とほぼ重なっている。当時の中国は1976年に文化大革命を終結させ、1978年前後から「改革開放」政策を開始するなど、国内外の政治環境が大きく変化していた時期にあった。国連で安保理常任理事国の地位を得て、日米とも国交正常化を果たすなどした中国は、国際社会で封じこめられる側から台湾を封じこめる側に転換を果たしていたのである。以下よりこの時期における中国の対台湾政策を中台関係、外交、軍事の面から検証していくものとする。

### (1) 中台関係
#### ① 「平和統一、一国二制度」の採用

1979年元日、米中国交正常化に合わせて、中国の全国人民代表大会常務委員会は「台湾同胞に告げる書」を発表した[11]。この発表で、中国政府は台湾問題を処理するにあたり、「現実の状況を必ず考慮する」、「台湾の現状と台湾各界の人々の意見を尊重して、情の上でも理の上でも合理的な政策と方法を採用して、台湾人民に損失を蒙らせない」と述べるとともに、解放軍の金門島などへの砲撃を停止する旨を宣言した[12]。台湾は「武力解放」す

べき存在から「平和解放へ」、さらには「平和統一」の対象へと変化を遂げたのである。この発表には、中国がアメリカに対して台湾問題の平和的解決の基本方針を示したという意味があったが、台湾がアメリカと断交して米華相互防衛条約が失効し、台湾の軍事的後ろ盾が消失したことによる台湾問題早期解決の期待もあったのだろう。その後、中国は1981年9月末に葉剣英全人代常務委員長が、台湾に対する「平和統一」の方針と通郵・通商・通航という「三通」の実現と親族訪問、旅行、学術・文化・体育交流の展開に便宜を図るために関連する協議を達成するという政策方針を明らかにした。さらに葉委員長は、国家統一が実現した後は、台湾は特別行政区として、高度な自治権と独自の軍隊を持つことができること、中央政府は台湾の地方事務に関与しないこと、台湾の現行の社会・経済制度や生活方式、外国との経済・文化関係は不変である、とも述べた[13]。これは後に鄧小平が述べる「一国二制度」の原型であった。このような中国の対台湾政策の大転換は台湾海峡の緊張低下に寄与することが期待される一方で、「大陸反攻」を旨とする台湾の蔣経国政権に対する政治攻勢ともなったのである[14]。

また、中国が平和解放から平和統一にシフトしてからの、中国に統一された台湾のイメージについて鄧小平は次のように述べている。(1) 台湾特別行政区は自己の独立性を保ち、大陸と異なる制度を実行できる。(2) 司法は独立し、最終審の権限は北京に求める必要がない。(3) 大陸に対する脅威を構成しない限り独自の軍隊をもつことができる。(4) 大陸は台湾に人員を駐在させず、軍隊が駐留しないだけでなく、行政官僚も派遣しない。(5) 台湾の党・政府・軍隊などは台湾が自分で管理できる。(6) 中央政府は台湾をメンバーに加える[15]。

1989年に総書記になった江沢民は1995年1月、「江8点」と呼ばれる対台湾政策を発表した[16]。その内容は (1) 1つの中国の堅持、(2) 台湾が外国と民間的な経済・文化の関係を発展させることに異議を挟まない。(3) 海峡両岸で平和統一交渉を進める。(4) 平和統一の実現に努力する。中国人は中国人を攻撃しない。われわれが武力使用を放棄しないのは、外国勢力が中国統一に干渉し「台湾独立」の陰謀を企てることに対応するためである。(5) 台商（台湾ビジネスパーソン）の正当な権益を保護する。「三通」を加速する

べきである。(6) 両岸の同胞は中華文化の優秀な伝統を継承し発揚しなければならない。(7) 台湾の各党派、各界人士が中国大陸を訪問することを歓迎する。(8) 台湾当局の指導者が適切な身分で中国大陸を訪問することを歓迎する。中国側も台湾の招請を受けて訪問することを願っている。

江沢民名義のこのアピールで注目すべき点は、全般的に抑制されたトーンが貫かれていることで、特に台湾に対する武力行使の要件について、あくまでも外国勢力の介入に対処するためであるとしている。ただし、現実問題として解放軍の存在と台湾に向けられたミサイルは台湾を威圧する作用を十分に果たしている。

胡錦濤が総合的な対台湾政策を打ち出したのは、2005年3月におけるいわゆる「胡4点」が最初である[17]。その内容は (1)「一つの中国」原則を堅持する。「92年コンセンサス」を陳水扁政権が認めれば中台の対話は回復できる。(2) 平和統一を勝ち取る努力は決して放棄しない。平和統一とは一方が他方を飲み込むことではなく、平等な協議である。(3) 台湾人民に希望を寄せる方針を変更することはない。(4)「台湾独立」の分裂活動には決して妥協しない。国家主権と領土の完全性を守ることは国家の核心的利益である[18]。

胡錦濤が政権で本格的にイニシアチブを発揮し始めたのが、総書記、国家主席に続いて2004年9月に中央軍事委員会主席に就任してからである。「胡4点」はそれに合わせたこともあるだろうが、一方で台湾では、陳水扁政権が「台湾正名」(台湾の名を正す)や「脱中国化」を進めていた時期でもあり、中国は台湾独立に対して極度に警戒していた。同年3月14日に「反国家分裂法」を制定したのもその警戒感の流れで捉えることができる。ただし、全般的には胡錦濤の対台湾政策の方針も抑制されたものと評価することができよう。具体的には、陳水扁政権に対しては具体的なアクションは起こさず、野党である国民党や親民党との接触を厚くして対応する方策をとった。2008年5月に馬英九政権が成立して以後は、中台は急速に関係を改善させていった。

2012年に習近平が胡錦濤から政権を引き継いだのは、馬英九政権第2期が始まって半年ほどの時期である。この時は中国共産党最高指導部が10年

図1

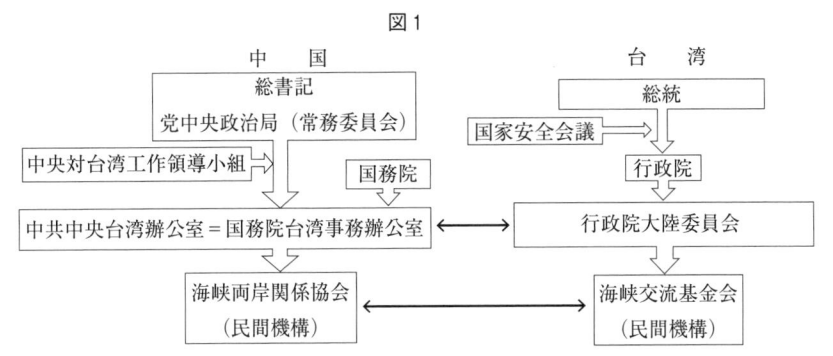

```
        中　国                           台　湾
        総書記                            総統
   党中央政治局（常務委員会）          国家安全会議
中央対台湾工作領導小組    国務院          行政院
   中共中央台湾辦公室＝国務院台湾事務辦公室 ⇔ 行政院大陸委員会
        海峡両岸関係協会      ⇔      海峡交流基金会
         （民間機構）                  （民間機構）
```

出所：筆者作成
注1：⇔ はカウンターパートを示す
注2：行政院大陸委員会は行政院の組織だが、台湾では中台関係は総統の専権事項とされている。

ぶりに大幅に代わった時期であり、2013年3月の全人代における政府の役職交代もあったため、習近平政権は特に大きなアクションを起こさなかった[19]。

② 対台湾政策決定機構と執行機構

中国と台湾において、対台湾政策を立案、執行、交渉を行う主たる組織は図1の通りである。

(ア) 共産党中央政治局常務委員会と中央対台湾工作領導小組

中国の対台湾工作を決定するのは共産党中央政治局常務委員会（第18期は7名）である。胡錦濤が総書記を務めた時期までの政治局常務委員会（第17期は9名）は合議制で、ここで協議される事項は基本的に多数決により決定されていたと見られている。しかし、習近平が総書記を務めるようになって以後多数の領導小組が設立されたが、その多くで習近平がトップに就任している事実から、第18期政治局常務委員会は権力を習近平に集中させているように思われる。また、この図に示されている中央対台湾工作領導小組も対外的な発表はなされていないものの、台湾問題は中国にとって最重要事項であるため、組長は伝統的に総書記が就任していると考えられている。これらの推論とともに、2015年11月に1949年の中台分断以来初となった中台

トップ会談が実施された件は、強い権限をもった者でなければできない決断だと思われる。よって、中国指導部（党政治局常務委員会）においては、習近平が強い決定権をもっているものと推察される。中央対台湾工作領導小組は、決定に資する提言を行ったり、決定を実行するにあたり関係各機関の調整に指導的役割を果たしたりするものと考えられている[20]。副組長には統一戦線組織である全国政治協商会議の兪正声主席（第18期の共産党№.4）がついている。事務方のトップは外交部出身の副総理級の中央委員が担当していると指摘されているほか、台湾担当の国務院副総理／国務委員、党中央書記処第一書記、党中央統一戦線工作部長、国家安全部長、国務院台湾事務辦公室主任、海峡両岸関係協会会長、党中央宣伝部長、貿易担当の国務院副総理／国務委員、全国政治協商会議第一副主席、中央軍事委員会副主席、情報担当の副総参謀長が参加しているとされる[21]。

**（イ）国務院台湾事務辦公室と海峡両岸関係協会**

決定された政策を実際に執行する組織は、その下部にある国務院台湾事務辦公室（1988年9月成立。以下、国台辦）である。この組織は国家機関であるが、党組織である中共中央台湾辦公室と1991年4月に組織を合併させている[22]。その下部に隷属し、台湾との実務交渉や協定の署名を行っているのが、民間機構の形をとる海峡両岸関係協会（以下、海協会）である。中国と台湾は「一つの中国」という前提に基づき、互いに国と国との関係であるとは認め合わない中で交流を続けている。しかしながら、交流がある以上交渉は必要であり、その要請に基づき生まれた機構が海協会と台湾の海峡交流基金会（以下、海基会）である。海協会と海基会のトップ会談は江沢民・李登輝時代の1993年4月におけるシンガポールでの第1回会談に始まり、1998年10月の上海会談を最後に停止してしまった。これは1999年7月に李登輝が提起した「国と国との特殊な関係」論（「二国論」）を、中国側が「二つの中国」につながるものとして強く批判したためである。海協会と海基会は上海会談に続く台北会談開催のための予備会議を行っていたが、この発言と翌年に誕生した民進党の陳水扁政権への警戒感から、両会のトップ会談は馬英九政権の成立まで開催されなかった。

**表1　海協会・海基会トップ会談と国台辦主任・陸委会主任委員会談**

| 開催回 | 開催年月日 | 開催地 | 署名した協議内容 |
|---|---|---|---|
| 第1回 | 2008年6月11～14日 | 北京 | 中台両会が正式に対話メカニズム回復。チャーター便会談紀要、中国居民の台湾旅行の2協定に署名 |
| 第2回 | 2008年11月3～7日 | 台北 | 中台間の空運、海運、郵政、食品安全の4協定に署名 |
| 第3回 | 2009年4月25～29日 | 南京 | 犯罪の共同取締まり及び司法相互協力、金融協力、空運補充の3協定に署名 |
| 第4回 | 2009年12月21～25日 | 台中 | 農産品検疫検査、漁船員労務協力、標準計量検査認証の3協定に署名 |
| 第5回 | 2010年6月28～30日 | 重慶 | 経済協力枠組取決め（ECFA）、知財権保護協力の2協定に署名 |
| 第6回 | 2010年12月20～22日 | 台北 | 医薬衛生協力協定に署名 |
| 第7回 | 2011年10月19～21日 | 天津 | 原発安全協力協定に署名 |
| 第8回 | 2012年8月8～10日 | 台北 | 投資保障促進、税関協力の2協定に署名 |
| 第9回 | 2013年6月20～22日 | 上海 | サービス貿易協議に署名。中国大陸から金門島への引水について協議 |
| ☆ | 2014年2月11日 | 南京 | 第1回国台辦主任・陸委会主任委員会談 |
| 第10回 | 2014年2月25～28日 | 台北 | 両岸地震観測合作、海峡両岸気象合作の2協定に署名 |
| ☆ | 2014年6月25日 | 桃園 | 第2回国台辦主任・陸委会主任委員会談 |
| ☆ | 2015年5月23日 | 金門 | 第3回国台辦主任・陸委会主任委員会談 |
| 第11回 | 2015年8月24～26日 | 福州 | 両岸民航飛行安全・対空証明合作、両岸二重課税回避及び税務協力強化の2協定に署名 |
| ☆ | 2015年10月14日 | 広州 | 第4回国台辦主任・陸委会主任委員会談 |

出所：行政院大陸委員会公表資料をもとに筆者作成

　馬英九政権が2008年5月に成立すると早くも翌月から両会のトップ会談が再開され、中台間でさまざまな協定に署名されるようになった。中台間の協議に関する台湾側の基本スタンスは「経済を先に、政治を後に」、「簡単なものを先に、難しいものは後に」であり、これは中国側も了解している。この表からもわかるように、協議は基本的に経済・貿易や運輸、科学の分野を中心に行われ、署名がなされてきた。また、第1回から第6回までのトップ会談はほぼ半年に1度の頻度で開催されてきた、しかし、第6回から第10

回まではほぼ10カ月おきの開催になった。第10回直後に台湾ではひまわり学生運動が発生したこともあり、第11回開催までは1年半もの時間を要している。このことは、手がつけやすくかつ喫緊の課題となっている問題の協議はほぼ終わり、すり合わせの難しい政治性の高い協議に取り組む段階に入ってきていることを示している。

そのような状況の下で、国台辦と行政院大陸委員会（以下、陸委会）のトップによる会談が開催されるようになった。互いを主権国家として認めていない中国と台湾であるからこそ、それまでは海協会と海基会という民間機構を創設して交渉に当たらせていた。しかし、中台間の接触が緊密になり中台当局同士の実務機構のトップが顔を合わせて協議する必要性が生まれたと双方が認識するに至ったことを示す。

第1回会議の際、陸委会の王郁琦主任委員（当時）は、会議を「両岸事務首長会議」と呼んだことが確認されている[23]。会議の呼称については事前に打ち合わせが成立しているはずで、おそらくそれが正式な呼称であり正式な会議の場では張志軍主任もそう述べたとは思われるが、国台辦のウェブサイト上では王主任委員の挨拶に対応した張主任の挨拶が掲載されておらず、確認はできなかった。新華社の報道では単に「張王会」とされているだけであるが[24]、報道レベルでは台湾側も「王張会」の呼称を用いているため[25]、中国側が正式呼称で読んでいないと断言することはできない。

会談では、王郁琦主任委員が張志軍主任に対し「主任」と呼びかけ、張志軍主任も王郁琦主任委員に「主委」と呼びかけた。ただし、国台辦が第1回会議のために準備した記者手帳には王主任委員を「台湾方面大陸委員会負責人」とのみ記していることが報じられ、新華社も「台湾方面陸委会負責人」を含めそのラインで報じている[26]。陸委会は、中国側が実際には王郁琦主任委員を「主委」と呼んでいるので問題とはしないとの姿勢だが、中国側の報道機関が王主任委員を正式の呼称で呼ばないのは、そのように命じられているからであり、明らかに正式呼称を避けている[27]。なお、南京が選ばれたのは、最初から北京における会談となると、どうしても中国側が台湾側を呼びつけたかのような印象を抱く者が少なくないだろうが、南京であれば中華民国の首都だったことと孫文が同地に眠っていることとを考えて、非難す

る者もそういないであろうとの思惑と配慮とが中台双方にあったためと思われる。

　中台間で解決すべき懸案事項の1つに、中台間で相互に事務所を設置する問題がある。ここでネックとなっているのは、査証の処理業務を事務所のサービス項目に加えるか否かで意見が対立していることで、台湾側はそれを認めさせようとしている[28]。これに対し、中国側はそのような機能は事務所に領事館的機能を付与することなり、中台があたかも国対国の関係になることを懸念し、反対の立場をとっている。これまで、中台はこの問題に関し、2015年6月まで計8回の業務交流を実施するとともに、海協会・海基会のトップ会談でも話題にあげた。さらに、国台辦主任と陸委会主任委員による中台間実務閣僚会談でもこの問題は討議され、協議の継続は確認されているものの、解決には至っていない[29]。このケースからも中国が中台関係をいかに「一つの中国」という枠内にとどめようと腐心しているかが見てとれる。

（ウ）総書記と各種代表団との会見

　中国と台湾との間では、今まで見てきたような海協会・海基会という民間の枠組みのもの、国台辦・陸委会という行政部門の枠組みのものが機能するようになっているが、この他にトップ級の直接対話も存在する。ただし、それは2015年11月に実施された習近平・馬英九会談以外では、中国共産党総書記とAPEC（Asia Pacific Economic Cooperationアジア太平洋経済協力）台湾代表、国民党主席（あるいは名誉主席）との対談という形式をとっていた。このような席でも中国は台湾に対して、国家の代表とは異なる格差を設けていることは第2章の4-(1)で論じた通りである。

（エ）中台間のトップ会談

　2015年11月にシンガポールで習近平と馬英九との直接対話を行った。中台指導者の会談は1949年10月に中華人民共和国が成立して台湾海峡が分断されて以後、初めてのことである。中台の接触はこれまで叙述したように徐々に階層を上げてきており、これ以上の階層はトップ会談以外ありえない状況だった[30]。馬英九総統はAPECを利用した中台トップ会談を希望して

第5章　中国の対台湾政策　165

いた。APECには多種多様な国と地域が参加しているため、APECメンバーの国・地域を指す場合には「エコノミー」という呼称が用いられている。そこに台湾も参加しているため、中台トップが会う場合としてふさわしいというのが台湾側の主張であった。しかも2014年の首脳会議は北京開催で中国が議長エコノミーであったため、一部にはその場を利用した中台首脳会談の開催を予想する向きもあったが、中国側がそれを拒否していた。中台トップ会談を実施するための中国の従来の条件は、①国際会議の場を借りずに、②両岸四地（中国・台湾・香港・マカオ）のいずれかで開催する、というものであった。今回のシンガポールでのトップ会談にあたっては、中国側が②のハードルを下げたため、開催にこぎつけたと思われる。

　初の中台首脳会談で注目すべき点は以下の点である。①習近平と馬英九は相互に「先生」と呼びかけ、互いの職名の使用は避けた。②『人民日報』での報道は、習近平の肩書を中共中央総書記・国家主席とし、馬英九の肩書を台湾方面領導人（指導者）と記した。③習近平は「一つの中国」を体現するものとして、「92年コンセンサス」を強調した[31]。④馬英九は「一つの中国は各自が述べ合う」、「92年コンセンサス」という表現を行った[32]。

　台湾では2016年1月に行われた総統選挙の結果、民進党への政権交代が決定したため、その以降のトップ会談が開かれる保証はない。ただし、会談が一度開かれた以上、次の会談も開かれる可能性は残されている。今後焦点となるのは、中台トップ会談が政治協議に踏み込んでいくか否かであろう。

### ③　台湾問題の国内化の形式を整える中国

　中国にとって台湾問題はあくまでも国内問題である。その形式を整えるために、中国は台湾に関わる国内法を制定し、台湾側が分裂を画策した際に中国側が阻止行動に出るための法的根拠を準備している。中でも特に重要なものが、2005年3月に制定された「反国家分裂法」と、2015年7月に制定された「国家安全法」である。

　前者は全10条からなるが、台湾の分裂を防ぎ、平和統一を促進し、台湾海峡地区の安定と国家主権と領土の完全性を維持することを目的としていることを謳っている（第1条）他、台湾が中国から分裂する重大な動きがあっ

た時や平和統一の可能性が完全に失われた時には非平和的措置をとることができると規定している（第8条）。

「反国家分裂法」が制定された背景には、当時の陳水扁政権に対する中国側の危機感がある[33]。非平和的方式による台湾分裂の制止に関しては、やむをえない最後の選択であり、その措置は台湾独立勢力に向けられたもので、台湾同胞に向けられたものでは決してないと説明されている[34]。

後者では第11条において「中華人民共和国公民、一切の国家機関と武装力、各政党、人民団体、企業事業組織、その他の社会組織は、すべて国家の安全を維持擁護する責任と義務を負う。中国の主権と領土の完全性は侵犯され分割されることを許さない。国家の主権と統一、領土の完全性を維持擁護することは、香港・マカオ・台湾同胞を含めた全中国人民の共同の義務である」と記している。これは台湾に対しても、国家統一の義務を一方的に課していることになる。中国の立場からすると当然であるにせよ、台湾からすれば強硬な抗議を発せざるをえない内容といえる。7月1日、陸委会が中国の国家安全法採択に抗議声明を発出した。陸委会は中国がいわゆる「国家安全法」を一方的に採択したことは、中台が分かれて統治されている現実を直視せず、台湾の人々が台湾海峡の現状維持を堅持していることに対して尊重しないものであり、中台関係の良好な協力発展に不利となるものである。中国側によるいかなる一方的行為も、中華民国が主権国家であり中台が互いに隷属しない事実を変えることはできないと声明を出した[35]。

## (2) 外 交

「平和統一、一国二制度」を旨とする対台湾政策を実行するようになって以降、中台間の衝突に関する最高領域は軍事から外交へと変化した[36]。中国が外交上、台湾に対するさまざまな圧力を加える手段として、台湾の外交活動や国際社会における活動に対する干渉や妨害が挙げられる。それはおおむね（1）台湾から友好国を奪う、（2）台湾の国際機関への参与を阻む、の2種類に大別される。逆に、中国との関係が良好な馬英九政権に対しては、中国は台湾の国際社会における活動を容認している。

① 台湾の友好国の争奪

　台湾を中華民国という正式な国として扱い、国連で台湾の存在をアピールしてくれる友好国は、独立した主権国家であるとする台湾の主張を直接後押ししてくれる貴重な存在となっている。台湾の友好国数は李登輝政権期（1988～2000年）の間に22カ国から29カ国に増えた。同時期の台湾は名よりも実をとる「実務外交」を展開した。李登輝総統は蔣介石や蔣経国とは異なり、積極的に友好国への外遊をこなしただけでなく、「休暇」と称して、国交を有しない国にも非公式に頻繁に訪問した。たとえば、1989年3月におけるシンガポール訪問によるリー・クアンユー（Lee Kuan Yew）首相との会談（シンガポール側からは「中華民国総統」ではなく「台湾から来た総統」と呼ばれた）や、1995年には博士号を取得した母校コーネル大学を私的に訪問して記念講演を行ったことが挙げられる。李登輝訪米では、中国はアメリカに対して強烈な不満を表明するとともに、台湾本島近海を目標にした短距離弾道ミサイル発射演習や各種演習を実施し、台湾に対して圧力をかけた。

　陳水扁も2005年9月の中米訪問の際のトランジットでアラブ首長国連邦に立ち寄り、台湾への帰路に台風を避けるとの名目でインドネシアのバリ島に8時間逗留するなどはしているが[37]、李登輝のように実績を伴ったものとはいいがたい。馬英九は2015年3月、リー・クアンユー元首相が死去した際、台湾総統としては26年ぶりにシンガポールを訪問して遺族を弔問した。これは完全に私的弔問の形式をとったが、馬英九はどこに行ったとしても「私人の行程」ではありえない旨を述べている[38]。このような動きに対して、中国外交部の華春瑩報道官は同日の定例記者会見で、リー・クアンユーが一つの中国政策を堅持していたと指摘するとともに、「シンガポール側が一つの中国という原則に照らし合わせ、慎重かつ適切に台湾に関する問題を処理することを信じる」と不快感を表明した[39]。

　陳水扁政権期（2000～2008年）には友好国は29カ国から23カ国に減少したが、馬英九政権期（2008～2016年）は長らく23カ国という数字を維持していた。馬英九の外交方針は「活路外交」と「外交休兵」（外交的休戦）と表現され、援助の多寡で友好国を中国と奪い合わないというものである。台湾と国交を結んでいる国の中には、中国との国交樹立を願っている国も少なく

ないと見られており、いつでも中国が外交的攻勢を仕掛けてくる準備は整えられていると考えられている。中国は台湾の「外交的休戦」に対して明確な賛意を表明してはいないものの、実際の行動として台湾の友好国切り崩しを控えていたことは、状況から明らかである。

馬英九は過去7年間に実行してきた「活路外交」は中台にとってプラスで、国際社会からも歓迎されたと自賛するとともに、陳水扁時代の「烽火外交」あるいは「小切手外交」を「正統派外交」へと転換したと説明した。世界の中で台湾の国民に対し、ビザ免除あるいはランディングビザといった査証の利便性を付与した国と地域の数は、2008年の総統就任当時の54から大幅に増え142となったと指摘している[40]。そのような安定に変化が生じたのが2013年11月に起きたガンビアとの断交である。ただし、ガンビアのケースは過去の台湾と断交した国々とは動きをやや異にしている。通常、台湾と断交を宣言した国は数日のうちに中国との国交樹立を宣言し、台湾からも断交宣言を出している。しかし、ガンビア政府は台湾との断交を国家の戦略的利益のためと表明しているが[41]、中国との国交樹立宣言を2016年1月に至るまで行っていない。ガンビアは近年台湾からの援助受入れが顕著であった[42]。それを棒に振ってまで断交に踏み切る理由がガンビアにはなく、台湾外交部にとって「青天の霹靂」ともいえる事態であった。ガンビアが台湾との断交を決断する理由として唯一考えられることは、台湾の援助を超える多大な援助を中国から期待できたために、台湾から中国に「乗り換えた」ということである。しかしながら、中国外交部はガンビアの対台湾断交について、「報道で知った。ガンビアとの接触はない」と報道官が表明するにとどめている[43]。

「活路外交」については、呂秀蓮元副総統のように2016年の総統選後の危機を指摘する者も少なくない[44]。すなわち、民進党が政権を奪還した場合、中国が台湾の友好国に働きかけて断交を誘い、中国との国交樹立を図るというものである。ガンビアの件も含め、民進党政権の成立が決定したことで、中国の対台湾政策が強硬化する可能性は十分に考えられる。

② 台湾の国際機関参与の動きに対する反応

次に台湾の国際機関への参与に関する中国の対応ぶりについて検証する。李登輝政権期の1993年から台湾は中華民国名義による国連再加盟を目指したが、これは「二つの中国」を作り出す目論見だと非難する中国の反対で失敗した[45]。陳水扁政権期においては、台湾名義での国連への加盟の道を模索した。これは中国が掲げる「一つの中国」政策から違背するだけでなく、より積極的に「二つの中国」を目指すものと捉えられるため、実現はより困難なものになったといえる。馬英九政権においては、どのような名義であれ国連の再加盟あるいは加盟は現実的なものではないため、とり上げられなくなっている。

台湾はAPECに1991年から中国、中国香港とともに、チャイニーズ・タイペイ名義で参加している。台湾にとってみれば、APECは多数の国々が集まる中で正式メンバーとして活動できる貴重な場となっている。台湾に対しては総統やそれに次ぐ政治的職位の高い人物の非公式首脳会談への参加は中国によって拒否されてきたが、馬英九政権になってから、ようやく副総統経験者が参加可能になっている。

WHO（世界保健機関）総会には2009年からオブザーバー参加が認められるようになった。次に台湾が目指したのは「国際民間航空機関」（ICAO）総会へのオブザーバー参加であった。きっかけは2012年9月にウラジオストクで開催されたAPEC首脳会議に馬英九総統の代理で出席した連戦元副総統が、中国の胡錦濤共産党総書記と会談したことであった。会談後の記者会見で連戦は、胡錦濤が会談の中で台湾が適切な方式で国連専門機関のICAOの活動等に参加できるよう前向きに検討する考えを示したことを明らかにした[46]。ここでいう「適切な方式」が何を指すかは明らかではなかったが、結局台湾は2013年9〜10月にカナダのモントリオールで開催された第38回ICAO総会に議長ゲストで出席できた。台湾代表の出席が認められた背景として、コーベ議長は台湾紙のインタビューに答えて、中国政府が台湾代表の総会出席を建議したと明らかにした[47]。アメリカ国務省の報道官は、「この取決めは国際協力を通じて達成されたものである。ICAOとそのメンバーの柔軟性と支持に感謝する」旨を表明している[48]。

台湾のICAO総会への参加の状況は、WHO総会への参加と比較すると理解しやすくなる。2013年のWHO総会において、台湾はオブザーバーとしては最初に演説し、委員会でも報告を行うなどして存在感を見せている[49]。しかしICAO総会では台湾代表は発言権が与えられていなかった。また、ICAO事務局が発表した代表団リストには国家代表団として184団体が、オブザーバー（IATAやEUなど）として53団体の名前が記されているが、理事会議長ゲストの台湾はこのリストに掲載されていない[50]。待遇の差を見せつけられた台湾が、オブザーバーへの早期格上げを強く望んでいることは間違いない。また、台湾は国連専門機関及び国際条約への有意義な参加を推進することを宣言しているが、WHOとICAOの他に重視しているのは、「気候変動に関する国際連合枠組条約」への参加である[51]。ICAO総会へのオブザーバー参加にせよ、「気候変動に関する国際連合枠組条約」への参加にせよ、これまでの参加経緯を考えれば、鍵となるのは中国の意向であることは間違いない。

　なお、2015年には台湾はアジアインフラ投資銀行（AIIB）への創設メンバーとしての参加を中国に拒否されている。しかし、習近平は馬英九との会談の中でAIIBへの参加を歓迎する旨を述べた[52]。これはICAO参加への経緯と重なるものがある。民進党政権の誕生の可能性という不確定要素はあるが、実現の可否を確認することで中国の対台湾政策の中でトップの言質の重要性を図る契機になろう。

## 3. 台湾解放の軍事力を整える中国人民解放軍

　現在の中国の対台湾政策の基本はあくまでも「平和統一、一国二制度」だが、中国は一度として台湾の武力解放の可能性を放棄していない。一般に中国が台湾に対して武力行使するのは、①台湾が独立に向かった時、②台湾軍の戦力が相対的に弱体化した時、③外国勢力が台湾の内部問題に関与した時、④台湾が長期にわたって統一の交渉を拒絶した時、⑤台湾が核兵器を発展させた時、⑥台湾が中国に対し「和平演変」を行い中国共産党政権に危機が及んだ時、⑦台湾内部で動乱が発生した時、が挙げられている。

「平和統一、一国二制度」の対台湾政策を採用するようになって以後、中国が台湾に対して武力を用いて台湾の政治情勢に干渉しようとした具体的事例は、1995年から1996年にかけての李登輝訪米と第1回総統民選の時を挙げることができる。

1995年6月、李登輝総統は博士学位を取得した母校、コーネル大学を同窓会出席の名目で訪問した。同大学で李登輝総統は記念講演を行ったが、その中で「Republic of China on Taiwan」（中華民国在台湾）を何度も使用したこともあり、中国側は李登輝総統を「二つの中国論者」であるとして、『人民日報』の国際面で非難を繰り広げた。さらに7月には中国人民解放軍が地対地弾道ミサイルの発射訓練を行い、8月には、同軍が軍艦・航空機も利用して、空対艦・艦対空・艦対艦などの各種ミサイルや火砲を使用するなどさまざまな兵器を使用した演習を行った。中国の海峡両岸関係協会と台湾の海峡交流基金会の交流は中断することを中国側が通告してきた。

表2　台湾向けミサイルの数

| 年 | ミサイル数 |
|---|---|
| 2001 | 350 |
| 2002 | 350 |
| 2003 | 500 |
| 2004 | 650－730 |
| 2005 | 710－790 |
| 2006 | 900 |
| 2007 | 990－1,070 |
| 2008 | 1,050－1,150 |
| 2009 | 1,050－1,150 |
| 2010 | 1,000－1,200 |
| 2011 | 1,000－1,200 |
| 2012 | 1,100＋ |
| 2013 | 1,000＋ |
| 2014 | 1,200＋ |

出所：Office of the Secretary of Defense, *Annual Report to Congress: Military and Security Developments Involving the People's Republic of China*. 各年版

さらに1996年3月の総統選挙でも、台湾本島北東部・南西部海域に向けた短距離弾道ミサイル発射演習及び福建省南部沖合における海空軍による実弾演習というあからさまな恫喝を用いた。これらの演習が極めて政治的なメッセージが強いことと、第二砲兵部隊が中央軍事委員会直轄指揮下にあることを考えれば、最終的に当時中央軍事委員会主席にあった江沢民が決断したことは確かである。1995年の短距離弾道ミサイル発射演習、ならびに各種艦艇・航空機を動員した演習に加えて、台湾本島の北部と南部を抑えるという演習の筋立ては、実際の台湾武力侵攻を意図したものと考えられる[53]。この時の演習は台湾独立の志向が強いと中国が考える李登輝が当選するのを看過できなかったという見方もあるが、誰が総統となっても台湾独立は絶対に容認しない姿勢を見せつけつつ、実際に侵攻作戦をシミュレートすること

だったと解釈するのが自然であろう。

　中国自身も 2015 年版国防白書において、「国家統一は中華民族が偉大な復興へと向かう歴史の必然である」と強調するとともに、祖国の統一をしっかりと守ることを謳っている[54]。

　台湾の評価によれば、中国人民解放軍は水陸両用突撃車、長射程多連装ロケット、主要艦艇、長射程対艦ミサイル、第 3 世代戦闘機、防空ミサイルなどの主要装備を続々と換装していることや、第二砲兵部隊が台湾に照準を合わせたミサイルの配備を継続し、遠距離投射能力を向上させて、2020 年までに台湾攻撃能力を完備することを計画していると指摘している[55]。習近平は馬英九に対して、これらのミサイルは総体的に配置されたものであり、基本的には台湾人民に向けたものではない旨を述べたと馬総統は説明したという[56]。だが、主として福建省や江西省に配備されている弾道ミサイルは短射程のものであり、射程範囲内には台湾以外ない。また、前述のように 1995 年や 1996 年に台湾周辺海域を目標にして、短距離弾道ミサイル発射演習を行っている事実からしても、習近平の説明に説得力はない。

## おわりに

　中国の提唱する「一国二制度」は台湾において全く信用されていないのが現状である。そもそも既に主権を保持し独立した存在である中華民国という国家として、一地方の地位に格下げされ、保証されるはずの「高度な自治権」ですら存立が危うい事態を台湾は香港で見ているからである。中国が台湾に適用している特別行政区という位置づけは、既に香港とマカオで実現されている。たとえば全国人民代表大会が制定した香港特別行政区基本法は、香港が中華人民共和国の不可分の一部分である（第 1 条）としつつも、香港における「高度の自治」を約束（第 2 条）するとともに、資本主義を 50 年続ける（第 5 条）という「一国二制度」の実施を保証している。しかしながら、2017 年から 18 歳以上の香港民衆の直接選挙で選ばれるはずだった香港特別行政区行政長官（香港政府首長）選挙の出馬のためには、親中派が多数を占める指名委員会が候補者を事前に選別し 2 〜 3 人に絞り込むという仕組みを

表3　台湾、香港、マカオの現況

|  | 台　湾 | 香　港 | マカオ |
|---|---|---|---|
| 正式名称 | 中華民国 | 中華人民共和国香港特別行政区 | 中華人民共和国マカオ特別行政区 |
| 返還時期 | — | 1997年7月 | 1999年12月 |
| 人　口 | 2343万人（2015年） | 724万人（2014年） | 64.3万人（2015年） |
| 面　積 | 36,280km$^2$ | 1,104km$^2$ | 29.9km$^2$ |
| 外交関係 | 22カ国と国交 | 外交権は中国外交部が保持。社会・経済分野に関する条約は締結可能 | 外交権は中国外交部が保持。社会・経済分野に関する条約は締結可能 |
| 軍　隊 | 保持（21万5000人）陸海空軍（海軍陸戦隊含む） | 人民解放軍駐香港部隊（広州軍区所属）が駐屯（約6,000人）陸軍部隊が大半、少数ながら海軍哨戒艇部隊と空軍ヘリコプター部隊あり | 人民解放軍駐マカオ部隊（広州軍区所属）が駐屯（約1,000人）陸軍部隊が大多数。ごく少数の海空軍士官も所属 |
| 統帥権保持者 | 中華民国総統 | 中国共産党（中華人民共和国）中央軍事委員会主席 | 中国共産党（中華人民共和国）中央軍事委員会主席 |

出所：政府ウェブサイト、新華社ウェブサイトなどを基に筆者作成

図2　台湾民衆の統一・独立・現状維持に対する見方

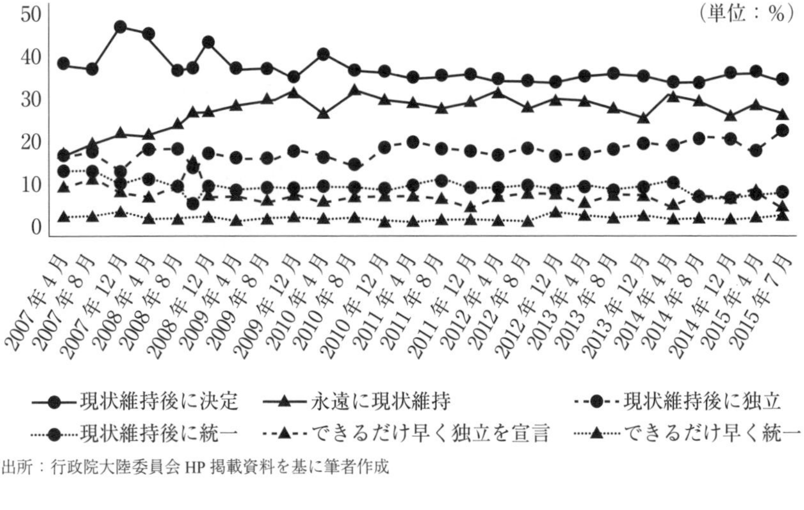

出所：行政院大陸委員会HP掲載資料を基に筆者作成

2014年8月末に全人代常務委員会が決定した[57]。事実上親中派しか当選できない選挙システムに対する香港民衆の反発が「雨傘運動」となったが、「港人治港」、「一国二制度」、「50年間不変の資本主義システム」が建前であり、中央政府の香港政治への介入が容易に行われることを示した事件でもあった。

一方、マカオは香港よりも人口も面積も格段に規模が小さく、中国と陸続きで中国の影響を受けやすいという条件がある。それに加えて、1966年11月にマカオ住民と当局との間で発生した衝突に端を発したマカオ暴動（同年12月）と、それに伴う中国側の強力な圧力[58]にポルトガル政府とマカオ当局が屈したため[59]、その後は大きな問題が生じにくい状況になっている。

ここに、台湾の陸委会が委託して行っている台湾民衆の統一・独立・現状維持に対する見方の調査結果がある。

このグラフによれば、台湾民衆は台湾の将来に関して、現状維持を続けた後に決定すればよいとの考え方をもつ者が3割を超え、永遠に現状維持を続けるべきと考える者がそれに続いている。できるだけ早く統一することを志向する台湾民衆は2.3パーセントに過ぎない。このデータを積み上げ式で表したのが図3である。

台湾民衆の8割以上が現状維持もしくは独立傾向をもっていることが明確であり、その割合は2008年5月の馬英九政権成立以後の中台関係の改善後も大きな変化はない。また約半数の台湾民衆は、中国政府が台湾政府や台湾民衆に対して非友好的だとの見方をもっている。少なくともこれまでの経済・貿易を中心とする中台の接近は、中台統一に向けた雰囲気の醸成に寄与していないと考えられる。

その一方で、台湾が経済的に中国から離れられない環境が形成されたのも事実であるが、中国経済が長期にわたって低迷していくのであれば、中台の経済関係が希薄化の方向に進む可能性もある。1979年以降の中国は天安門事件のような一時的波乱はあったものの、著しい経済発展に支えられた結果、中国共産党政権による統治はほぼ順調であった。しかしながら、中国にとって経済の低迷は中国共産党政権による統治の正統性を揺るがす要因にもなる。さらに、新疆ウイグル自治区を中心にしてテロも相次いで発生するなど、社会の不安定化は進んでいるように見える。

図3　台湾民衆の統一・独立・現状維持に対する見方

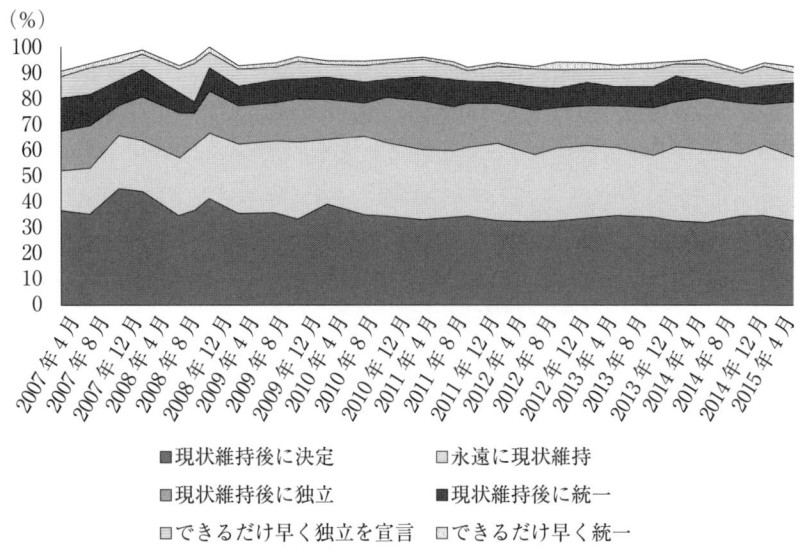

- 現状維持後に決定
- 永遠に現状維持
- 現状維持後に独立
- 現状維持後に統一
- できるだけ早く独立を宣言
- できるだけ早く統一

出所：大陸委員会HP掲載資料を基に筆者作成

図4　中国政府の台湾に対する非友好的態度に関する台湾民衆の認知度

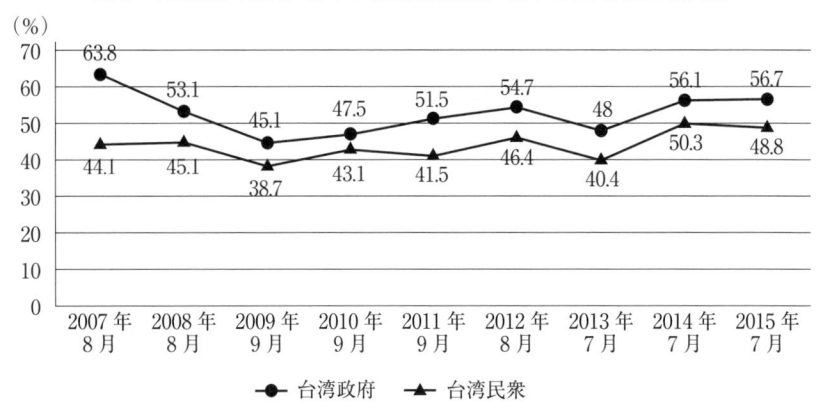

| | 2007年8月 | 2008年8月 | 2009年9月 | 2010年9月 | 2011年9月 | 2012年8月 | 2013年7月 | 2014年7月 | 2015年7月 |
|---|---|---|---|---|---|---|---|---|---|
| 台湾政府 | 63.8 | 53.1 | 45.1 | 47.5 | 51.5 | 54.7 | 48 | 56.1 | 56.7 |
| 台湾民衆 | 44.1 | 45.1 | 38.7 | 43.1 | 41.5 | 46.4 | 40.4 | 50.3 | 48.8 |

出所：大陸委員会HP

　現在の中国は南シナ海南沙（スプラトリー）諸島における島礁の埋立てと軍事基地化の懸念によって、アメリカとの対峙を余儀なくされている。また、東シナ海においては日本の領土である尖閣諸島に対して領有権を主張し、海

警局の公船を度々領海内に侵入させるとともに、解放軍海軍艦艇にも、これまでとは異なる動きが見られる。また、アメリカが中国への牽制を意図して、台湾に対して1990年代のF-16戦闘機供与の時のような大規模な武器供与を行うようであれば、台湾側のアメリカへの信頼感が増加し、中台関係は統一の方向に向かう可能性がいっそう低下することになる。

　少なくとも台湾の武力解放を目指した時期や平和解放を目指した時期には、外的要因や内的要因で社会情勢が不安定化すると、台湾問題解決へのインセンティブは低下する傾向が見られた。中国が内外のさまざまな不安定要因に直面していくと、その解決のために台湾問題の解決を先送りにして、現状維持を選択する可能性が高くなるものと思われる。

1）法務部調査局『中共對台工作研析與文件彙編』（法務部調査局、1994年）、6-14頁。
2）張玉法『中華民国史稿』（聯経出版事業公司、1998年）、535頁。
3）「朱徳総司令在紀念会上的講話」『人民日報』1954年8月2日。
4）中国人民解放軍史編写組編『中国人民解放軍史』第5巻（軍事科学出版社、2011年）、72-82頁。
5）前掲『中共對台工作研析與文件彙編』、7頁。
6）「在亜非会議全体会議上的発言」『周恩来選集』下巻（人民出版社、1984年）、154頁。
7）周恩来「目前国際形勢和我国外交政策」『建国以来重要文献選編』第7冊（中央文献出版社、1993年）、54頁。
8）前掲『中共對台工作研析與文件彙編』、7-8頁。
9）「台湾解放一定能够実現」前掲『周恩来選集』、200頁。
10）『毛沢東軍事文集』第6巻（軍事科学出版社、中央文献出版社、1993年）、378頁の注釈2を参照。
11）中華人民共和国全国人民代表大会常務委員会「告台湾同胞書」『人民日報』1979年1月1日。
12）中共中央台湾工作辦公室、国務院台湾事務辦公室編『中国台湾問題』（九洲図書出版社、1998年）271-272頁。
13）「葉剣英委員長進一歩闡明関於台湾回帰祖国実現和平統一的方針政策　建議挙行両党対等談判実行第三次合作」『人民日報』1981年10月1日。
14）鈕漢章『台湾地区政治発展與対外政策』（世界知識出版社、2007年）、59-60頁。
15）鄧小平「中国大陸和台湾和平統一的設想」『鄧小平文選』第3巻（人民出版社、1993年）、30頁。
16）「江沢民：為促進祖国統一大業的完成而継続奮闘」『人民日報』1995年1月31日。

17）楊丹偉『解析台湾的大陸政策』（群言出版社、2007 年）、170 頁。
18）「胡錦濤関於新形勢下発展両岸関係的四点意見」『人民日報』2005 年 3 月 5 日。
19）范世平『習近平対台政策與蔡英文之挑戦』（博誌文化股份有限公司、2015 年）、16 頁。
20）「中共対台工作組織」前掲『中共對台工作研析與文件彙編』、43-44 頁。
21）防衛省防衛研究所編『中国安全保障レポート 2013』（防衛省防衛研究所、2014 年）、9-10 頁。
22）中共中央台湾工作辦公室、国務院台湾事務辦公室『中国台湾問題』（九洲図書出版社、1998 年）、178 頁。
23）「『両岸事務首長会議』王主委致詞稿」2014 年 2 月 11 日。
24）「"張王会"成功挙行両岸関係再獲重大突破」『新華網』2014 年 2 月 11 日。
25）「『王張会』歴史一握　互称主委、主任」『自由時報（電子版）』速報、2014 年 2 月 11 日。
26）前掲「"張王会"成功挙行両岸関係再獲重大突破」では「国務院台弁主任張志軍与来訪的台湾方面陸委会負責人王郁琦」との文言が見られる。
27）「中国官媒　避称王官銜」『自由時報（電子版）』2014 年 2 月 12 日。
28）行政院大陸委員会「両岸両会互設辦事機構専区」を参照。
29）行政院大陸委員会プレスリリース「第 4 次『両岸事務首長会議』在広州挙行、双方堅持在『九二共識』基礎上、鞏固『両岸制度化協商』與『官方互動』機制、邁向真正穏定的両岸関係」2015 年 10 月 14 日。
30）形式上は中国の国務院総理と台湾の行政院長という組み合わせもありうるが、両職は中台関係を直接指導するポジションとは考えられていない。
31）「習近平同馬英九会面」『人民日報』2015 年 11 月 8 日。
32）行政院大陸委員会説明資料「馬總統正式會談談話全文」2015 年 11 月 9 日。
33）王兆国「関於『反分裂国家法（草案）』的説明」『人民日報』2005 年 3 月 2 日。
34）同上。
35）「大陸委員会：中国大陸が「国家安全法」を一方的に採択したことに不満を表明」『台湾週報（電子版）』2015 年 7 月 2 日（2015 年 7 月 1 日付行政院大陸委員会プレスリリース第 036 号「大陸片面通過『國家安全法』、未正視兩岸現實及尊重臺灣民意、我政府再次表達不滿」に基づく）。
36）蘇起「馬政府時期両岸関係的概況與展望」蘇起・童振源主編『両岸関係的機遇與挑戦』（五南出版社、2013 年）、16 頁。
37）「陳総統が中米歴訪から帰国、外交のオアシスを切り拓く」『台湾週報（電子版）』2005 年 10 月 3 日（同年 10 月 2 日付総統府プレスリリースに基づく）。
38）「馬低調赴新加坡　弔唁李光耀」『自由時報（電子版）』2015 年 3 月 25 日。
39）中国外交部「2015 年 3 月 24 日外交部発言人華春瑩主持例行記者会」2015 年 3 月 24 日。
40）「馬英九総統が外交部を視察、活路外交の成果について談話を発表」2015 年 6 月 25

日（同年 6 月 24 日付外交部プレスリリースに基づく）。
41）"Gambia Cuts Diplomatic Ties with Taiwan" *All Africa.com*（15 November 2013）.
42）外務省ウェブサイト「ガンビア共和国基礎データ」を参照。
43）中国外交部ウェブサイト「2013 年 11 月 15 日外交部発言人洪磊主持例行記者会」2013 年 11 月 15 日。
44）「明年大選後　呂秀蓮憂台灣恐面臨骨牌性斷交危機」『自由時報（電子版）』2015 年 7 月 6 日。
45）前掲『中国台湾問題』（九洲図書出版社、1998 年）、195-197 頁。
46）「ロシア・ウラジオスクで連戦・元副総統と胡錦濤・中共国家主席が会談」『台湾週報（電子版）』2012 年 9 月 7 日。
47）「ICAO 主席：邀台湾出席　中国建議的」『自由時報（電子版）』2013 年 9 月 26 日。
48）"Taiwan's Participation in the International Civil Aviation Organization（ICAO）" Press Statement Jen Psaki Department Spokesperson, Office of the Spokesperson Washington D. C., September 24, 2013.
49）「邱文達・衛生署長が WHO 年次総会で演説」『台湾週報（電子版）』2013 年 5 月 23 日。
50）38th Session of the ICAO Assembly, 24 September to 4 October 2013, Montreal, LIST OF DELEGATES No. 7.0.
51）「外交部：「全員集合」の概念で、台湾の UNFCCC への参加必要性を強調」『台湾週報（電子版）』2012 年 12 月 24 日。
52）「何時加入亞投行？　張盛和：最快明年初」『中時電子報』2015 年 11 月 11 日。
53）平松茂雄『台湾問題　中国と米国の軍事的確執』（勁草書房、2005 年）、153-155 頁。
54）中華人民共和国国務院新聞辦公室『中国的軍事戦略』（2015 年 5 月）。
55）中華民国国防部編『中華民国 104 年　国防報告書』（中華民国国防部、2015 年）、57 頁。
56）「馬：有在習面前講中華民国」『自由時報（電子版）』2015 年 11 月 8 日。
57）「走好香港政制発展関鍵一歩（社論）」『人民日報』2014 年 9 月 1 日。
58）新華社「広東省人委外事処発表声明堅決支持澳門同胞正義行動　奉命対葡萄当局法西斯暴行提出最強烈抗議　警告葡萄当局必須立即接受並完全実現中国方面的一切厳正要求」『人民日報』1966 年 12 月 10 日、人民日報評論員「厳厲警告澳門葡萄牙当局」『人民日報』1966 年 12 月 11 日。
59）新華社「澳葡当局被迫宣布全部接受我方条件」『人民日報』1966 年 12 月 21 日。

## 第 6 章

## 中国の空域統制と再編成
――台湾にとっての新たな非伝統的安全保障の脅威

安田　淳

## はじめに

　2015 年 9 月 3 日、「抗日戦争勝利 70 周年」記念軍事パレードが北京で盛大に開催された。中国の軍用航空機も、早期警戒管制機や洋上哨戒機、爆撃機、空中給油機、戦闘機、空母艦載機、武装ヘリコプター等多機種多数が参加した。これに際して、北京の首都国際空港は当日朝から昼過ぎまで離発着が禁止された。厳密には、当日の現地時間午前 9 時 30 分から午後 0 時 30 分までの間、北京市をほぼ中心として南北およそ 110 マイル（204 キロメートル）、東西およそ 70 マイル（130 キロメートル）に広がるいびつな五角形の飛行禁止空域が設定され、この空域においては全ての民間航空便が飛行できなくなったのである[1]。内外の多数の民間航空便が離発着する首都の国際空港が、およそ半日にもわたって運用停止となるということは、きわめて異例であるといえよう。

　これに先立つ 9 月 3 日の現地時間午前 6 時から同日午後 11 時 59 分まで、北京市からおよそ 180～230 マイル（334～426 キロメートル）にある 10 個の航空路上の位置通報点や無線航行援助施設において、飛行中の航空機はコールサイン等とともに当該機の安全状況を航空管制当局に報告することが求められた。そして許可された航空機のみがこれらの位置通報点等を越えて北京方向への飛行が認められるというのであった。

　以上のことは、軍事パレードにおける展示飛行を円滑に実施するためのも

のであったと推測されるが、同時にまた、このような厳しい規制を設けなければならないほどの安全保障上の懸念が生じていたことも推察される。さらに、安全保障上の理由によって、こうした主として民間航空機を対象とする異例の厳しい空域統制が実行されたということにも留意すべきであろう。すなわち中国は、後述するように空域統制という手段を用いた安全保障措置が適時的確に行われる体制にあるということである。

次節で詳細に検討するように、中国は東シナ海に「防空識別区」を設定したが、前述の北京市を中心とする空域統制やこの「防空識別区」設定は、今後一部にとどまらずにさらに拡大して中国の安全保障政策の一端を担うことが推察される。そうした問題意識に立てば、台湾海峡をめぐる中台間の安全保障環境にも、このような空域統制が及んでくることは十分予想されるであろう。そこで本章は、これまでの中国の空域統制や航空路設定といった側面から、それらの台湾に対する安全保障上の影響を考察するものである。

## 1．中国の「防空識別区」設定と空の安全保障

2013年11月23日、中国国防部は同日午前10時から東シナ海に「防空識別区」を設定するとして、以下のような公告を発布した。

中華人民共和国東シナ海「防空識別区」を飛行する航空機は、本規則を順守しなければならない。
東シナ海「防空識別区」を飛行する航空機は、以下の識別方式を実行しなければならない。
飛行計画識別。東シナ海「防空識別区」を飛行する航空機は、中華人民共和国外交部あるいは民用航空局に飛行計画を通報しなければならない。
無線識別。東シナ海「防空識別区」を飛行する航空機は、双方向無線通信を開局、維持し、東シナ海「防空識別区」管理機構あるいはその授権機構の識別問い合わせに対して直ちに正確に答えなければならない。
トランスポンダー識別。東シナ海「防空識別区」を飛行する航空機は、装備する2次レーダー応答器を常に作動させなければならない。
標識識別。東シナ海「防空識別区」を飛行する航空機は、関係する国際取決め

の規定に基づいて、国籍と登録識別標識を明示しなければならない。

東シナ海「防空識別区」を飛行する航空機は、東シナ海「防空識別区」管理機構あるいはその授権機構の指示に従わなければならない。識別に協力しない、あるいは指示に従わない航空機に対しては、中国の軍事力が防御的な緊急処置を講じる。

東シナ海「防空識別区」管理機構は、中華人民共和国国防部である。

本規則は中華人民共和国国防部がその解釈の責任を負う。

本規則は 2013 年 11 月 23 日 10 時から施行される[2]。

防空識別圏（Air Defense Identification Zone、以下、ADIZ）とは各国が自国の防衛のために独自に設けた空域で、後述の飛行情報区（Flight Information Region、以下、FIR）とは全く異なるものである。いずれの空域も国家の領空とは関係がなく領空よりも広い空域であるが、FIR は国際民間航空機関（以下、ICAO）によって調整された一定の国際的な取決めである。それに対して ADIZ は各国が一方的に設定したものであり、またそれが公表されるかどうかについても規範はない。一般に、ADIZ に進入しようとする航空機に対してはその国の防空担当機関が飛行計画の照会を行い、事前にそれが提出され承認されておらず、敵味方が識別不能であって当該国にとって経空脅威になり得ると判定された場合、軍用機による目視識別や要撃が行われる。航空機は高速であるから、自国の防衛のために領空のみを監視するのでは当然不十分であり、通常、領空よりもかなり広い空域を ADIZ として設定する。たとえば米国には国内 ADIZ（Domestic ADIZ；陸上国境沿いの ADIZ）、沿岸 ADIZ（Coastal ADIZ；沿岸 ADIZ）及び遠距離早期警戒識別圏（Distant Early Warning Identification Zone；アラスカ州の沿岸）の 3 つが設定されており、沿岸 ADIZ は米国西海岸・東海岸ともに海岸線から約 350〜400 マイルの幅がある[3]。また、台湾の ADIZ は中国大陸に最も大きいところで約 200 マイル食い込んでおり、台湾海峡の防空警戒監視はできるとしても、この空域全体にわたって要撃ができるわけではない。つまり ADIZ がどのように設定され運用されるかはあくまでその国家の意図と能力次第である。

ちなみに日本の ADIZ は、1969 年に発出された防衛庁長官名による訓令で定められており、外側線（Outer ADIZ）によって囲まれる空域から内側線

（Inner ADIZ）によって囲まれる空域を除いた空域である[4]。ここにおいて、自衛隊法第 84 条に規定されるいわゆる「対領空侵犯措置」が実施される。すなわち、航空自衛隊では防空用レーダー上において機影と当該機の情報、飛行計画を照合するなどし、該当するものがない場合は敵味方不明機と判断する。そして当該機が日本の領域に接近する可能性がある、あるいは日本の領域に対する経空脅威になり得ると判断されれば、戦闘機を緊急発進させて識別、対応することになっている[5]。通常民間定期航空輸送機は国内線、国際線を問わず「計器飛行方式」で飛行しているため、飛行に際しては必ず「飛行計画」が提出されている。この飛行計画は国内から出発する場合には、国土交通省航空局の飛行計画情報処理システムに集められ、その後関係する各航空管制機関へ送付されると同時に、航空自衛隊の防空担当情報処理システムへも送付される。この情報と防空用レーダーの情報等とを照合して航空機を識別するのである。国外から日本へ向かってくる航空機や、日本を目的地にしないが日本の FIR 内の航空路を飛行する航空機についても、その飛行計画が事前に日本の飛行計画情報処理システムに通報されるので、そこから自衛隊の防空担当情報処理システムへも転送される。したがって、国土交通省航空局発行の『航空路誌』には、「防空識別圏を有視界飛行方式により飛行する航空機は、航空機の識別を円滑に行うため、次の措置を実施されたい」として、国外から防空識別圏を経て日本の領域に至る飛行を行う場合はその飛行計画を送付することを求めている。また、事前に提出された飛行計画と異なる飛行を行う場合は自衛隊のレーダーサイトに通報することも求めている。つまり、あくまで「有視界飛行方式」による飛行に限定して、飛行計画や実態の通報を義務でなく要請しているのである。さらに、「飛行計画と照合できない航空機については、要撃機による目視確認を行うことがある」と述べられているだけである[6]。

　以上のことから明らかなように、ADIZ はあくまで防空用に担当機関がいわば監視の目を光らせている空域であって、領空の拡大を意味するものではないばかりでなく、飛行計画に従った通常の計器飛行方式による航空機の運航には直接関係がない。計器飛行方式による運航は、航空交通が安全かつ効率よくなされるように実施されている「航空交通業務」に従わなければなら

ず、これは国際的に ICAO によって制定された基準に則って実施される全世界的なシステムである。世界の大半の空域は FIR に分けられており、この FIR 内では航空交通管制業務等が実施されている。日本の国土交通省航空局が担当する FIR は「福岡 FIR」である[7]。

日本の防空識別圏においては、上述したような限定的かつ抑制的な対応がとられているのに対して、中国の「防空識別区」では飛行計画の通報や識別を義務とし、「識別に協力しない、あるいは指示に従わない航空機に対しては、中国の軍事力が防御的な緊急処置を講じる」としてきわめて厳しい対応をすることが明示されている。

## 2．中国の ADIZ が意味するところ

中国は ADIZ の設定に対する各国の厳しい反応に対応するためか、これに関する解釈と説明に努めた。中国軍の公式サイトである「中国軍網」は、ADIZ について7つのキーワードを用いて説明している。その第1は「防御的緊急措置」であり、ADIZ とは海に面する国家が経空脅威に対して早期に対応するために領空外に設置した空域であり、あくまで「防御的」措置をとるためのものであるとする。第2に、中国の ADIZ は国連憲章等の国際法や国際慣例に則ったものであり、世界ですでに 20 カ国以上が設置しているとする。そして法律的には問題なく、国際法の基本原則に抵触せず、他国の領土主権を侵さず、飛行の自由に影響しない限り、主権国家の権利であって他国の同意を必要とはしないとする。第3に、東シナ海は狭いため ADIZ は日本のそれと重複するのは不可避であるが、共存することができ、共同で飛行の安全を維持するべきであるとする。飛行計画等の通報要求は、限定的な管制権の問題であって、排他性はないという。ただし中国が領有権を主張する「釣魚島」上空に日本が ADIZ を設定することは「非法」であるとする。第4に、「日本」と名指しはしておらず、また中国の ADIZ が特定の国家に対応するためでも「釣魚島」をめぐる緊迫した情勢とは関係ないとしつつも、「ある国」の ADIZ が中国大陸から最も近いところで 130 キロメートルであることを挙げ、中国の ADIZ が「ある国」から 130 キロメートルにあること

を正当化している。これは、2013年11月23日の中国国防部スポークスマンの発言に明示されていた[8]。第5は領空外ということであり、ADIZは領空と同じではなく、その延伸もなく、その設定は領空の拡大を意味しないとした。第6には、飛行計画等を通報させることは位置測定のためであって飛行の自由を制限するものではないとした。東シナ海上空は国際航空路が密集する空域であり、ADIZの設定は軍事的錯誤を減少させ空中衝突を避け、飛行の秩序と安全を維持するためであるという。第7は多様な効能として、さらに気象、通信、航法等のサービス提供を向上させるという意義が挙げられた。

### (1) 強硬措置

国防部スポークスマンはさらに、識別不明の飛行物体に対して、中国は状況に応じてただちに識別、監視、管制、処置等の措置をとるとしたが、「具体的にどのような措置をとるのかについては、具体的な状況と直面する脅威の程度に応じて決まる」と述べた[9]。ただし中国空軍スポークスマンは、2013年11月29日午前、Su-30、J-11等の戦闘機を緊急発進させて米国のP-3、EP-3偵察機2機を「確認」し、日本のE-767、P-3、F-15の計10機を「識別」したと述べた[10]。そして中国空軍は海軍部隊とともに「『防空識別区』に進入する外国軍用機に対して、全行程の監視、即時識別を実施し、そのタイプを判明させている」とも述べた。このことから、中国軍の目下の行動は、「確認」、「識別」であって「警告」、「要撃」等の強硬な措置を含んでいないことが推察される。

別の国防部スポークスマンはまた、中国は「完全に東シナ海『防空識別区』で有効な監視管制を実施することができる。通常の状況下では、監視管制は飛行計画の通報やレーダー応答識別等の方式によるものであり、必要な際にはまた軍用機を発進させて識別、確認することができる。具体的にどのような監視管制方法をとるかは、航空機が軍用なのか民用なのかといった属性、脅威の程度、距離の遠近といった要素によって確定される。航空機がわが方に脅威とはならないと判明した場合には、戦闘機を発進させる必要はないが、監視は実施するであろう。脅威が一定程度に達すると判明した場合には、適

時軍用機を発進させて識別処置をほどこす」と述べた[11]。あくまで慎重に、軍用機による「警告」、「要撃」といった一般に防空識別圏においてとられる行動に言及することを回避していると読み取れる。前出の「中国軍網」には、「他国の航空機がわが方の『防空識別区』に進入すればただちに発信し、激烈な行動をとるということではない」と解説している[12]。

### (2) 警戒監視能力

上述したように、国防部スポークスマンは、中国は完全に「監視管制」することができると述べた。中国にこの ADIZ を監視するのに十分な能力が備わっているかどうかは不明である。いくら狭い東シナ海とはいえ、その地理的条件から地上レーダーによって ADIZ 全域をレーダー監視することは物理的に不可能であると思われる。ただし中国の ADIZ 北方に位置する航空路 B593（いわゆる福江・アカラコリドー、約 350 マイル）は、日中双方の航空管制機関によってレーダー管制が行われている。もとより航空路監視レーダーと防空レーダーとは別であるが、後述するように中国の航空管制能力が飛躍的に向上していることから類推すれば、ADIZ の防空監視能力も一定程度備わっていると見られる。

レーダー監視の限界を補うには、空中警戒管制機（AWACS）や早期警戒機（AEW）が不可欠である。中国はこの面での能力保持向上も図っており、いまだ十分ではないとはいえその発展は間違いないものと思われる。中国空軍スポークスマンは、「中国が東シナ海『防空識別区』を設定して 2 カ月来、空軍は東シナ海『防空識別区』で恒常的航空哨戒を維持し、『防空識別区』の有効な管理コントロールを強化している」と述べた[13]。レーダー監視や空中警戒監視能力の不足を、航空哨戒行動で補っているのかもしれない。

### (3) 今後の ADIZ 設定と中台関係

中国は一貫してこの ADIZ が民間航空の正常な運航に影響を与えるものではないと主張している。中国は ADIZ を通過する航空機に飛行計画を通報することを要求しているが、2013 年 12 月 3 日の時点で「19 カ国と 3 つの地域の 55 の航空会社が中国側に飛行計画を通報している」と発表した[14]。そし

て飛行計画の通報要求は、「関係空域の飛行秩序と安全をよりよく維持するためでもある」と主張した。中国の説明によれば、飛行計画通報の要求というやり方は「中国独自のものではない。これ以前に、カナダ、インド、タイ、韓国はいずれもその『防空識別区』を通過する航空機に事前に飛行計画を通報することを要求している」という。

中国国務院台湾辦公室スポークスマンは、中国のADIZが台湾海峡両岸間の航空便に影響を与えるかどうかについて、「東シナ海『防空識別区』の設定は両岸の民間航空機の飛行に影響を与えず、関係部門もまたすでに詳細な説明を行った」と述べて、台湾との間の航空路に配慮する姿勢を見せた[15]。また、国防部スポークスマンは記者会見において、「今後もし新たな『防空識別区』を設定する場合、台湾と事前に協議するか」との問いに対して明確に回答しなかったものの、「両岸同胞は家族である。中華民族の全体的な利益を守ることは、両岸同胞の共同利益に合致する。われわれの両岸関係の平和的発展に対する立場は一貫したものであり明確である」と述べて、この問題での台湾への一定の配慮を示唆した[16]。

今後のADIZ設定に関して、中国国防部スポークスマンは2013年11月23日、「中国は関係する活動を完成させたのち、適時その他の『防空識別区』を設定する」と述べた[17]。また同月28日にも国防部スポークスマンは同様の発言を繰り返した[18]。中国が今後どの空域にADIZを設定するつもりなのかまだ明らかでないが、その最も有力な空域候補は南シナ海であろう。

中国にとっては、台湾海峡上空の空域も経空脅威の判定や航空優勢の確立が重要となるが、ここにADIZを新たに設定することを公表しても、現時点でさほどの意味を有しないと考えられる。それは第1に、大陸反攻を放棄した台湾から中国への脅威はもはや存在しないからである。第2に、事実上中国はこの空域の警戒監視態勢を確立していることは間違いなく、それを公表する利点が見出せないからである。台湾海峡は約100マイルの幅しかなく、長年来の中台の軍事的対峙状況の下、この空域は中台ともに十分な警戒監視任務を遂行しているはずである。第3に、中台交流の強化に伴って中台間を結ぶ多くの直行航空便が運航されているが、利用できる直行航空路は台湾から北行きと南行きの2本、及び上海FIRからの転移航空路1本の計3本に

限定されているからである。しかもこれら航空路を飛行する場合、台湾民航局はすでに大陸側の位置通報点からトランスポンダー（航空交通管制用自動応答装置）と TCAS（空中衝突防止装置）を作動させるよう指示している。つまり中国大陸方面から台湾に接近する航空機を的確に掌握するための措置である。また、台湾海峡を直線的に横断するような航空路が開設されていないのは、そうした航空路を頻繁に航空交通が行き交うことで、中台双方にとっての脅威判定に誤解が生じないようにするための措置であるとも考えられる。

　たしかに前述したように、台湾は台湾海峡からさらに中国大陸に大きく食い込む形でADIZを設定している。台湾にとっての中国からの経空脅威は深刻である。また、現に台湾海峡とその北東上空には、台湾空軍によって水面から 37,000 フィートまで 24 時間運用の制限空域が計 4 つ設定されている[19]。台湾のADIZとともにこれらの空域が、台湾空軍にとっての脅威判定や防空任務に用いられていると考えられる。

　ただし、中国側はこの台湾のADIZが必ずしも有効に働いていないと見ているようである。2010 年 1 月 28 日 13 時 4 分、台湾空軍が陽明山に設置したレーダーは台湾の北東 154 マイルの洋上を時速 320 ノットで飛行する航空機を捉えた。この航空機は直後の 13 時 15 分から 27 分間にわたって台湾の領空を侵犯したが、これに対応して識別・要撃のために離陸した台湾側の航空機はなかった。台湾側の後の発表によれば、地上における迎撃態勢はとられたが、侵犯機はその後沖縄の方向へ飛び去ったことや、それまでの領空侵犯機の前例から敵意はないものとみなしたとされる。後日この領空侵犯機はロシアのTu-95戦略爆撃機であったと確認された。台湾側には十分な防空ミサイル部隊等迎撃態勢があったのに、探知しておきながらこれを目視確認しなかったとの批判が生じたといわれるが、それは不用意にこれを撃墜した場合、台湾側が大きなダメージを受けると思われるからである。すなわち、識別不明機を単に探知するだけでなく、これを確認するという手順の重要性を中国側は主張しているように思われる[20]。

　だが台湾海峡上空には、L1及びそれにほぼ並行するA1という航空路が設定されている。これらの航空路は、北東アジアと東南アジアを結ぶ幹線航空路である。中国が台湾海峡から台湾上空にかけて航空優勢を確立したいと

するならば、この空域を通過するこれら航空路に対しても何らかの措置を施すことが有効であろう。そうだとすると、中国はADIZの設定という方法ではなく、航空交通管制のための空域に影響力を及ぼすという形で空域統制を企図する可能性が考えられる。現に中国は2015年1月、台湾海峡の中間線(上海FIRと台北FIRの境界線)から7.8キロメートル中国側の洋上に、この中間線にほぼ並行する新たな航空路M503を設定し、3月5日から使用すると発表した。中国側は安全性の向上や遅延便の減少、また経済効果等を強調したが、台湾側は強く反発した。中国の航空交通管制分野における勢力拡大の意図がうかがわれる措置である(後述)。

そこで想起されるのが、2001年4月の海南島上空における米中軍用機接触事件に端を発すると思われる南シナ海北部のFIR再編成である。

## 3．中国による南シナ海の空域再編成

### (1) 三亜AORから三亜FIRへ

2001年4月1日の米中軍用機衝突事件は、南シナ海の空域再編成の1つの契機になったと思われる。そして空域再編成は中国と東南アジア周辺地域との関係や中国の海洋進出、中国空軍の近代化とも密接に関連するきわめて複合的な問題であると推察される。またそのことが、中台関係に及ぼす影響も大きいと考えられる。そこで、南シナ海上空の空域再編成がその後どのように進展したかを概観し、そこに含まれる諸問題を提示することによって、将来的に中国の東シナ海及び台湾海峡の空域統制が図られ得るであろうことを検証する。それは、今後の台湾海峡や東シナ海の空域を考えるにあたって、十分有意義な作業である。

2006年6月8日0：01(国際協定時)から、中国の海南島を含む南シナ海上空の航空交通管制空域であった三亜「責任区」(以下、AOR: Area of Responsibility)は三亜飛行情報区(以下、FIR: Flight Information Region)[21]として運用され始めた。

三亜「責任区」は2001年11月1日19：30(国際協定時)に設定された空域であった。同空域設定の経緯は、1975年に南ベトナムが崩壊したことに

まで遡ることができる。それまで南ベトナムが担当していた空域のうちの洋上部分の航空管制を香港、シンガポール、タイに暫定移管したことから、この空域の変則的な運用が始まったのである。シンガポールとタイは1995年に暫定管制空域をベトナムへ返還したが、中国はその後も返還に応じず、香港 AOR として運用した。それはベトナム側の航空管制技術が遅れていたということ以外に、南シナ海の領有権問題が複雑化して実際に中越間の武力紛争が生じたことや、香港が中国に返還された後の航空管制をどのように再編するかといった問題があったからであると考えられる。香港返還の1997年以降、ICAO において調整が図られ、2001年9月、香港 AOR のうち島嶼を含まない南部海域上空はベトナムのホーチミン FIR に返還し、島嶼を含む北部には三亜 AOR を設定してベトナムが引き続き中国へ管制を委任するという妥協案が中越両国間で合意されたのである[22]。

　もとよりこの措置は、民間航空交通の安全かつ円滑な流れを促進するものとして関係諸国間で調整が図られた結果であり、中国による一方的な措置ではない。FIR とは、民間航空交通の流れを促進するために国際的な協議と合意によって設けられているものだが、その下部概念ともいえる AOR は、当該関係各国の協議によって設定され運用される民間航空交通のための便宜的な空域である。しかし三亜 AOR の設置は、単なる民間航空交通の円滑化や、中国の航空行政における技術的な改善を目的とする措置であったとは思われない。ベトナム側の真意はわからないが、少なくとも中国側の思惑にとって、南シナ海島嶼を含む海域上空の管制権を確保できたことは十分有意義であったと容易に想像される。南シナ海ではその島嶼の領有権をめぐって中国と周辺国とが対立し、また海洋権益をめぐって中国の海軍力を主とするそのプレゼンスの増大が注目されて久しいからである。すなわち中国がその海域への進出と確保を企図する以上、当該海域の上空域をも自らの支配と統制の下に置こうとすることはいわば必然のなりゆきであると思われる。したがって三亜 AOR 設置は、南シナ海空域確定の実質的かつ大きな前進であった。中国はこの空域をある程度監視し管制する能力を獲得したと考えられるのである。

　さらには、厳密に見れば三亜 AOR の設定は、それまでの香港 AOR のおよそ北半分が名称を変更しただけということではない。そこには、それまで

広州 FIR に含まれていた海南島上空部分と既存の香港 FIR の一部分、そしてホーチミン FIR の一部分も新たに加わったのである。大きさから見れば、三亜 AOR は香港 FIR や台北 FIR とほぼ同程度となった。香港 FIR はそれまでの現実からしても、あるいは香港返還後の状況からしても、明らかに香港、マカオを中心とする民間航空交通を安全かつ効率的に管制するためのものであるといえる。それに対して、南シナ海島嶼上空域が中国海空軍の軍事的拠点の1つである海南島や広東省の一部上空を包含して三亜 AOR として一体化されたということは、そこに中国による軍事的配慮がはたらいていると見ないわけにはいかない。この空域における軍事活動を偵察する目的があったと推察される米軍機と中国軍機との衝突事件（2001年4月1日）によって、中国はこの空域の一元的で軍事的な支配と統制の必要性をより切実に感じたのであろう。米軍機がこの空域にまで進出して偵察飛行を行っているという事実と、中国軍がそれに対して警戒感や不快感を有していることが公になったことから、中国はむしろ公然と空域を再編成する機会を得たともいえる。

　この三亜 AOR は 2001年11月1日から3年間の時限的な試行として始まった[23]。ちなみに AOR とは ICAO によって定義された略語ではなく、中国もそのことを『航行資料彙編』[24]で断っていた。その概念は曖昧であり、必ずしも航空管制の分野で確立されたものではないようである。領有権という係争問題を抱えたこの地域において、航空管制を運用する際の便宜的な方法として、関係国の協議により設定され用いられているといえよう。

　だがこの三亜 AOR は、完全な同意を得て完備されたものとして運用が始まったわけではなかった。三亜 AOR の北西端と西側に隣接するハノイ FIR との一部境界線は「定義されていない」と、中国民用航空総局が発行するエンルートチャート（航空路図）に明示された。さらに、ベトナム当局が発行する『AIP Vietnam』（航空路誌）[25]付属エンルートチャートには、ホーチミン FIR やハノイ FIR、広州 FIR や香港 FIR は明示されていたが、三亜 AOR は全く記されていなかった。このチャートによれば、たとえば海南島上空は依然として広州 FIR に含まれており、西沙諸島上空はホーチミン FIR に含まれていることになっていた。

　ただし、中国のエンルートチャート第28版（2000年12月1日）における

南シナ海全域の縮小付図の注意書きには、こう記されていたのである。すなわち、「南シナ海上空の飛行情報区（FIR）に関する現行の区分は不当であり、それゆえ中国にとって受け入れられるものではない。これに対する必要な調整が行われるべきである。中国民用航空総局はすでにそうした調整を提案し、南シナ海上空の空域において FIR を設置する権利を留保すると声明した」と。このことから、中国はゆくゆく南シナ海上空に FIR を設定し、その管制権を掌握することによって、南シナ海をより実効的に支配しようと企図していると考えられた。だが三亜 AOR 設置と同時に改定された同チャート第 30 版（2001 年 11 月 1 日）では三亜 AOR の境界線が新たに明記されるとともに、上述のような但し書きは記されなくなった。三亜 AOR 設置をもって中国が南シナ海全体の空域実効支配を完了させたとは到底思われず、しかもこれが AOR であって 3 年間の期限付きであったことから、今後も中国はこの空域の確立や拡大を求めてくるかもしれないと考えられた。

　この空域の有効期限は前述したように 3 年間であったが、2004 年 11 月、2005 年 5 月、同年 10 月にそれぞれ期限延長された。その際の理由はいずれも「三亜 AOR 内の国際航空便の安全で秩序ある飛行を確保するため」とされた[26]。そして 2006 年 6 月 8 日から三亜 AOR が三亜 FIR として運用されることになったのである[27]。三亜 FIR の運用開始に当たって、これまで画定していなかったホーチミン FIR と三亜 AOR との境界線が明確となり、三亜 FIR 及び広州 FIR とホーチミン FIR との境界線が告示された。詳細はまだわからないが、中越関係の進展に伴って、空域分担が合意に達したのであろう。

## (2)　三亜 FIR の設置――航空交通の利便性促進

　三亜 FIR は「海南島内空域」（原文では「島内空域」）と「洋上空域」（原文では「洋区空域」）に分けられている。その境界線は明確に定義されておらず、そのまま解釈すれば、海南島陸地部分上空とそれ以外の海洋上空を意味するのであろう。「海南島内空域」には「中華人民共和国飛行基本規則」等の国内規定が適用され、高度、距離、速度には中国が公用とするメートル法が用いられている。しかし「洋上空域」には ICAO の基準が適用され、ヤード・

ポンド法が用いられている。つまりこの「洋上空域」のみを飛行する航空機は、中国上空を飛行する際に必要な高度の換算や高度変更は必要ないことになる。

また中国は ICAO の定めた基準を適用しない項目の1つとして、米国が制定した測地系である WGS84 を当面採用しないと公示しているが、この三亜 FIR の境界や洋上空域の管制移管地点の座標にはそれを適用している。後述するように、実際には米国の GPS（全地球測位システム）を利用した広域航法がこの空域で実施されていることから、事実上世界測地系になっているといえる WGS84 をこの空域のみに適用するという例外措置をとっているのである。こうしたことから、この洋上空域設定には国際間の航空交通の発展に寄与するという企図があることは間違いない。

同様に、三亜 FIR の「洋上空域」には国際航空交通に利する目的があることを示すものとして、空域通過許可が挙げられる。この空域における航空路である A1、P901、L642、M771 を飛行する定期航空会社は、2カ月前に運航スケジュールを管制当局へ提出すれば、事前承認は必要ない。また不定期便も事前の申請と承認を必要としない。これらの航空路はいずれもこの三亜 FIR の洋上空域を通過するだけのものであるので、どのような運航形態にも都合よくできている。ただしこの空域の A202 という航空路は、海南島上空とベトナムを結ぶものである。したがってこの A202 を飛行する定期航空便は2カ月前に、不定期航空便は3日前に申請し、承認を受けなければならない。中国の領土上空を飛行するのであるから、当然の措置といえよう。

### (3) 三亜 FIR の特異性[28]——管制空域としての曖昧さ

洋上空域のうち管制空域は 14,000 フィート以上であり、13,000 フィート以下は「管制空域以外の空域」とされる。したがって 14,000 フィートと 13,000 フィートをそれぞれの下限と上限とするならば、この間の 1,000 フィートはどのような扱いを受けるのか不明である。ただし 13,000 フィート以下は「管制空域以外の空域」（英文では airspace outside controlled airspace）と表現されているだけで、それが管制を行わない空域（uncontrolled airspace）を意味するのかどうかは必ずしも明確でない。

洋上空域の一部に「海洋低空空域」が設定されており、その高度上限は前述の「管制空域以外の空域」と同じく13,000フィートであるから、この「海洋低空空域」は洋上における「管制空域以外の空域」の一部であることがわかる。そして「海洋低空空域」は緯度経度によって告示され、エンルートチャートでは三亜FIRの境界線と無線交信周波数を切り替える境界線によって囲まれた空域であることが読みとれる。海南島からおよそ20～30マイルまでが「海洋低空空域」となっている。

　三亜FIRを飛行する全ての航空機は、離陸60分前までに飛行計画を三亜管制センター、中国民航中南管理局管理調整室、中国民用航空総局航空交通管制局運航管理センターへ提出しなければならない。その上で三亜FIRに進入する際には、指定された位置通報点到着5分前に三亜管制センターと無線交信を確立しなければならない。これらの規定はとりわけ特異なものではない。

　他方、三亜FIR海洋低空空域に出入りする航空機は、三亜管制センターとの無線交信を確立し、その旨を報告しなければならないが、さらに同海洋低空空域から洋上（管制）空域に進入する（すなわち14,000フィート以上へ上昇する）場合には、その10分前に三亜管制センターへその旨の許可を要求しなければならない。また「海洋低空空域」内の航空機は、三亜管制センターと無線交信を確立し、管制許可を取得して初めて海南島内管制空域の境界から20マイルの範囲内を飛行できるとされる。前述したように、海南島内管制空域の境界線が明確でないが、それは海南島陸地部分上空であるとすると、陸地から20マイル以内の洋上を飛行する場合にも、管制当局から許可を得なければならないということである。海南島へ接近する航空機の監視と管制を目的とした措置であると考えられる。

　なお、「海洋低空空域」を計器飛行方式によって飛行する航空機は三亜管制センターと無線交信を確立しなければならないとされていることは、計器飛行方式である以上当然である[29]。しかし奇妙なことに、「三亜管制センターは三亜FIR海洋低空空域内を飛行する航空機に対して、航空交通管制業務を提供しない。すなわち、管制間隔と管制許可を発出しないということである」と告示されている。さらに「もし航空機の乗員が必要ならば、三亜

管制センターに要求することで関係する飛行情報業務と警告業務を受けることができる」とされている。そもそも計器飛行方式とは、当該航空機による飛行の全過程において管制当局とのコンタクトが保持され、管制当局は他機との管制間隔を確保して飛行の安全性と効率性を保障する仕組みである。そうでありながら「海洋低空空域」では航空交通管制業務を提供しないということでは、それはそもそも計器飛行方式とはいえない。告示には、「海洋低空空域」に入った計器飛行方式による航空機は、その時点で計器飛行方式が取り消される（キャンセルされる）とは書かれていないので、国際的な管制方式基準から逸脱することになる。

### (4) 三亜 FIR における広域航法[30]――航空路監視能力の向上

　三亜 FIR には広域航法（RNAV: Area Navigation）航空路が設定されている。広域航法とは、航空機と航空管制双方の技術が進歩したことにより、近年普及し始めた航法である。従来の航空路は、航空保安無線施設相互を結んで設定されたため、いわば折れ線構造となることが多くあった。本来的には出発地と目的地の 2 点間を直線で結ぶ航空路が最短である。だがその双方（あるいはそのそれぞれの延長線上）に適当な航空保安無線施設が設置されていない限り、こうした直線経路を正確に飛行することは必ずしも容易でなかった。

　しかし航空界の航法技術が進歩したことで、航空保安無線施設や自蔵航法機器を利用して自機の位置を算出し、任意の経路を飛行することができるようになってきた。したがってその能力を生かせば、無線施設の覆域内において任意の地点をほぼ直線で結ぶことができる。この航法は地上の航空保安無線施設と機上の情報処理技術の進歩の組み合わせもさることながら、とりわけ慣性航法システムや慣性情報システム、そして GPS に代表されるような人工衛星による測位技術（Global Navigation Satellite System：全地球的航法衛星システム）の確立に負うところが大きい。すなわち、地上の施設を利用するばかりでなく、航空機が単独で自機の位置を測定することで、より安全かつ正確にいずれの 2 点間を飛行することも可能になるのである。一般に RNAV 経路を設定することにより、幹線航空路の混雑緩和や複線化を図ることが可能になるといわれる。

三亜 FIR には L642、M771、N892、P901 という 4 本の RNAV 航空路がある。いずれもほぼ北東－南西方向に三亜 FIR を通過するものである。上述したような技術が必要不可欠であるから、そうした装備のある航空機のみがこれらの航空路を飛行することが認められる。これらの航空路を飛行する航空機はもちろん航空管制を受けているのであるが、これらの航空路は洋上にあり、航空保安無線施設に依拠することは難しい。海南島に最も近い航空路 P901 でさえ、三亜 VOR（超短波全方位無線標識）から 100 マイル以上離れている。つまり三亜 FIR 内のこれらの航空路の延長線上に航空保安無線施設がないか、航空路がその電波の到達範囲外なのである。従前は太平洋上など、地上の無線標識を利用することもできず、レーダーの覆域外でもある空域の管制は、パイロットが管制当局に対して短波で位置通報を行い、その情報に基づいて管制が行われていた。位置測定の不正確さと短波無線通信の不安定さにより、安全運航に対する不安があるばかりでなく、航空機相互間の管制間隔をかなり大きく取る必要があることから、交通量の増大に対応できない事態が生じてきたのである。その点、RNAV を実用化することで、管制間隔を縮小し、航空路の安全性と効率性を向上させることができるようになる。

　三亜 FIR の RNAV 航空路では原則として先行機との 80 マイルあるいは 10 分間の管制間隔を採用している[31]。ただし 2004 年 7 月 1 日以降、レーダー運用時において A202、A1、P901 の航空路に限り管制間隔を 40 マイルとする旨の NOTAM が出された[32]。また日本では短縮垂直間隔（RVSM：Reduced Vertical Separation Minimum）が適用され、RVSM 適合機相互間の垂直間隔は 1,000 フィートである[33]が、三亜 FIR の RNAV 航空路では原則として 2,000 フィート（約 600 メートル）である[34]。だがかつて三亜 AOR 当時の 2002 年 11 月 1 日、航空機の垂直間隔が 600 メートル（約 2,000 フィート）から 300（約 1,000 フィート）メートルに短縮されたと報道された[35]。それによれば、南シナ海北部洋上空域内の 5 本の航空路において、飛行高度 9,000 メートルから 12,000 メートルの範囲で、航空機の垂直間隔を 300 メートルにするというもので、この管制間隔は一部の国家と地域ですでに実施されているものの、中国では初めての措置であるという。2004 年 4 月 15 日以降、航空路 A1 及び P901 の一部で 1,000 フィートの短縮垂直間隔が設定される

ようになった[36]）。前述の報道は必ずしも正確でない可能性があるが、一部とはいえ短縮垂直間隔が適用されていることは間違いない。先行機との間隔にしても垂直間隔にしても、2次捜索レーダーと機上の応答装置が完備して初めて短縮することができることから、三亜FIRのレーダー施設が整備されつつあることは間違いない。それは最も陸地から遠いRNAV航空路が海南島から350マイル以上も離れた洋上に設定されていることからも推測できる。中国におけるRNAV飛行は、「レーダー運用時において実施される」と規定されているからである[37]）。

それでは中国の管制当局はこの三亜FIRにおいて、なぜRNAV航空路を運用し、また航空路監視2次捜索レーダー網を整備して管制間隔の縮小を図るのであろうか。これまでにも指摘したように、それは民間航空交通の安全性と効率性を追求するための措置であろうことはたしかである。とりわけこの三亜FIRを通る国際航空路は、東アジアと東南アジアを結ぶ幹線経路であるため、ここを利用する航空交通にとって三亜FIRの発展は大きな利益をもたらすであろう。

## 4．公海上に設定された中国の制限空域

しかし三亜FIR設置当時は、航空路A1が危険空域ZG(D)156を、P901が危険空域ZG(D)158を、L642が飛行制限空域ZG(R)159を突っ切っていたという現実を無視することはできない。危険空域ZG(D)158の北西端空域内の航空路P901上には位置・気象通報点「IGNIS」さえ設けられていた[38]）。そもそも航空路の側方でなく、しかも国際航空路上にこのような危険空域や飛行制限空域を設定することは特異である。中国の陸地上空の制限空域にもそのような設定はあまり見られない。それにもかかわらずこのようになっているということは、どうしても国際航空路上に設定しなければならない何らかの理由が存在したのかもしれない。後述するようにZG(R)159は24時間、地表面（海面）から13,000フィートが制限されていたため、L642を飛行する場合は13,000フィート以上の高度が必要であった。この航空路は洋上航空路であるため、その程度の高高度を選択することは通常である。だが危険

空域であるZG(D)156とZG(D)158の摘要高度はそれぞれ1,000メートル〜20,000メートル、及び4,000メートル〜18,000メートルで、通常の洋上飛行高度を全て妨げることになった。また危険空域の運用時間も非常に長く、いずれの危険空域も運用されていないのは1日のうち17：00〜23：00（国際協定時）の6時間のみであった。天候や交通量によって航空路選択の余裕をとるためには、この6時間を利用せざるを得ないが、これは現地の未明から早朝にかけてだけということになり、航空会社の運航スケジュールに大きな制約を課していたといえよう[39]。

その後改定が施され、危険空域ZG(D)156、危険空域ZG(D)158はともに移設されて国際航空路に影響しなくなった。現在では国際航空路に抵触するのはZG(R)159で、24時間、地表面（海面）から13,000フィートの飛行制限は続いている。

制限空域は各国がさまざまな方法で告示しており[40]、中国では『航行資料彙編』とこれに付属するエンルートチャート（航空路図）によって公示されている。それによれば、中国の制限空域は、危険空域23カ所、飛行制限空域167カ所、飛行禁止空域2カ所である[41]。ただしエンルートチャート上では、国際飛行に関わる飛行禁止空域、飛行制限空域、及び危険空域のみ公示するとされている[42]。したがってエンルートチャート上に示された以外のこうした制限空域が他にも多数存在することは十分に考えられる。たとえばこれ以外にも一般に制限空域としては警戒空域、訓練空域があるが、これらについては中国では公示されていない。

このうち飛行禁止空域と飛行制限空域はいずれもICAOによって定義されている。しかし危険空域、警戒空域、訓練空域は必ずしも明確な定義がなされておらず、各国が独自に定義し運用している。なお、飛行禁止空域と飛行制限空域に関するICAOの定義によれば、これらは領土・領海の上空に設定されることとなっており、飛行の禁止と制限に国家の強制力を伴う。この点において、前出の制限空域ZG(R)159は海南島沖およそ150マイルの公海上に設定されているため、果たして飛行制限という強制措置が妥当なものなのかどうか疑問である。それに対して危険空域はICAOのこうした定義がなされていないため、領空外に設定されることもあり得る空域である。それがも

し公海上空に設定された場合には、強制的に飛行禁止や飛行制限は行えないものの、実質的にはそれらを必要とするような危険度の高い空域であることを意味している。

中国では飛行禁止空域について、「航空機は飛行中、いかなる状況においても確定された飛行禁止空域に進入してはならない。中国民用航空総局は、飛行禁止空域に進入した航空機の機長に対して厳正な処分を行い、また当該航空機が飛行禁止空域に進入したことでもたらされた一切の結果にいかなる責任も負わない」と規定している[43]。

中国の危険空域は、『中国航行資料彙編』では「危険空域が適用されている間においては、航空機は危険空域に入ることができず、それによって飛行の安全に影響を及ぼす危険の発生を回避する」とのみ説明されている。中国の全23カ所の危険空域のうち、19カ所が「射撃」によるものであり、残り4カ所が「飛行活動」によるものである。これだけでは即断できないが、「射撃」は軍用であることから、危険な「飛行活動」も軍用であることが十分考えられる。なおこの4カ所はいずれも三亜FIRに属し、そのうち2カ所が前述したように国際航空路に係る空域である。中国では国際飛行に関わる危険空域しか告示されていない（つまりまだ隠された危険空域は存在する）とはいえ、三亜FIRでの危険空域が全て軍用の「飛行活動」によるものだとすれば、海南島周辺では軍用機による何らかの訓練や実験が頻繁に実施されていると推測される。

飛行制限空域は、「航空機は飛行の安全に影響を及ぼす危険の発生を回避するために、飛行制限空域のさまざまな規制を遵守しなければならない」とされる。公示されている全167カ所の飛行制限空域のうち、三亜FIRにおける飛行制限空域は4カ所である。3カ所は海南島上空にあるが、1カ所は前述したように海南島からおよそ170マイルの公海上にある半径30キロメートルの円形のZG(R)159である。この飛行制限空域の高度範囲は地表面（海面）から13,000フィートであり、制限時間は毎日24時間である[44]。円形の制限空域は一般に射撃用の危険空域であることが多いが、ここは飛行制限空域であること、まさに西沙諸島上空に位置すること、さらにその指定高度を勘案すると、直下で航空機の離着陸が行われていることも考えられる。

## 5．中国の航空管制近代化

### (1) 航空管制体制

　2002年11月3日に開催された第1回中国国際航空宇宙トップフォーラムにおいて、中国民用航空総局の高宏峰副局長は今後10年の中国民間航空発展について講演を行い、その中で、「かなり完備された航空管制システムを建設すること」、「必要に応じて先進的な管制、通信、航行援助、気象観測設備を増加させ更新すること」、「ノンレーダー管制からレーダー管制への移行を実現すること」、「全航空路において超短波（VHF）通信を可能にすること」、「気象観測の自動化を実現すること」、「新しい運航システムへの移行を加速すること」によって、航空管制を先進国レベルに近づけることを提唱した[45]。言い換えれば、こうしたことがまだ中国では十分に実現されていないことを示唆していたが、いずれにしても中国が航空管制能力の向上に対して、具体的、系統的に計画をしていたことがうかがわれる。

　改めて指摘するまでもなく、航空交通の安全で効率的な運用のために空域を監視し、その情報を集積・配布し、空域を統制することは、同時に防空と航空優勢の確保という軍事的必要性にも不可欠である。すなわち空を管理することは国家安全保障の重要な一要素である。中国の交通行政のうち陸運と水運とは交通部が管轄しているのに対し、かつて航空は国務院直属の民用航空総局が管轄していたことにその特殊性を見出すことができた。

　1949年11月、中央軍事委員会の一部門として中国民用航空局が発足し、1952年5月に空軍に編成された。1954年11月には国務院に直属することとなったが、中国の民間航空はまだ発展しておらず、管制業務は軍によって実施されていた。民用航空局が1955年から航空管制を統一的に管理するようになり[46]、1958年2月に交通部へ移管されたが、同年4月、国務院は「民航工作の高度な技術性と、国防建設との密接な関係」により、民間航空の全ての業務は主として空軍によって指導されると決定した[47]。1962年4月、民用航空局は民用航空総局として再び交通部から国務院直属機構となったが、軍による指導体制は変わらなかったと思われる。文化大革命中、民間航空は軍に接収され、1969年11月に民用航空局は再び空軍に編成された。改革開

放政策が始まると、1980年3月、また国務院直属となり、同年6月には中国民用航空局と改称された。1985年から1987年にかけての一連の体制改革により、航空交通管制業務体制が整えられた[48]。1985年1月、民用航空局から打ち出された「民航システム管理体制改革実施方案」が国務院の同意を得たことにより、民用航空局は組織の簡素化を図るとともに、飛行場管理と運航管理とを分離させたが、これにはさらに修正が加えられ、1987年1月に改めて「民航システム管理体制改革法案とその実施措置の報告」として国務院の同意を得た。この一連の体制改革の中で、運航管理センターが設立され、航空管制、航空情報、通信、航行援助、気象を政府のコントロールの下に管理させることとなった[49]。

　1985年2月以降、国務院副総理李鵬の主宰により3回にわたる「民航工作辦公会議」が開かれ、6月の第3回会議においては、航空管制について討議された。同年5月には、空軍がフランスから管制設備一式を輸入し、運用を開始した。1986年1月、「国家空中交通管理局」が設立され、全国の航空管制を担当することが決定されたが、これが前述した運航管理センターのことであると思われる。こうしてこの頃から航空管制の近代化が本格的に図られるようになったのであろう。同年には1993年4月と5月、「国家空中交通管制視察団」が米国、オーストラリア、ロシアを訪問し、同年9月、国務院と中央軍事委員会により、その視察報告と航空管制体制改革に関する意見が打ち出された。なお同年4月には、民用航空局は民用航空総局に改称され、12月にはそれまでの国務院の副部級から正部級へ昇格した。こうした経緯を概観すると、それまで軍によって行われてきた民間航空の管制は、1980年代半ば以降、独立した組織体制へ移行し始めたことがうかがわれる。だがこの頃の管制設備の近代化にはなお空軍が関与していた。

　2000年の段階では、「民用航空総局空中交通管理局」、「地区管理局空中交通管理局」、「省（区）局空中交通管理中心」、「航站空中管理部門」の4レベルによる航空管制機構が設けられていた[50]。「民用航空総局空中交通管理局」はいわば本部機構で、職員300余人が発展戦略や建設計画、規範・基準の策定や管理調整等を実施している。管制部門全体の職員総数は12,000余名で、管制官は2,800名である。管制官は全国27カ所の高高度管制区、28

カ所の中低高度管制区、144 カ所の民間及び軍民共用飛行場で管制業務に当たっている。ただしこうした管制センターや飛行場管制部門が「地区管理局空中交通管理局」、「省（区）局空中交通管理中心」、「航站空中管理部門」とどのような関係にあるのかは明確でない。またこれら管制官の技術と管制部門の運用状況を検査する管制検査員が 72 名いた[51]。2006 年時点では、中国の航空管制組織は、「中国民航総局空中交通管理局」、「地区管理局空中交通管理局」、「空中交通管理中心（站）」の「三級管理」体制となっていた[52]。現在では、「中国民航局空中交通管理局」[53]の下に、「華北空管局」など 7 つの「各地区空中交通管理局」、「運航管理中心」など 14 の直属単位、「辦公室」など 19 の「局機関」が設置されている[54]。

2002 年 1 月 8 日、華東地区の 8 都市（済南、合肥、南昌、南京、杭州、寧波、温州、福州）で、各航空管制センター及び管制ステーションが発足した。これは「華東地区の航空管制体制改革が実質的な一歩を踏み出した」と評価されている[55]。これまで華東地区各都市の航空管制部門は「各地方の空港が管理していたが、改革後は民航華東航空管制局に直属し、航空管制は独立したシステムとなる」というのである。そうであるならば、航空管制システム技術の近代化は、とりわけ 1980 年代後半から行われてきたものの、その組織編制は改革の過程にあり、全国的に「独立したシステム」はまだ確立されていないことがうかがわれる。この「独立したシステム」とは、かつて軍によって統制されてきた中国の空が、改革開放政策と中国の経済発展の中で、安全性と経済性を重視した結果、軍から独立した系統によって統制されるということを意味しているのかもしれない。しかし他方で、これまで各地方や地域が個別に管制してきた中国の空が、国家の空として統合的に統制されるようになるという意味であるとも推察される。そうであるならば、それは中国の安全保障により大きな利益をもたらすことになるにちがいない。

またここ 10 年間で、中国は航空管制の基礎施設・設備の構築に 100 億元を投じ、その能率化、自動化を推し進めてきた。世界的にも先進水準にある北京、上海、広州の地区管制センターの建設には、20 億元が費やされたといわれる[56]。2007 年 2 月には「民航航空管制新技術応用工作報告会」が北京で開かれ、新たな航空管制技術の研究開発状況や今後の計画が報告、討議

された。その目的は、「民間航空大国」という地位にふさわしい新時代の航空交通管理システムを確立することであり、それは民間航空発展の必然的要求であるとされた。しかしそうした新たな技術開発と応用において、欧米の動向を背景として明確に意識した上で、「自主的な創造能力と科学技術実力を向上させる」ことも提起された。そしてそれは、「自主的な知的財産権」の確立を要求することにまで及んでいる[57]。すなわち欧米の新たな技術開発を目標に、国産技術の追随を意図しているのである。

　2001年9月、民用航空総局は巨資を投じて北京、上海、広州に先進的な航空管制センターを建設するという報道があった[58]。そこでは先進的な航空管制自動化システムと通信システム、そして電力保障システムが導入される。これに際して民用航空総局と「中国航空器材進出口総公司」はオーストリアのFREQUNTIS、ドイツのR/S、英国のPAEといった各メーカーと通信システムの購入契約を締結した。こうした設備の導入で、管制の取扱量が飛躍的に増大することが期待されている。また、かつて日本は1990年度から3年間にわたって、「民用航空管制システム近代化計画」に対し総額208億9900万円の有償資金協力を実施した[59]。1994年11月のイタリア外相の訪中時に、イタリアの管制システム導入契約が調印されたが、これには日本からの62億円の円借款が用いられた[60]。1997年10月には、米国のレイセオン・エレクトロニクス・システムズから1900万ドル分の航空管制システムが北京空港に納入された。この時には、同社は大陸の9カ所と香港の2カ所の空港からシステムを受注したといわれる[61]。1998年には「民航空管技術装備発展有限公司」が設立され、国産航空管制設備の研究開発や保守整備に当たっているが、こうして見ると、これまで先進的な航空管制システムはなお外国からの導入に依拠してきたといえよう。しかし前述した2007年2月の「民航空管制新技術応用工作報告会」の方向性からすると、最近、その傾向の是正が図られつつあるのかもしれない。

　ちなみに、航空管制技術の向上、進展には、とりわけ2008年8月の北京オリンピックに伴う航空交通量の増大に対応するためという1つの目的があった[62]。

## (2) レーダー管制の進展――警戒監視の一面

　機構制度の変遷とともに、中国における航空管制技術は徐々にではあるが着実に発展しつつあるということができる。

　航空管制に最も大きな影響を与えた技術はレーダーであるといわれる[63]。1964 年は「中国民航の通信・航行援助技術政策が変化し始めた年」であったが[64]、この頃からいくつかの飛行場に国産監視レーダーが設置された。本格的な長距離レーダーや 2 次レーダー[65]とそのシステムがフランスから輸入されて北京空港と上海空港に導入されたのは 1974 年であり、1981 年に米国から輸入された 2 次レーダーシステムが広州空港に設置された。1985 年以降、主要 11 空港に次々と 2 次レーダーシステムが導入され、それらの多くは、いわゆる進入管制業務のために、その飛行場と周辺空域のみで用いられたと思われる。しかしこれにより、北京－広州、広州－上海、広州－昆明及び西安、成都地区において機上応答装置を搭載して高高度を飛行する航空機のレーダー監視は基本的に達成されたといわれる[66]。1980 年代末、主要航空路のレーダー管制を実現するために、長距離 2 次レーダー 8 セットと近距離 1 次レーダー 5 セットが輸入され、8 空港に設置された。また国産 2 次レーダーも導入され、民用航空局の保有する 1/2 次監視レーダーは合計 35 セットとなった。なお、2 次レーダーは軍用の敵味方識別装置（IIF）を民用に改良したものであり[67]、これが導入され始めたということは、中国空軍におけるこの面での技術や運用が発展したことをうかがわせる。こうして中国ではレーダーの覆域が拡大し、進入管制業務のみならず、航空路管制業務にもレーダー管制が導入されつつある。

## (3) 通信システムと航空管制 IT 技術

　航空路監視レーダーが広い覆域を有する必要があると同時に、複数のレーダーが連携して運用され、得られた航空機情報を必要な機関に伝達し、また管制機関間でレーダー識別を移送（ハンドオフ）し、さらに遠隔対空通信施設によって航空機との通信を確保しなければならない。また、提出された飛行計画を審査し、これを承認し、その情報を関係各機関に伝達するとともに、レーダーによって得られた航空機情報を飛行計画と照合し、それを表示する

必要もある。このように、レーダー管制は通信やデータ処理を含めた総合的なシステムとして運用されなければならない。今日においては、レーダー技術に情報処理技術（IT）が組み合わされて運用されるのである[68]。

一般に計器飛行方式によって飛行する航空機から提出された飛行計画は、航空交通情報システムを経由して管制センターに送られ、飛行計画情報処理システムに入力される[69]。この際、その飛行計画情報は防空担当部署にも送付され、そこでは防空レーダーから得られた航空機情報が、承認された飛行であるかどうか識別され、防空任務にも利用される[70]。飛行中の航空機は航空路監視レーダー情報処理システムによって飛行計画情報との照合等の処理が行われ、表示される。この際、日本では広範囲の航空機を捕捉するために、複数のレーダーからの情報を1つのレーダースコープに表示させるマルチレーダー処理が行われている[71]。中国では2000年7月、広東省の広州と珠海の両空港にこのマルチレーダー処理システムが初めて導入されたと報じられた[72]。またターミナルレーダー情報処理システムを有する飛行場では、飛行計画情報処理システムや航空路レーダー情報処理システムからの情報を加味して処理され表示される。前述した天津空港等がどこまでこうしたシステムを完備しているかは明らかでない。しかし中国もすでにこうしたレーダー情報をリンクさせることで、レーダー覆域の拡大を実現しつつあるといわれる[73]。また中国では航空管制のためのデータ通信網の整備が図られ、地上回線網の他に、専用衛星を利用した通信網も利用されている[74]。対空通信施設についても中国では超短波（VHF）による通信設備が第8次5カ年計画と第9次5カ年計画によって整備された。ターミナル管制区の他にも、航空路対空通信に関して、北京・上海・広州を結ぶ地域と国際航空路の6,000メートル以上の高高度管制区はVHFの覆域となった。また若干の混雑する航空路では3,000メートル以上がVHFの覆域となったといわれる。

また、日本では地上と航空機のコンピューターとの間でデジタルデータ交換を行うデータリンク処理システムが用いられている。これによって機上では、飛行場情報放送サービスや航空路情報サービスを音声でなく文字情報として入手できる。その情報は、遠隔地上無線施設からVHFによって送信される[75]。中国では1998年から全国の航空路の大部分をカバーするVHFに

よる地対空データ通信網が確立され始めたといわれる。実際にどの程度実用化されているのか定かではないが、これまで25カ所の遠隔地上局が建設されて、ハルピン－北京－広東より東側の航空路はカバーされているといわれる。また近いうちに中部と西部で100カ所の遠隔地上局が増設され、これにより全国全ての航空路がカバーされることになる[76]。ちなみにこのデータ通信網は、あえて「中国民航によって自主的に管理され体系化され、国際的にリンクされた地対空データ通信システムである」と強調されていることから[77]、その他の通信システムは軍によって運用されているものもあることがうかがわれる。またこのデータ通信網は、飛行中の航空機の実況と関係情報を航空会社や管制機関に提供することもできるとされている。そうであるとすれば、それは自動従属監視と呼ばれるシステムであろう。すなわち、GPS（全地球衛星測位システム）やINS（慣性航法装置）等によって得られた航空機の運航情報を地上で受信し監視するものである。

　2000年6月28日、衛星測位とデータリンク技術によって運航を支援し飛行を監視できる新しい航空路が開設されたと報道された[78]。この新しい航空路では、管制官が衛星情報によって世界のいかなる地域における運航状況をも掌握し、航空機と交信できるとされる。これによって管制の正確性と安全性が向上するだけでなく、人跡未踏の地域にも直航航空路を開設できるとして期待されている。その先駆けとして開設されたのが、雲南省から四川省、甘粛省、新疆ウイグル自治区を経てヨーロッパへ向かう全長3,328キロメートルのこの航空路であったのである[79]。現行のエンルートチャートによれば、この航空路はFANS-L888と名づけられており、ICAOによるCNS/ATM計画に基づいて新システムが利用されている航空路であることがわかる。すなわち、ICAOは1983年、FANS委員会と呼ばれる次世代航空特別委員会を設置し、将来の航空システム開発に着手した。これは1990年からFANSフェーズⅡ委員会に引き継がれ、今日ではCNS/ATM計画と呼ばれている。1998年にはCNS/ATM計画の最新の実施計画が発表されたが[80]、中国はこれを早々と実用化させたことになる。これまでこれが実用化されているのは、米国－オーストラリア間と太平洋上だけであり、中国のこの航空路開設は、大陸上空で最初のCNS/ATM計画による航空路であったというのである。

民用航空総局は現在進行中の第10次5カ年計画期間中に、ハルピン、通遼、北京、太原、西安、成都、昆明ラインより西側でこうした航空路を開設することを計画している。現に今世紀に入り、中国内でGPSを航行援助に利用することについては格段の進展を遂げ、前述したようにRNAV航法による運航が一般的になりつつある[81]。

## 6．台湾海峡に設定された中国の新航空路

　中国は2015年1月12日、台湾海峡の中間線（上海FIRと台北FIRの境界線）から最も近いところで4.2マイル（7.8キロメートル）西側をこれに並行して、北東－南西方向を貫く新たな航空路M503と、中国大陸のおおよそ東山（温州）、福州、厦門からこの航空路M503へ至るそれぞれW121、W122、W123の3本の航空路を新設し、同年3月5日午前0時（現地時間）から運用すると発表した。台湾の交通部民用航空局長は翌1月13日に、これを受け入れられないと抗議した[82]。中国がこうした航空路を新たに設定した理由は、経済発展に伴い、中国大陸東南部沿岸に設けられている既存の航空路がその交通量の増大により過密化したためであるとされた。

　前述したように、FIR内におけるこうした民間航空路の設定は直接軍事的措置と関係ない。しかしながら台湾海峡という微妙な空域に新たな航空路が設けられ、ここを中国側が空域統制するということは、中台間の安全保障環境にも何らかの影響を及ぼすと考えられる。台湾側からの反発は、設定に当たって事前の協議や了承がなかったことと、W122、W123航空路が、台北FIRに既存のW8、W6航空路に非常に近接しており飛行安全に懸念があることを表向きの理由としていた。しかし台湾側に安全保障上の憂慮や懸念が生じたことは十分あり得るであろう。そのことは、新航空路運用開始後の3月30日、台湾外交部の「中華民国（台湾）駐外単位聯合網站」に「両岸間の話し合いにより台湾はM503航空路の権益確保」と題して発表されたプレスリリースで、次のように述べられていることからも明らかである。すなわち、「中国大陸がM503航空路を設定後、台湾の国軍は引き続き、現行の空域範囲に基づき、領空の防衛安全任務を行い、中国大陸がM503航空路を設

定、発表、実施するか否かにかかわらず、いかなる変更もなく、各監視機関は海峡付近で活動する飛行機、艦船全ての行程を把握しており、関連する動き及び対応の整備を効果的に監視・コントロールし、それにより台湾の領空、領海、領土の安全確保を図っている」と[83]。台湾はこの航空路設定が自らの領空防衛任務に何ら変更を及ぼすものではないとしつつ、しっかりとこの空域を警戒監視していることを表明しているのである。それは台湾の安全保障上の措置を十分意味している。

　台湾側の反発の結果、中台間の協議を経てこの新航空路は3月29日から運用されることになり、同日には合計33便がこの航空路を飛行したと伝えられる[84]。中国のこの新航空路に関する規定によれば[85]、この航空路はレーダーと超短波（VHF）無線電話の覆域にあるとともに、RNAV航空路として指定されている。つまり航行する航空機には全地球測位衛星（GNSS）を利用したRNAV運航に適合する機上設備とその使用が求められている。また使用高度は、8,400メートル以上12,500メートル以下であり、通常、航空管制当局は9,200メートル以上のみを指定することになるとされている。これは30,100フィート以上41,100フィートであり、民間旅客機が飛行する一般的な高度帯である。つまりたしかに増大する航空交通量に対応するための航空路であることは明らかであるが、中台のFIR境界線にきわめて近いこの航空路は中国側管制当局によって当然監視され管制されている。後述するように、中国は上海FIR及び台北FIRと、仁川FIR及び福岡FIRとの境界線に満足せず、必要な調整が施されるべきであると主張し続けている[86]。中国には航空交通管制をめぐって、そのような志向性があることに留意すべきである。つまり中国は、航空交通管制のための領域にも、実効力を及ぼそうと企図しているのである。この上海FIRと台北FIRとの境界線は、公式には問題となっていないが、台湾統一を目論む中国にとってはきわめて緊要な空域であり、今回の新航空路設定は上海FIRの実効性をより強化することにつながるであろう。

　なお、この航空路のうち台湾海峡中間線（上海FIRと台北FIRとの境界線）に最も接近する区間を南行する場合、この航空路から西側に6マイル（約11キロメートル）偏位して飛行することが求められている。おそらくこの航空

路が非常に混雑するため、いわゆる南行と北行の複線化を図っているものと思われる。また、中国側が台湾側の憂慮を気遣って、台湾海峡中間線からできるだけ航空機を遠ざけようとしているとも考えられる。ただ、なぜ北行ではなく南行を西側へ偏位させるのか明らかではない。ちなみに、当初2015年2月1日付で出されたこの規則には、4マイル（7キロメートル）西側へ偏位するとされていたが[87]、台湾との交渉後、これが実際には6マイル西側偏位に変更された。また、緊急事態を除いてこの航空路から東側へ偏位して飛行することは許されていない。2月1日付の規則では、単に「もし航空機がM503から東へ偏位する必要がある場合には、パイロットは事前に航空交通管制機関へ申請しなければならない」とされていただけであった。だが加えられた変更によって、緊急事態以外の偏位は認められないことになったのである。

こうしたことから、この航空路には中国側の空域統制ないし空域拡大に対する何らかの思惑が隠れていると思われると同時に、台湾側を刺激しないような配慮もなされているといえよう。だからこそ、台湾海峡上空の空域は中台安全保障関係にとって、きわめて敏感な空域なのである。

## おわりに──台湾に及ぶ中国の空域統制

中国がその「防空識別区」を通過するだけの中国を目的地としない航空機に対しても事前の飛行計画提出を求めていることは、第1にこの空域に対する完全なレーダー及び早期警戒システムによる警戒監視態勢がまだ完成していないことを示唆している。それらが完備されれば、通過するだけの航空機に対しては飛行計画の提出を求めずとも警戒監視を実施することができるからである。第2に、飛行計画をあらかじめ承知することによって、この空域における中国軍用機の活動を秘匿し、他機との管制間隔を確保するという目的があると推察される。中国軍は、東シナ海において活発化する中国軍用機の活動と、この空域で混雑する航空交通とのバランスをとろうとしているのかもしれない。第3に、そうした空域の実効支配を強化することで、中国軍は訓練演習や実際の進攻のための、空域の恣意的使用が容易になるとも考え

られる。

　こうした状況と、南シナ海の空域再編と同様の状況が東シナ海上空にも及んでくるであろうということを考え合わせると、中国の空域拡大は今後さらに進展するであろう。それは空域の領空化というよりも、いわば FIR 化といっていいかもしれない。領空化するには国際法上の問題があり国際的な軋轢が大きいことは明らかであり、中国はそのことを十分承知しているはずである。FIR 化、すなわち中国が担当する FIR を拡大することによって、空域におけるさまざまな事象、動態を掌握することができ、そしてまたそれが他国、他地域に対する安全保障上の抑止力としての効果も発揮することが期待される。中国は FIR 化をいわば空の実効支配ととらえている。

　非伝統的安全保障としてのこのような空域拡大や空域統制は、将来台湾に大きな圧力を加えることになると思われる。現在、台湾海峡には上海 FIR と台北 FIR の境界線が引かれて確定している。しかしその北方、上海 FIR と日本の福岡 FIR、韓国の仁川 FIR との境界線は、中国の発行する「航空路図」に「不合理であって調整すべきである」旨が記され、未確定の点線表記となっている。ICAO が制定する地図記号としては、未確定の点線表記は存在しない。さらに同図には、中国は日本及び韓国の FIR 境界線に不満である旨の注記がある。しかも同図は、中国にとって本来管轄外である台北 FIR と福岡 FIR との境界線も未確定の点線表記としている。このことはつまり、中国が本来権限を有しない台北 FIR も自国の FIR であると位置づけ、しかもそれがさらに拡大されるべきだと考えていることを示唆している。航空交通管制分野において、中国はすでに台湾を取り込んだ先を想定しているように思われる。

　2013 年 9 月、ICAO の総会に台湾の代表がゲストとして招待されたと報じられた[88]。民間航空のための空域の調整や再編は ICAO の重要な活動の 1 つである。たとえば中国の「防空識別区」設定問題を、2014 年 3 月の ICAO 理事会で日米両国政府は提起する予定であるとされた[89]。こうした動きによって、民間航空の分野からもこの問題が安全保障上の重要問題であるということを国際的に提起すべきであろう。本章で検討したような状況の下で、ICAO にこれまで非加盟であった台湾を招致することは非常に有意義である

と思われる。台湾海峡と周辺地域の安全保障にとって、中国の空域拡大や再編という視点が今後ますます重要になってくることは間違いない。

1）NOTAM A2080/15, Summary NOTAM Series A, People's Republic of China, August 02, 2015, p.16.
2）「中華人民共和国政府関於劃設東海防空識別区的声明」、『解放軍報』2013年11月24日。
3）Walter S. Luffsey, *Air Traffic Control: How To Become An FAA Air Traffic Controller* (New York: Random House, 1990), pp.257-258.
4）防衛庁訓令第36号「防空識別圏における飛行要領に関する訓令」、1969年8月29日。なお、日本のADIZの西端は東経123度にあり、これは台湾のADIZの東端でもある。すなわち、日本のADIZと台湾のADIZは東経123度で接している。この空域は太平洋戦争後しばらく米軍の管轄下にあり、米軍によって沖縄と台湾との間のADIZ境界線は東経123度と定められた。沖縄復帰によりこのADIZは1973年1月、米軍から防衛庁に移管され現在に至っている。ただし、与那国島のおよそ西半分が台湾のADIZに含まれていたことから、2010年6月、与那国島の領海基線から西側半径14マイル（約26キロメートル）まで日本のAIDZを張り出すこととした。
5）運輸省航空局他監修『Aeronautical Information Manual JAPAN 第24号』（（社）日本航空機操縦士協会、1996年)、2-3頁。
6）国土交通省航空局『AIP JAPAN』、ENR 5. 2-21頁。
7）ちなみに、FIRは領空を意味する概念であることを明示するために、国名でなく担当国の一都市名がつけられている。
8）「国防部新聞発言人就劃設東海防空識別区答記者問」、『解放軍報』2013年11月24日。
9）「中方全面掌握進入東海防空識別区航空器的情况」、『解放軍報』2013年11月29日。
10）「中国空軍識別査証進入我東海防空識別区的外国軍機」、『解放軍報』2013年11月30日。
11）「東海防空識別区是安全区而不是風険区」、『解放軍報』2013年12月4日。
12）「不可誤読的防空識別区常識」、『中国軍網』2013年11月28日、http://chn.chinamil.com.cn/2013fksbq/2013-11/28/content_5669060.htm （2016年1月8日最終アクセス）。
13）「中国空軍在東海防空識別区保持常態化空中巡邏」、『解放軍報』2014年1月24日。
14）「外交部就東海防空識別区有関問題答記者問」、『解放軍報』2013年12月4日。
15）「外交部発言人回応日本決定拡大防空識別区報道　中方就澳関於我東海防空識別区原論提出厳正交渉　国台辨発言人就我劃設東海防空識別区答記者問」、『解放軍報』2013年11月28日。
16）「中国対東海防空識別区実施有効監管」、『解放軍報』2013年12月27日。
17）前掲「国防部新聞発言人就劃設東海防空識別区答記者問」。

18) 前掲「中方全面掌握進入東海防空識別区航空器的情況」。
19) 中華民国民航局『台北飛航情報区飛航指南』、航路 5.1-1-2。
20) 王鵬他『管窺防空識別区』(軍事科学出版社、北京、2014 年)、118-119 頁。
21) 世界の空域は、ICAO 非加盟国の領域と公海の一部上空を除いてほぼ全域が FIR に指定されている。FIR は航空交通の流れを促進するよう考慮されており、必ずしも各国の領空とは一致しない。つまり航空管制のため世界の空域を便宜上区分してそれぞれの航空路管制センターが担当するしくみであり、必ずしも各国の領空とは一致せず、FIR の名称は国名でなく、これら管制センター名がつけられている。AIM-JAPAN 編纂委員会編『Aeronautical Information Manual JAPAN 第 37 号』(日本航空機操縦士協会、2002 年)、2-1 頁。航空管制用語解説編集委員会編『航空管制用語解説』(航空交通管制協会、1985 年)、I-28 頁。
22) 『読売新聞』、2001 年 12 月 13 日。
23) 「関於三亜責任区試運行及修改的南中国海空中交通服務航路結構三亜責任区與河内、胡志明、香港及馬尼拉飛行情報区之間空中交通活動的応急安排」、『航行資料彙編』(AIP CHINA) Supplement, Nr.01/03, Oct 1, 2002. なお『航行資料彙編』については、次の注 24 を参照。
24) この『航行資料彙編』は、一般に AIP (Aeronautical Information Publication) といわれるもので、ICAO に加盟する各国はその基準に則って各々発行している。中国では中国民用航空総局が発行する。日本では『航空路誌』といわれ、国土交通省航空局が編集発行する。
25) 上記注 24 参照。
26) たとえば NOTAM A1984/04, Summary NOTAM Series A, People's Republic of China, March, 2006, p.6. NOTAM (Notice to Airman:ノータム) とは、AIP によってカバーしきれなかった航空情報で、一般にテレタイプ回線等によって配布される。中国の場合、その主要なものが印刷配布もされる。
27) NOTAM A1806/06, Summary NOTAM Series A, People's Republic of China, August 06, 2006, p.12.
28) 本節の記述は、主として「ENR2.1.1 三亜飛行情報区、管制区飛行規程」、前掲『中国航行資料彙編』(AIP CHINA)、ENR2.1-41-46 等の該当箇所に基づく。
29) これに対してこの空域を有視界飛行方式によって飛行する航空機は、三亜管制センターの指定する無線周波数をモニターし、必要なときには無線交信を確立しなければならないとされている。前掲『中国航行資料彙編』(AIP CHINA)、ENR2.1-43。
30) 本節の記述は、主として「修改的南中国海航路区域導航要求」、前掲『中国航行資料彙編』(AIP CHINA)、ENR3.1-2 等の該当箇所に基づく。
31) 前掲『中国航行資料彙編』(AIP CHINA)、ENR3.3-7。
32) NOTAM A0869/04, Summary NOTAM Series A, People's Republic of China, July 4, 2006, p.1.
33) 「10. 福岡 FIR における RVSM」、『AIP JAPAN Vol. 1』、ENR3.6-24。

34）前掲『中国航行資料彙編』（AIP CHINA）、ENR3.3-7。
35）「我国首次縮小空中飛行垂直間隔至 300 米」、『新華網』2002 年 11 月 1 日、『人民網』。
36）NOTAM A0585/04, Summary NOTAM Series A, People's Republic of China, July 4, 2006, p.1.
37）前掲『航行資料彙編』（AIP CHINA）AIC Nr.01/04, January 15, 2004, p.2.
38）一般に洋上航空路において、航空機の安全間隔を確保するために一定の位置通報点が設けられており、パイロットはその地点において通過時刻や高度、気象状況と次の位置通報点通過予定時刻等を管制機関に通報しなければならない。
39）ただし三亜 AOR が設定された 2001 年当時は、これら 2 本の航空路ともにこの 2 つの危険空域を何ら憂慮せず飛行できる時間は、1 日のうちわずか 5 時間しかなかった。とりわけ 23：00 から 0：30（国際協定時）の間はこれら 2 本の航空路ともに事実上閉鎖されたことになってしまった。それと比較すると、規制は若干緩和されたといえる。
40）日本では、航空法第 80 条に規定される「飛行の禁止区域」と、『航空路誌』（前出）等によって公示される「飛行規制空域」がある。
41）飛行禁止空域（ZB(P)001、ZY(P)601）は、エンルートチャート上に記載されているものの、その裏面の制限空域一覧にも、『中国航行資料彙編』の「ENR 5. 航行警告」の項にもなぜか記載がない。
42）中国と ICAO の基準との違いとしてこのように告示されている。前掲『航行資料彙編』（AIP CHINA）、GEN 1.7-2。
43）「ENR 5. 航行警告」、前掲『航行資料彙編』（AIP CHINA）、ENR 5.1-1。
44）前掲『航行資料彙編』（AIP CHINA）、ENR 5.1.2-8。
45）「中国民航総局：未来十年五大発展重点已確定」、『中国新聞社』2002 年 11 月 4 日、『人民網』。
46）《当代中国》叢書編輯部『当代中国的民航事業』（中国社会科学出版社、北京、1989 年）、274 頁。
47）姚峻主編『中国航空史』（大象出版社、鄭州、1998 年）、334 頁。
48）同上、497 頁。
49）同上、497 頁。ただし設立の正確な年月日は不明。
50）「空管局簡介」、『中国民航空中交通管理局』のウェブサイトから、http://www.atmb.net.cn/caac/normal/profile.htm。ただしこのページは現在アクセスできない。
51）「空中交通管制」、『中国民航空中交通管理局』のウェブサイトから、http://www.atmb.net.cn/caac/normal/aircontrol.htm。ただしこのページは現在アクセスできない。
52）「中国民用航空総局空中交通管理局」、『中国民用航空局網站』、http://www.caac.gov.cn/G1/G5/200612/t20061218_807.html（2016 年 1 月 8 日最終アクセス）。このアドレスから、この体制は 2006 年末現在であることが推測される。
53）ただし 2008 年 3 月の全国人民代表大会で採択された国務院機構改革により、「中国

民航総局」は交通運輸部に編入された上で、「中国民航局」と改称された。
54）http://www.atmb.net.cn/zzjg.asp。ただしこのページは現在アクセスできない。
55）「民航南京空中交通管理中心成立」、『人民網』2002 年 1 月 8 日。「民航改革空管体制　華東八城市設空管中心」、『人民日報』2002 年 1 月 9 日。
56）「飛行高度垂直間隔縮小安全水準不会降低」、『中国民航空中交通管理局』2007 年 6 月 4 日、http://web.caac.gov.cn/dev/kzjtglj/200706/t20070604_3285.html。
57）「我国民航将加強空管技術研発與応用」、『中国民航空中交通管理局』2007 年 3 月 16 日、http://web.caac.gov.cn/dev/kzjtglj/GZDT/200706/t20070601_3132.html。
58）「中国民航将建三大区域空中交通管制中心」、『中国新聞』2001 年 9 月 21 日、『人民網』。
59）日本はこれ以外にも、北京、上海、ウルムチ、蘭州、武漢、西安の各空港建設や拡張工事に対する有償資金協力を行ったことがある。外務省経済協力局編『我が国の政府開発援助　ODA 白書』各年版、国際協力増進協会、参照。また、国際協力銀行『円借款案件事後報告書 2003』、http://www.jbic.go.jp/japanese/oec/post/2003（2016 年 1 月 8 日最終アクセス）。
60）『共同通信』1994 年 11 月 5 日。
61）『共同通信』1997 年 10 月 8 日。
62）たとえば、「空管局領導検査空管奥運保障準備工作」、『中国民航新聞信息網』2008 年 8 月 1 日、http://www.caacjournal.com/2008/20080801/101754.asp（2016 年 1 月 8 日最終アクセス）。
63）航空交通管制協会『航空管制入門』（航空交通管制協会、1982 年）、13 頁。
64）前掲『当代中国的民航事業』、293 頁。
65）2 次レーダーは、航空機の反射波のみを捕捉表示する 1 次レーダーに対して、地上からの質問信号と機上応答装置による応答信号によって、より正確に広範囲の航空機情報を表示できるようにしたレーダーシステムである。
66）前掲『中国航空史』、520 頁。
67）前掲『航空管制入門』、17 頁。
68）園山耕司『航空管制の科学』（講談社、2003 年）、146 頁。
69）青山幹雄他編著『航空と IT 技術』（共立出版、2001 年）、77 頁。
70）佐久間光夫『航空管制通信ガイド』（CQ 出版、1989 年）、15 頁及び 71 頁。前掲『Aeronautical Information Manual JAPAN』（第 37 号）、2-3 頁。
71）前掲『航空と IT 技術』、91-92 頁。
72）「多雷達信号双備份系統在広州珠海建成」、『新華社』2000 年 7 月 1 日、『人民網』。
73）「雷達」、『中国民航空中交通管理局』のウェブサイトから、http://www.atmb.net.cn/caac/normal/radar.htm。ただしこのページは現在アクセスできない。
74）「通信」、『中国民航空中交通管理局』のウェブサイトから、http://www.atmb.net.cn/caac/normal/commu.htm。ただしこのページは現在アクセスできない。
75）前掲『航空と IT 技術』、101 頁。

76)「新航行系統」、『中国民航空中交通管理局』のウェブサイトから、http://www.atmb. net.cn/caac/normal/cns.htm。ただしこのページは現在アクセスできない。
77)「通信」、『中国民航空中交通管理局』のウェブサイトから、http://www.atmb.net.cn/caac/normal/commu.htm。ただしこのページは現在アクセスできない。
78)「新航行系統在我国問世」、『新華社』2000年6月28日、『人民網』。
79) 前掲林紅梅「譲飛機飛行更安全―写在新航行系統航路試飛成功之際」。
80) 前掲『航空とIT技術』、105-106頁。
81)「新航行系統」、『中国民航空中交通管理局』のウェブサイトから、http://www.atmb. net.cn/caac/normal/cns_2.htm。ただしこのページは現在アクセスできない。
82)「大陸新航線貼近海峽中線　引台湾強烈反弾」、『香港南華早報』、2015年1月14日。
83)「両岸間の話し合いにより台湾はM503航空路の権益確保」、『中華民国（台湾）駐外単位聯合網站』、http://www.taiwanembassy.org/fp.asp?xItem=602619&ctNode=2237&mp=1（2016年1月8日最終アクセス）。
84) 松本充豊「民間航路新設で譲歩した中国、台湾のAIIB参加表明には譲歩せず」、『交流』（公益法人交流協会、No. 890、2015年5月）、8頁。
85)「M503」、前掲『中国航行資料彙編』（AIP CHINA）、ENR 3.3-41-42、2015-4-15。
86) 拙稿「東シナ海の航空交通管制と安全保障」、慶應義塾大学法学部編『慶應義塾大学創立150年記念法学部論文集　慶應の教養学』（慶應義塾大学法学部、2008年）、404-405頁。
87)「M503」、前掲『中国航行資料彙編』（AIP CHINA）、ENR 3.3-41-42、2015-2-1。
88)「国連組織の総会　台湾が初参加へ」、『読売新聞』2013年9月14日。
89)「中国防空圏　日米声明へ」、『読売新聞』2014年2月27日夕刊。

# 第7章
# 安全保障から見た2030年の日台関係

村井　友秀

## 1.「偉大な中華民族の復興」

　中国共産党は「2013年、海洋強国に向け断固歩み出す」決意を表明した[1]。中国は、東シナ海や南シナ海で海洋監視船、漁業監視船や海軍艦艇の活動を強化し、「多彩なパンチを繰り出している」(国家海洋局)[2]。中国共産党の国家戦略の基本は、共産主義者としての自明かつ究極の目標である世界革命ではなく、民族主義的熱情に裏打ちされた「外敵に奪われた領土と威信を取り戻す」(失地回復主義)である[3]。

　中国共産党は中国本土を制圧すると同時に、朝鮮戦争に介入し、台湾海峡の島を攻撃し、チベットを占領した。60年代になると国境をめぐって、インドやロシアと軍事衝突し、70年代に入るとベトナムから西沙諸島を奪い、さらにベトナム国内に侵攻し「懲罰」作戦を行った。80年代には南シナ海でベトナム海軍の輸送艦を撃沈し、90年代にはフィリピンが支配していた島を奪った。中国共産党政権は戦争を躊躇する政権ではない。中国共産党にとって国境紛争のような小さな戦争は、平和時の外交カードの1つにすぎない。

　中国共産党は、核心的利益である「固有の領土」を守るためには戦争も辞さないと主張している。それでは、中国の固有の領土とは何であろうか。中国の領土について次のように説明されることがある。「一度、中華文明の名の下に獲得した領土は、永久に中国のものでなければならず、失われた場合には機会を見つけて必ず回復しなければならない。中国の領土が合法的に割

譲されたとしても、それは中国の一時的弱さを認めただけである」4)。中国の教科書では、領土が歴史的に最大であった19世紀中頃の中国が本来の中国として描かれている。現在でも、「日本は中国を侵略し、琉球を奪った」という主張が雑誌に掲載されている5)。

中国共産党によれば、19世紀以降、帝国主義者は中国に対して侵略戦争を行い、広大な中国の領土を略奪した。1952年に中国で発行された中学生用の歴史教科書の地図によれば、次の地域が帝国主義者によって奪われた中国の領土である6)。

カザフスタン、キルギス、タジキスタンの一部（1864年にロシア領）、パミール高原（1896年に英国とロシアが分割）、ネパール（1898年に英国領）、シッキム（1889年に英国領）、ブータン（1865年に英国領）、アッサム（1826年に英国領）、ビルマ（1886年に英国領）、タイ（1904年に英仏共同支配下で独立）、ベトナム、ラオス、カンボジア（1885年にフランス領）、マラッカ（1875年に英国領）、台湾（1895年に日本領）、琉球（1879年に日本領）、朝鮮（1910年に日本領）、ロシアのハバロフスク州（1858年にロシア領）、沿海州（1860年にロシア領）、樺太（1905年に日本領とロシア領に分割）。

## (1) 「棚上げ」戦略

フィリピンが支配していたミスチーフ礁を中国が占拠した経過を見れば、中国の戦略がわかる。中国がミスチーフ礁に対して軍事行動をとれば、米比相互防衛条約によって米軍が介入する可能性は高かった。米軍が介入すれば中国はフィリピンを屈服させることができない。当時、ベーカー米国務長官は「アメリカはフィリピンとの防衛条約を忠実に履行し、フィリピンが外国軍隊の攻撃を受けた場合にはアメリカは黙認しない」と発言していた。したがって、1974年の鄧小平・マルコス会談、1988年の鄧小平・アキノ会談において、鄧小平は問題の棚上げを主張したのである。軍事バランスが中国にとって不利である場合、中国は双方が手を出さないように主張する。将来、ミスチーフ礁を獲得するために当面は問題を棚上げし、相手の行動を封じたのである。日中の軍事バランスが中国に不利であった1978年に鄧小平は尖閣諸島に対しても棚上げを主張している。しかし、1991年9月、フィリピ

ン上院が米比基地協定の批准を拒否し、1992 年 11 月に米軍がフィリピンから撤退した。

　第二次世界大戦中に建造された旧式の駆逐艦 1 隻を保有する当時のフィリピン海軍は多数の駆逐艦を保有する中国海軍の敵ではなかった。フィリピンのマゼタ国防委員長は「フィリピン海軍としては軍事力による防衛は不可能で、戦わずに撤退せざるを得ない」と発言している7)。中国はミスチーフ礁問題に米軍が介入する可能性が低いと判断し、問題の棚上げを放棄して 1995 年にミスチーフ礁を占領した。「棚上げ」は時間を稼ぎ不利な状況を有利な状況に変える中国の戦略である。中国の危険な行動を抑止するためには、軍事バランスが不利にならないようにすることが肝要である。

### (2)　中台軍事バランスの意味

　南シナ海で活動する中国海軍の艦艇が太平洋へ進出しようとすれば、台湾とフィリピンの間にあるバシー海峡を通らなければならない。太平洋戦争末期にバシー海峡は輸送船の墓場と呼ばれ、米軍潜水艦が日本の輸送船を待ち伏せし多くの輸送船を撃沈した。台湾は西太平洋で活動する中国海軍の死命を制することができる位置にある。同時に台湾は中国軍と協力することによって、東シナ海や南シナ海で中国と対決している国々の軍事作戦に致命的な影響を与えることができる。台湾の動向は、東アジアの安全保障を考える時、最も重要なポイントの 1 つである。

　中台間の軍事力を比較すれば、現在も近い将来も中国軍の戦力は台湾軍を圧倒するであろう。このような軍事バランスに関する情報が台湾社会に広まるにつれて、台湾では軍事的手段による抵抗は不可能であるという雰囲気が一般の人々の間に広がっている。しかし、本当に軍事的手段による抵抗は無意味なのであろうか。

　戦争に負けるという意味は、戦争目的を達成する前に損害が耐えられる限度を超えるということであり、戦争に勝つという意味は、損害が耐えられる限度を超える前に戦争目的を達成するということである。

　また、戦争が継続している間は強者も弱者も戦争から利益を得ることはできない。戦争は双方に不利益をもたらすだけである。強者が戦争から利益を

得るのは戦争が終わった後に行われる戦後処理の結果である。すなわち、戦争が終わらなければ戦争に勝者も敗者もない。たとえ、弱者の軍事的能力が低くても、降伏せずに延々と戦争を続けることができれば、戦争に勝者はない。

　また、戦闘力は軍事的能力と戦う意志の掛け算である。軍事的能力が低くても戦う意志が高ければ、掛け算の結果として戦闘力は上昇する。逆に軍事的能力が高くても戦う意志が低ければ戦闘力は低下する。たとえば、強力な外国軍によって国土が占領され、軍隊による組織的戦闘が不可能になったとしても、国民の戦う意志が高ければさまざまな形で非正規戦争を繰り広げ、外国軍が戦争に倦み疲れて撤退するまで戦争を続けることも可能である。

　もし、台湾軍と中国軍の軍事バランスが一対一ならば、台湾は中国の軍事的圧力を全面的に拒否することができる。台湾軍の軍事力が中国軍の二分の一ならば、台湾は中国の軍事的圧力の二分の一を拒否することができる。台湾軍の軍事力がゼロならば、中国の軍事的圧力を全面的に受け入れざるを得ない。台湾軍の軍事力がゼロでなければ、中国の軍事的圧力にある程度抵抗することは可能である。

　もし、台湾を攻撃する中国軍のミサイルが1,400基あり、1基のミサイルが500キログラムの爆弾を搭載しているとすると、台湾の都市や軍事基地に降り注ぐ爆弾は700トンということになる。第二次世界大戦中の東京大空襲では1日で1,700トンの爆弾が投下された。同時期にドイツのドレスデンに投下された爆弾は3,000トンであった。しかし、日本もドイツも1日の空襲では降伏しなかった。当時、日本やドイツが耐えられる損害の限度は、1,700トンや3,000トンの爆弾による被害よりも高かったのである。ベトナム戦争では、12日間に8万トンの爆弾がハノイに投下されたが、北ベトナムは屈服しなかった。なお、湾岸戦争ではイスラエルに39基の短距離弾道ミサイルが着弾したが、イスラエルの損害は死者2人、負傷者200人であった。

　たとえ、台湾が中国軍に占領されたとしても、台湾の住民に抵抗を続ける意志があり、耐えられる損害の限度が高ければ、中国が望む短期決戦が成功する可能性は低くなる。ベトナムの対中抑止力の源泉は、軍事力よりも戦争になれば最後の一人まで戦うという国民の意志である。ベトナムは十年の歳

月と 300 万人の死者という犠牲に耐え、南ベトナムから米軍を駆逐した。

　中国の戦略は、「十なれば則ちこれを囲み、五なれば則ちこれを攻め、倍なれば則ちこれを分かち、敵すれば則ちこれと戦い、少なければ則ち能くこれを逃れ、若かざれば則ち能くこれを避ける」[8]を基本にして、台湾に対しては「兵力が敵の十倍あれば敵は諦めて降伏する」戦略をとっている。すなわち、圧倒的な軍事力を見せつけることによって相手の戦う意志を挫き、「不戦にして相手を屈服させる」ことを狙っている。したがって、中国軍の軍事的圧力が台湾において政治的効果を発揮するかどうかは台湾人の意志しだいである。

### (3) 非合理的行動の可能性

　軍事バランスは相手の合理的な判断に影響を与えるが、相手は常に合理的に行動するとは限らない。人間は感情に動かされる動物である。人間は何かを得ようとして失敗する時よりも、もっているものを失う時により大きな痛みを感じ、より大きなコストに耐え、敢えてリスクをとる傾向がある（プロスペクト理論）[9]。したがって、中国が本来自分の領土ではない島を日本から奪うと認識していれば、敢えて軍事行動といった大きなリスクをとることはないであろう。コストが利益を上回れば領土獲得を止める。しかし、失った「固有の領土」をとり戻すと中国が本気で認識していれば、大きなコストに耐え軍事行動という危険を冒す可能性が高くなる。「国家には我慢のできないことがある。国家の名誉、統合性、領土などに対する攻撃は我慢のできないことであり、こうしたことに対しては、あえて危険を冒すものである」（ネルー・インド首相）と中国が考えている可能性がある[10]。

　日本から見て合理的な判断を中国が常に下すとは限らない。したがって、軍事バランスを維持し合理的な中国に対する抑止力を高めると同時に、想定外の事態を想定して非合理的な中国に備えることが防衛の基本である。

　戦争には 2 種類の形がある。合理的戦争と非合理的戦争である。戦争の目的が政治経済的利益である場合には、戦争のコストが利益を上回れば戦争は終わる。しかし、戦争の目的が国家の名誉や民族的憎悪の場合にはコストが利益を上回っても戦争は終わらない。

## 2．日本の安全保障における台湾の位置

2030年に日本の安全保障に重大な影響を与える可能性のある国は、アメリカ、中国、ロシアであろう。現在、そして近未来の日本をとり巻く環境を考えると、日本に最大の脅威を与える能力と意志のある国は中国である。

日中関係に影響を与える条件を考えた場合、台湾は日中のパワーバランスに重大な影響を与える地理的位置にある。地理的位置は現在も2030年も変わらない。他方、日台関係に最大の影響を与える要素は中台関係である。基本的に日台関係は中台関係の従属変数である。

日台関係を規定する日中台の国際システムと各国の国内要因を分析する。

### (1) 国際システム

(i) 中台関係の近未来像は如何なるものになるのであろうか。将来の中台関係は次の3つの形になることが考えられる。すなわち、①中台統一、②現状維持、③台湾独立、である。

① 中台統一とは、台湾と中国の政治経済関係の一体化が進行し、台湾の外交、安全保障政策を中国が決定する状態である。台湾の文化面の自主権が残っている一国両制から完全に中国の一部になる台湾省まで幾つかの段階が想定される。

② 現状維持とは、現在の状況が継続している状態である。経済的には中国の強い影響下にあるが、政治的にはある程度独立した行動が可能である。台湾が中国から独立的に行動できるためには、台湾に対する中国の行動を米国が牽制できることが必要条件である。

③ 台湾が中国の意向に反する行動をとることができる状態である。また、台湾人は中国人ではないという認識が台湾内で多数派になり台湾民族主義が高揚している状態である。民族主義が高揚している国家は外国との対立を躊躇しない傾向がある。

2030年になっても中国が共産党独裁政権下にあれば、台湾は③の可能性

が最も低く、①と②の間にある可能性が高い。中国共産党は、日中戦争の中で、日中の労働者と農民を味方とし、日中の資本家と地主を敵として世界革命を目指す共産主義ではなく、日本対中国という対立構造を前面に出し、「抗日民族統一戦線」という民族主義的スローガンを掲げて日本軍の侵略に苦しむ国民の支持を集め、日本軍に敗北した国民党との内戦に勝利した。中国共産党は本質的に共産主義よりも民族主義を正統性の根拠とする政治勢力である。したがって、失われた国土である台湾を回復するという民族主義的主張を放棄することはできない。

また、中台間で戦争が発生すれば、現在においても2030年においても台湾が中国に勝利する可能性は低いと考えられる。中国が台湾併合の主張を放棄せず、軍事力で台湾を併合する能力を保有している限り、台湾が自力で独立を勝ちとる可能性は低い。

しかし、中国に民主主義政権が成立すれば、政権の正統性の根拠が民族主義ではない可能性もある。民主主義政権が民族主義を正統性の根拠にしていなければ、国民の間に民族主義を高揚させる必要がなく、民族主義の象徴である中台統一を主張しなくても政権を維持できる可能性がある。2030年にそのような民主主義政権が成立していれば、①、②、③の何れの可能性もある。


(ii) 東アジアにおける米中関係：
イ、アメリカが覇者(現状と同じ)；日本は中国の意向を無視して行動できるが、台湾の行動は中国の影響を受ける。「統一は言っても良いがやってはいけない、独立はやっても良いが言ってはいけない」状況である。他方、アメリカが太平洋の覇権を握るためには、太平洋の両側をコントロールする必要があり、太平洋の西側に位置する日本の役割は余人をもって代え難い。したがって、アメリカが太平洋の覇権を握る世界では、アメリカに対する日本の影響力は確保できる。
ロ、中国が覇者；日本も台湾も中国の意向に反する行動はできない。日本と中国はほぼ同じ地理的位置にあり、アメリカに対する場合には存在した余人をもって代え難い日本の役割はない。現在存在する日中間の技術格

差は時間が経てば中国が追いつく時間の問題であり、日本にできるが中国にはできないということはほとんどないと中国人は考えている。中国にとって、Japan Nothing になる可能性が高い。
ハ、米国と中国の共同管理；アメリカと中国が太平洋を二分して管理する場合は、太平洋の西側に存在する日本は中国の管理下になる可能性がある。その場合は、日本が中国の意向に反して行動することは不可能になる。米中関係の狭間に立って、日本がキャスティングボートを握れる可能性もあるが、日本抜きで物事が決められる、Japan Passing になる可能性が高い。台湾に対する中国の影響力は強くなる。

　2030年の米中関係がイの場合、中台関係が①、②、③になることはあり得る。ただし、米中関係がロ、ハの場合には、③はあり得ない。米中の軍事力を考えれば、ロの可能性は低く、米中関係はイとハの間にある可能性が高い。
　米中関係が、イとハの間にあるということは、中国が台湾に対して軍事行動をとった場合、中国にとって大きなコストになるアメリカの軍事的、経済的制裁行動を招く可能性があるということである。したがって、2030年においても中台関係が軍事力によって決着する可能性は高くない。

### (2) 国内要因

日本：現在の政治経済システムに対する国民の支持は高く、2030年になっても政治経済体制が大きく変化している可能性は低い。

台湾：民主主義に対する国民の支持は高く、2030年になっても現在の政治経済システムが大きく変化している可能性は低い。

中国：現在の政治経済システムに対する国民の不満は大きくなっており、現在の政治経済システムは、2030年には変化している可能性がある。

　長期的視野に立てば、国民の同意に基づく政権は強靱であり安定している

が、国民を強制力で支配する政権は脆弱であり不安定である。

　2030年の中国の政治経済体制として次の形が考えられる。
A　独裁政権－A1反日／A2親日
B　民主主義政権－B1反日／B2親日

　中国に民主主義政権が誕生すれば、国内のさまざまな勢力が相互に矛盾する権利を主張し、国内世論は分裂する。深刻な国内矛盾も顕在化するであろう。ただし、民主主義政権が国内世論を統制できず、国内世論が独裁政権の場合より反日的になったとしても、民主主義国家では、国家権力も基本的にさまざまな利益集団が自己の利益の極大化を図る官僚制モデルになり、"Organization as Weapon"として国家の力を一方向に集中できた共産主義国家の場合よりも、全体として一方向に動く力は弱くなる。また、民主主義国家は国民の同意によって国家を運営しており、政権を運営する基本は国民の説得である。民主主義国家は外国に対しても同様の行動原則、すなわち説得により問題を解決しようとする傾向がある（democratic peace）。したがって、民主主義政権が誕生すれば周辺諸国に対する軍事的脅威は減少する。

　独裁政権は国民の同意によって成立しているわけではなく、国民を強制することによって政権が維持されている。したがって、政権を維持・強化しようとすれば強制力を強化する以外にない。現在でも中国では軍事費よりも国内治安維持費の方が大きい。しかし、国民を強制する強制力、すなわち警察や軍隊（中国の場合、陸軍はスーパーポリス）を強化すれば、強制されることを嫌う国民の政権に対する同意は減少する。政権を強化するために強制力を強化すれば、国民の同意が減少するというジレンマを解消するために独裁政権が採る行動がスケープゴート理論である[11]。

　すなわち、独裁政権は意図的に外敵を作り出し、国民に対する外敵の脅威を喧伝する。外敵の脅威を強調することによって、外敵から国民を守る軍隊や警察（実体は強制力）を強化することに国民の同意を得ようとする傾向がある。独裁政権は政権維持のために外敵を必要としている。したがって、中

国の政権が独裁政権である限り、日本との関係を改善しようとする動機は小さい。すなわち、2030年に予想される中国は、民主・親日、民主・反日、独裁・反日の何れかのタイプの中国である。日本にとって好ましい中国の政治体制は、民主・親日＞民主・反日＞独裁・反日である。

　もし、2030年に中国に親日政権が成立していたとすれば、その政権は民族主義ではなく経済発展を正統性の根拠とする政権である。時間が経てば日中間の技術格差は消滅するという中国人の希望的観測に反して、近い将来においても、さまざまな分野で日本の中国に対する技術的優位は維持されていると考えられ、経済において日本と中国の相互依存関係は存在するであろう。
　しかし、日中戦争の中で国民の民族主義に乗って政権を獲得した中国共産党は民族主義という国民の感情に頼る政権であり、経済発展を得意とする政権ではない。したがって、中国共産党は政権を強化するために国民が感情的になるような政策をとることになる。

### (3) 中台関係と国内要因の組み合わせ

　2030年の日台関係を予想する場合、日本と台湾の国内要因は定数であり、考慮すべき変数は、中国の国内要因と中台関係である。

　変数の組み合わせは次のとおりである。

| ① | A1 | A2 |
| --- | --- | --- |
| ① | B1 | B2 |
| ② | A1 | A2 |
| ② | B1 | B2 |
| ③ | A1 | A2 |
| ③ | B1 | B2 |

（①－A1）太平洋に進出する中国軍にとって台湾が出撃基地になる。中国軍が台湾から出撃すれば、中国軍の進出を第一列島線で阻止することは

不可能になる。したがって、中国軍の進出を抑止する現在の米軍戦略である AirSea Battle／Offshore Control は不可能になる[12]。西太平洋における中国軍の影響力は強くなり、日本の中国に対する影響力は低下する。中国の一部である台湾と日本の関係は悪化する。

(①-A2) 親日国家は日本の脅威にならず、日本の安全保障環境は安定し、親日国家の一地方である台湾との関係も良くなる。

(①-B1／B2) A1／A2の場合と方向は同じであるがレベルは低下する。

(②-A1) 現状と同じ。中国軍が台湾を軍事基地として使用することはできない。中国が現在よりも軍事大国になっていても、日本が軍事力を適切（経済発展に大きな負担にならない範囲、すなわちGDPの3パーセント程度）に拡大し、日中の軍事バランスが大きく崩れなければ、中国軍が日本に侵攻する可能性は低い。中国が日本を攻撃しようとした場合、中国の意図に反する行動をとる可能性のある台湾の存在は、中国にとって深刻な不安定要因になる。

(②-A2) 日台関係は日中関係に比例して良くなる。

(②-B1／B2) 民主主義国家は急に変化しない。民主主義国家は軍事力行使よりも説得を優先する傾向があり、日中台関係は安定する。

(③-A1) 独立した台湾にとって最大の脅威は中国であり、独立台湾は日本や米国との関係を強化する以外に生き残る道はない。日台に敵対的な中国は両国の共通の敵になり、独立した台湾と日本との関係は友好的かつ密接なものとなるであろう。

(③-A2) 緊張した中台関係と友好的な日台、日中関係の場合、日本の立場は現在の日韓関係に対する米国の立場と同じであり、日本の安全保障

は比較的安定している。

（③-B1／B2）A1／A2の場合と方向は同じであるがレベルは低下する。

## 3．日本の戦略

　日本にとって最悪の日中台関係を想定し、最悪の安全保障環境に対応できる日本の安全保障戦略を検討する。

### (1) 経済と戦争

　現在の東アジアでは、多くの国で経済発展が政府に対する国民の支持を保証している。したがって、各国政府は経済発展の実現に最大の努力を注いでいる。戦争は巨大な人的・物的資源を消耗し、大規模な戦争は国家経済に大きなダメージを与えることになる。したがって、経済発展を目指す政府は平和な国際環境を求めることになる。

　現代の世界では、経済的利益ではなく民族対立や宗教対立が戦争の動機になっていることが多い。命を失うことが予想される戦争を敢えて行うのは、民族や宗教が個人の命よりも価値があると思われているからである。

　戦争は巨大な消耗であるが、同時に巨大な政治的利益を生むことがある。独立、自由、安全、名誉、そして宗教的信念の実現といった価値は譲歩できない無限大の価値と認識されることも多かった。独立や自由を求める戦争の場合には、たとえ戦争によって支払わなければならない人的・物的コストが巨大であったとしても、戦争によって得られる無限大の政治的利益がコストを上回ると認識された。戦争の利益がコストを上回れば戦争は合理的な政策になる。

### (2) 政権維持と戦争

　戦争が国民の支持を獲得するための政治の道具である場合、小さい戦争ほど道具として使いやすい。大きな戦争に負ければ敗戦の責任者として政府は国民の支持を失い政権は崩壊する。小規模な戦争は失うコストが小さく、政

府に対する批判も小さい。政府は小さい戦争に負けても、本気を出さなかったとか、敵に十分な教訓を与えたとか、大きな戦争になれば勝てるとかいろいろ口実を並べて国民に釈明することができる。

したがって、戦争は規模が小さくなるほど起こる可能性は高くなる。国民が好戦的な国では、政府が国民の支持を失いつつあるような場合、何もしないと政府が倒れてしまうと考えた政府が、政府の人気を高めるために、政治的経済的コストが小さく国民を熱狂させる小さな戦争を選択する可能性がある。

現在、中国には共産党支配を脅かすさまざまな要因が存在する。国民が共産党政権を支持する最大の理由である高度経済成長は減速しつつある。安価な労働力を大量に供給できる時代は終わり、労働集約型産業の競争力は低下しつつある。また、地域と貧富の格差が拡大し年間数万件の暴動が発生している。賄賂をとる官僚と傲慢な金持ちに対する反感は国民の間に深く広がっている。現在の中国共産党は貧農・下層中農の代表ではなく、金持ちと権力者の代表である。国民が全て貧しく平等であった毛沢東時代を評価する動きも活発になっている。

現在の中国の政治社会状況を見ると、政府に対する国民の不信と不満を逸らすためには、国外に国民の敵を作って民族主義を煽り、「民族の敵」を叩くのが最も効果的である。かつて中国を侵略した「民族の敵」が不法に占領している中国の「固有の領土」を奪回するという主張に公然と反対できる中国人はいない。2013年に中国の新聞社が中国で実施した世論調査によると、7割から9割の回答者が尖閣諸島に対する軍事行動を支持している。

他方、自国の軍事力が相手に対して有利になり、戦争に勝てると認識した場合も戦争を始める可能性が高くなる。自国の軍事力が相手に対して有利であればあるほど簡単に勝てる。簡単に勝てれば戦争の政治的経済的コストは小さくて済む。

したがって、現在の東アジアでは、政府が国民の支持を失い、同時に自国の軍事力に自信をもった場合に戦争が始まる可能性が高くなる。最近、中国の新聞には「中国軍は日本の自衛隊を圧倒できる」とするコメントが掲載されている。中国軍の少将も「日中間に戦争が始まれば東京は火の海になる」

と発言している。このコメントは事実に反するが、国際関係では事実よりもイメージ（認識）が大きな影響力をもつ。

### (3) スケープゴート（贖罪の山羊）

そもそも、中国共産党政府が尖閣諸島をめぐって日本と対立する目的は、国内矛盾の深刻化によって高まりつつある国民の不満を外に転嫁するためである。長期にわたる反日教育の結果、9割の国民が嫌っている日本は、国民の怒りを転嫁する「贖罪のヤギ」（スケープゴート）として最適の国である。国民がよく知らない国をスケープゴートにしても国民は盛り上がらない。また、強力な軍事力をもち、挑発するとすぐ反撃してくる攻撃的な国家は危険過ぎてスケープゴートには適さない。平和憲法をもち、戦争を拒否する優しい日本は、安心して挑発できる格好のスケープゴートである。基本的に尖閣諸島をめぐる中国の行動は国内問題が動機であって、日本の行動に対する反応ではない。

スケープゴート戦略の目的は、国民の敵愾心を煽り、国内矛盾から国民の目を逸らせることであって実際に戦争をすることではない。戦争のコストは予測が難しく、もし戦争に負ければ、「革命戦争と反帝国主義戦争に勝利した英雄」であることになっている共産党のイメージが大きく傷つき、共産党政権の存続が危機的状況に陥る恐れもある。戦争すると負ける可能性の高い国はスケープゴートとして不適当である。

### (4) 小戦争の可能性

軍事的対決にもさまざまなレベルとタイプがある。軍事力行使のレベルは、口頭による威嚇の段階を過ぎると、①演習等による軍事力の誇示、②平時体制のまま実行する小戦争、③戦時体制へ移行して実行する大戦争、の三段階に分けられる。また、戦場が関係国の本土から隔絶しており、関係国の本土を攻撃すれば巨大なコストが予想され、関係国が限定戦争を望み、関係国が合理的に行動する場合、戦争の拡大を避けることができるとされている（制限戦争論）。

戦争か平和かといった単純な二分法では現実の複雑な国際関係に対応する

ことはできない。中国では平時体制のまま実行する小戦争は、平和な時に行う軍事外交の一形態である。2013年6月、シンガポールで開催されたアジア安全保障会議において、中国軍の戚建国副総参謀長は、中国軍は過去30年間に戦争をしたことがないと発言した。しかし、1988年3月14日、中国海軍の駆逐艦4隻がシントン島（南沙諸島）の岩礁を攻撃し、岩礁を防衛していたベトナム海兵隊員64名全員を殺害し、停泊していたベトナム海軍の輸送艦2隻を撃沈し1隻を大破させた。中国軍の基準では、軍艦を2隻撃沈し、60名以上の兵員を殺害しても戦争ではないのである。

戦時体制へ移行して実行する大戦争の可能性がないからといって、平時体制のまま実行する小規模な戦争の可能性を否定することは合理的ではない。平時においても小さな武力衝突はあり得るというのが世界の常識である。

中国にとって小戦争は外交の一手段であり、万策尽きた後の最後の手段ではない。合理的な政策とは最悪の事態に備えることである。平時であっても小さな戦争を想定外にしてはならない。

### (5) 想定外を想定する

最悪の事態を予想し最悪の事態に備える、すなわち、（①-A1）の状況に対応する戦略を考えることが日本の安全保障担当者の任務である。

（①-A1）の場合でも、中国が日本本土に大規模な直接攻撃をかける可能性は低い。もしそのような事態になれば、世界有数の経済大国間の本格的な戦争は世界経済に大打撃を与え、戦争を始めた中国の指導者は「平和に対する罪」を犯したとして世界中から非難されることになるであろう。また、中国が日本本土を攻撃すれば日米同盟によって米国が参戦することは確実であり、中国軍は世界最強の米軍と戦わなければならなくなり、戦争に勝つ可能性はなくなる。現在も近未来も中国の指導者がそこまで非合理的である可能性は低い。

しかし、中国の指導者が「中華民族の偉大な復興」を実現しようとして、日本に対して優位に立つためにさまざまな政策を実行する可能性は高い。中国の諺では「一つの山に二匹の虎はいない」という。

中国が日本に圧力をかけようとして、日本のシーレーンを妨害する場合を

想定しても、日本がバランスのとれた軍事力を整備し、日米同盟が機能していれば、日本へ向かう護送船団の防護は最低限必要な安全性を確保でき、日本の生存は保障されるであろう。陸上基地から発進する軍用機の航続距離を超えた太平洋やインド洋という大海で米海軍に挑戦する国はない。

考え得る最悪の日中台関係を想定しても、日本の安全保障が致命的に毀損される可能性は高くないであろう。

高レベルで敵対的な日中関係を想定しても、「攻撃側は守備側の三倍の兵力が必要である」という戦争の一般原則を考慮すると、中国の軍事力の三分の一以上の軍事力を日本が保有していれば、中国がどのような形で軍事力を行使しても日本が対処できる可能性は高くなる。同時に「攻撃側は守備側の三倍の兵力が必要である」という原則を考えれば、中国の三分の一の軍事力しか保有していない日本が中国を攻撃する可能性を排除することができる。すなわち、日本が中国の三分の一程度の軍事力を保有していれば、日中関係は安定する。

民主主義国家であり現状維持国家である日本と台湾の間には現状を変えなければ解決できない重大な問題は存在しない。しかし、現状変更国家である中国は、日本と台湾の現状を変えようとしており、日本と中国、台湾と中国の間には深刻な対立が存在している。したがって、現状変更国家である中国が現状維持国家に変わらない限り、現状維持国家である日本と台湾が、中国の侵攻を抑止するに足る十分な軍事力を保有することが、東アジアに平和をもたらす要諦である。

### (6) 共通の敵

リアリズムの観点から国際関係を見ると、友とは敵の敵である。すなわち、国家関係が良くなる最大の要因は共通の敵の存在である。歴史的に戦争を繰り返してきたドイツとフランスが第二次世界大戦後に良好な関係を築くことができた大きな要因は独仏共通の敵であるソ連の存在であった。独仏両国に対する強大なソ連の脅威が、歴史的な独仏間の敵対感情を上書きしたのである。太平洋戦争を戦った日米両国も、戦後の冷戦構造の中で良好な関係を築けたのは、共通の敵である共産主義国家のソ連と中国の存在があったからで

ある。また、日中関係が良好であった1970年代から1980年代は、日中間にソ連という共通の敵が存在していた。

　国際関係だけではなく国内においても政府と国民が共通の敵をもっていれば、政府と国民の関係はよくなる。近年、中国政府は日本帝国主義を政府と国民の共通の敵として宣伝し、政府と国民の関係を改善しようと努力している。

　将来、日台間に共通の敵が存在していれば日台関係は良くなる。現在、中国政府は領土問題を契機として、日本を中台共通の敵として設定しようとしている。もし、中台が統一すれば中国の敵は台湾の敵になり、日中関係が対立すれば日台関係は悪くなる。もし、台湾が独立すれば、独立台湾の最大の脅威は中国になり、日本が中国の脅威を感じていれば、共通の敵をもつ日台関係は良くなることになる。日台関係を決定する最大の要因は、台湾が中国から独立しているレベルである。

　2014年現在、台湾に居住する人の内、60パーセント以上の人が自らを「台湾人」であると考え、「中国人」であると考える人は4パーセント以下である。また、50パーセント以上の人が独立を望み、中国との統一を望む人は10パーセント以下である[13]。2014年に統一地方選挙で大敗した後、中台融和路線を進める台湾の国民党幹部は「大陸の人々が幸せそうに見えなければ、中台が近づくのは難しい」と述べている。中国で独裁政権が続く限り、民主主義台湾が中台統一の方向に大きく前進するモメンタムは小さい。

1) 『人民日報』2013年1月11日。
2) 『朝日新聞』2013年1月12日。
3) Denny Roy, "Hegemony on the Horizon? China's Threat to East Asian Security," *International Security*（Vol.19, No.1, 1994）, p.161. Gerald Segal, "East Asia and the Constraint of China," *International Security*（Vol.20, No.4, 1996）, p.110.
4) Francis Watson, *The Frontiers of China*（New York: F.A.Praeger, 1966）, p.16.
5) 「1879 琉球的血色黄昏」『世界知識』2005年8月1日。
6) 劉培華『中國近代簡史』（北京、1954年）、252頁。
7) 浦野起『南海諸島国際紛争史』（刀水書房、1997年）、790頁。
8) 『孫子兵法』（謀攻篇）。
9) Jack S. Levy, "Prospect Theory, Rational Choice International Relations," *International*

*Studies Quarterly* (Vol.41, 1997).
10) Neville Maxwell, *India's China War* (London: Jonathan Cape, 1970), pp.185, 260.
11) Leonard Berkowitz and James Green, "The Stimulus Qualities of the Scapegoat," *Journal of Abnormal and Social Psychology* (7, 1962). Gary Genmill, "The Dynamics of Scapegoating in Small Groups," *Small Group Behavior* (20, 1998).
12) T. X. Hammes, "Offshore Control: A Proposed Strategy for an Unlikely Conflict," Strategic Forum, NDU, INSS, June 2012. Forrest E, Morgan et al., "Dangerous Thresholds: Managing Escalation in the 21st Century," RAND, 2008. Richard Halloran, "The Rising East: U. S. Admiral Identifies China's Capabilities and Objectives," *Honolulu Civil Beat*, February 13, 2012.
13) 国立政治大学選挙研究中心（2014年）。

## あとがき

　本書は、人間文化研究機構（NIHU）地域研究推進事業・現代中国研究拠点連携プログラムにおける慶應義塾大学東アジア研究所・現代中国研究センターの、現代中国をめぐる安全保障研究の一つの成果である。本書の執筆者たちはいずれもここの研究分担者及び研究協力者として、現代中国の主として軍事を中心とした安全保障問題を研究し続けている。本書序章に記されている通り、この現代中国の安全保障に関する研究にとって、台湾をめぐる安全保障にも目配りすることは不可欠であるばかりでなく、それは日本の行く末にとっても緊要であるとの執筆者たちが共有する問題意識の下で、本書に収められた研究は進められてきた。

　本書のこうした共同研究の原動力となったのは、私的な集まりである「中国安全保障研究会」である。この集まりは、1997年に本書執筆者の一人である浅野亮氏が呼びかけたことにより、日本で現代中国の安全保障を研究する者たちの意思疎通、切磋琢磨の場として始まった。本書執筆者たちはいずれもそれ以来、細々とではあるがここに集って意見交換や相互研究批判を重ねてきた。またそうした中で、現代中国の安全保障や中国人民解放軍という共通の関心・研究対象を有する台湾の研究機関や研究者たちとの交流も続けている。台湾の財団法人両岸交流遠景基金会や国立政治大学国際関係研究中心、高等政策研究協会などとのこれまでの研究交流は、本書の研究成果に結実している。

　本書の出版に当たっては、慶應義塾大学東アジア研究所・現代中国研究センターと、大学共同利用機関法人・人間文化研究機構から多大なご支援を賜った。ここに記して謝意を表したい。また、慶應義塾大学出版会がこの研究成果に着目してこれを高く評価して下さり、こうして出版に至るまでご尽力いただいたことに改めて感謝したい。その過程において、同社第一出版部

編集二課の乗（よつのや）みどり氏の迅速かつ的確な編集作業に、執筆者一同は大いに助けられた。その意味で、乗氏もまた現代中国研究センターにおけるこの台湾をめぐる安全保障研究の共同参画者であり、われわれ「中国安全保障研究会」の研究協力者でもある。心からお礼申し上げたい。

　　2016 年 3 月

安田　　淳<br>
門間　理良

## 索　引

※特に注のない事項は台湾もしくは一般的なもの、それ以外は（日）（米）（中）と表記。

### あ行

アイゼンハワー，ドワイト・D　120, 121
アジア安全保障会議　231
アジアインフラ投資銀行（AIIB）　2, 171
アジア開発銀行　55, 171
アジア太平洋経済協力（APEC）　64, 165, 170
──首脳会議　3
（香港）天傘運動　175
威建国　231
泉川泰博　37
一江山戦役　157
一国二制度　7, 155, 158, 159, 168, 171, 173
（中）一帯一路　1, 17
一辺一国論　58, 59
インペッカブル（米海軍情報収集艦）　134
ウォルト，ステファン　43
エア・シー・バトル　26, 227
エスカレーション　25
エリクソン，アンドリュー　31
閻学通　17
エンジェル，ノーマン　12
王郁琦　164
小笠原欣幸　22, 38
沖縄　40, 41
オバマ，バラク・H　125, 129, 132, 133, 138, 147, 149
小原凡司　31
オフショア・コントロール　22, 26, 27, 31, 227
オフショア・バランシング　138

### か行

カーター，アシュトン　90
海岸巡防署　95-97
海峡交流基金会　3, 55, 63, 162, 164, 165
（中）海峡両岸関係協会　3, 55, 63, 161, 162, 164, 165
戒厳令　52, 58
外交休兵　169
海上統合作戦　33, 34
海南島作戦　156
海洋拒否　28, 30
カウペンス（米海軍ミサイル巡洋艦）　134
郭婉容　55
霍守業　73
（中）核心的利益　132, 133, 135, 136, 138, 217
郝柏村　57, 73, 74
活路外交　64, 169
（日）嘉手納基地　25, 146
漢光演習　101
環太平洋経済連携（TPP）　140
環太平洋合同演習（RIMPAC）　125
気候変動に関する国際連合枠組条約　171
キティホーク（米空母）　134
九二共識（92年合意）　1-3
行政院大陸委員会　3, 55, 161, 163-165, 168, 175, 176
──主任委員　164, 165
共通の敵　232, 233
許其亮　71
許歴農　71
ギリー，ブルース　137
（米）グアム・ドクトリン　98
空域統制　211
くさび戦略　37, 38
クリントン，ウィリアム（ビル）・J　123, 128
グレイサー，チャールズ　137
クロフォード，ティモシー　37
軍事裁判法　67
軍事バランス　5, 26, 28, 145, 219, 220, 227

237

経済安全保障　12
（中台）経済協力枠組協定（ECFA）　63, 64, 124, 163
経済的相互依存　12, 22, 45
ゲーム理論（ゲーミング）　43, 45
決戦境外　59, 64, 87
厳家淦　76
現状維持　6, 8, 112, 117, 120, 123, 124, 128, 137, 141, 149, 174-176, 222
厳徳発　57, 73
厳明　73, 74, 100, 103, 107, 127
高華柱　74, 78
航空管制　201, 203, 205
（日）航空自衛隊　184
高廣圻　73-75, 107
洪秀柱　148
江8点　159
江沢民　159, 160, 162, 172
江南　52
胡錦濤　160, 161, 170
国際民間航空機関（ICAO）　64, 170, 171, 183, 185, 191-194, 199, 207, 211
国防白書　57
国防部参謀本部組織法　65
国防部組織法　59, 60, 75
国防部長　57, 59, 63, 73-75, 78, 101, 103, 107, 127
国防法　56, 59, 60
『国防報告書』　83, 85-87, 98, 100, 103, 104
国防予算　68, 69
国民大会　54
（中）国務院台湾事務辦公室　3, 55, 70, 71, 126, 161, 162, 164, 165
国立政治大学選挙研究中心　127
固若盤石　87
コスト賦課　26
国家安全会議　58, 78, 161
国家安全部　52
（中）国家安全法　166, 167
国家統一委員会　55
（中）国家統一綱領　55, 58
国共内戦　131

国交樹立コミュニケ　135
古寧頭戦役　156
「固有の領土」　217, 229

さ行

蔡英文　8, 147-149
蔡明憲　63, 74
三亜「責任区」（AOR）　190-193, 197
三通（通商、通航、通郵）　124, 159
三不政策　63
参謀総長　56, 57, 59, 65, 66, 73, 85, 101, 107
三民主義　58
(日)シーレーン　231
志願兵制　63, 68, 70, 72, 92
失地回復主義　217
実務外交　55, 64
シビリアン・コントロール　63, 75, 90
シミュレーション　45
　マルチ・エージェント——（MAS）　45
上海コミュニケ　135
シャンボー、デイヴィッド　15
（中）朱日和戦術訓練基地　144
周恩来　157, 158
習近平　1, 2, 14, 16, 22, 64, 71, 84, 130, 131, 139, 149, 160, 161, 162, 165, 166, 171, 173
舟山列島作戦　156
習仲勲　130
朱徳　156
朱立倫　1, 2, 148
蒋介石　76, 98, 121, 131, 156, 157, 168
蒋経国　51-54, 56, 57, 75, 76, 99, 158, 159, 168
蕭美琴　72, 127
常万全　125
蕭萬長　64, 65, 126
新型大国関係　131-136, 138, 142
人口問題　5, 18
新常態（ニューノーマル）　20
人道支援救援活動　96
（中）人民解放軍　33, 35, 125, 139, 156, 160, 172, 174
スウェイン、マイケル　137
スケープゴート　230

制限空域　198
西沙諸島　217
精実案　56, 57, 60, 62, 73, 75
精進案　60, 62, 63, 73
精粋案　64, 73
青天白日満地紅旗　78
正名　58, 160
世界保健機関（WHO）　3, 170
尖閣諸島　39, 40, 124, 125, 131, 230
（中）全国人民代表大会（全人代）　107
（中）全国政治協商会議　162
先冨先老　139
曾金陵　71
相互依存関係　226
総統選挙　8, 141
孫文　56, 78

## た 行

第一列島線　89, 95
戴秉国　132
（中）大躍進　158
大陸反攻　4, 98, 121
（中華民国の）台湾化　54, 56
台湾海峡　4, 24, 188, 189, 208, 209, 211
　第一次——危機（1954）　121
　第二次——危機（1958）　157
　第三次——危機（1996）　123
　——港湾封鎖　24
（米）台湾関係法　52, 53, 121-123, 127, 135, 136, 145, 148
台湾軍管区司令部（軍管区司令部）　57
台湾警備総司令部　52, 57, 58
台湾国際造船公司　107
（中）「台湾同胞に告げる書」　158
台湾放棄論　136, 137
タッカー，ナンシー　137
棚上げ　218, 219
中越関係　193
（中）中央対台湾工作領導小組　161, 162
中華人民共和国成立100周年　9
中華民国在台湾　56, 172
『中華民国四年期国防総検討』（QDR）　83,

92, 94, 104
（中）「中華民族の偉大な復興」　131, 231
（中）中国共産党中央軍事委員会　71, 160, 172
（中）中国共産党中央政治局　161
　——常務委員会　161
（中）中国共産党中央台湾辦公室　161, 162
中山科学研究院　102
中ソ対立　158
中台関係　6, 7, 187, 190
張学良　78
釣魚台列島（問題）　89
張志軍　71, 126, 164
朝鮮戦争　9, 120, 154, 217
　——休戦協定　120
徴兵制　63, 70, 72
陳永康　107
陳国治　62
陳水扁　5, 51, 58, 59, 62-64, 70, 76, 87, 89, 96, 98-100, 123, 124, 160, 162, 167, 169
陳文成　52
（中）天安門事件　54, 55, 175
（中）統一戦線工作　70
「動員戡乱時期」終結宣言　55, 58
統合作戦　85
（中）韜光養晦　16-18, 129, 130, 149
（中）東風5B大陸間弾道ミサイル　142
（中）東風16短距離弾道ミサイル　142
（中）東風21D対艦弾道ミサイル　142, 143, 145
（中）東風26中距離対艦弾道ミサイル　142, 143
鄧小平　130, 158, 159
同盟理論　43
湯曜明　56, 57, 73, 74
トランジット外交　125

## な 行

南沙（スプラトリー）諸島　135, 144, 176, 231
南西諸島　39, 41
ニクソン，リチャード・M　98, 158
　——訪中　99

索引　239

二国論　56, 63, 162
日米同盟　5, 23, 24, 32, 40, 43, 46, 232
日台関係　222, 226, 227, 232, 233
日台投資保護協定　124
日台（民間）漁業協定　64, 125
日中関係　21
日中国交正常化　99, 158
日中台関係　228

は行
パーシャル・パワー　15, 16
馬英九　1-3, 5, 38, 51, 63-66, 68, 74, 76-78, 87, 90-92, 98, 124-127, 148, 149, 160, 162, 163, 165-171, 173, 175
バシー海峡　144, 219
パトリオットPAC3　145
パワーバランス　7, 140
（中）反国家分裂法　58, 160, 166
范長龍　71
バンドン会議　157
東シナ海　3, 129, 131, 134, 144, 149, 182, 185-188, 190, 210, 211, 217, 219
飛行計画　187
費鴻波　62
非合理的戦争　221
非対称戦力　93
非伝統的安全保障　95
「一つの中国」　1, 3, 4, 55, 123, 124, 160, 162, 166, 168, 170
ヒマワリ学運（学生運動）　148, 164
封鎖　28, 30
プーチン，ウラジーミル　65
扶台興　67
ブッシュ，ジョージ・H・W　128
ブッシュ，ジョージ・W　107, 123, 125, 128
不独，不統，不武　124
フリードバーグ，アーロン　28
ブリンケン，アントニー・J　147
ブルームバーグ，マイケル・R　125
ブレマー，イアン　11
プロスペクト理論　221
（中）文化大革命　158

兵役法　63
米華相互防衛条約　53, 99, 121, 159
ヘイグ，アレキサンダー　122
米軍のフィリピン撤退　219
米中関係　5, 149, 223, 224
米中国交正常化（樹立）　53, 99, 121, 158
米中戦略経済対話　132
「防衛固守、有効抑止」　53, 59, 64, 99, 104
烽火外交　169
防空識別圏（ADIZ）　134, 144, 183-186, 188-190
防空識別区　182, 187, 188, 210, 212

ま行
（米）三つのノー　123
南シナ海　3, 30, 36, 39, 41, 129, 131, 134, 144, 149, 176, 188, 190, 191, 193, 211, 217, 219
民間航空　187
（中国の）民主化　46
民族主義　223, 226
（中）民用航空総局　201, 202, 204
（米）六つの保護　122
メデイロス，エヴァン・S　147
毛沢東　158, 229

や行
勇固案　65, 75
兪正声　71, 162
葉剣英　159
楊念祖　74, 78, 90
（中）四人組　158

ら行
ライス，スーザン　133, 134
蘭寧利　67
リアリズム　232
リー・クアンユー　168
陸精案　53
李登輝　5, 51-58, 63, 64, 70, 76, 78, 94, 98, 99, 124, 162, 168, 169, 172
（米）リバランス戦略　84, 129, 133, 138
劉華清　35

両岸平和フォーラム　126
領空　183-186, 208
梁振英　64, 65
遼寧（中国空母）　134
林彪　158
ルトワック，エドワード　129, 130
レイン，クリストファー　137
レーガン，ロナルド・W　53, 122
レーダー　39, 111, 140, 184, 186, 187, 189, 197, 198, 201, 205, 206, 210
連戦　22, 64, 170
呂秀蓮　169

**わ行**

和中・親米・友日　126, 128, 149

**英数字**

（中）A2AD（接近阻止・領域拒否）戦略　145, 146
ASBM　32
BRICS　23, 41
CPGS　31, 40
F16C/D型戦闘機　125, 136, 177
G2論　133, 134
G20　23
P-3C哨戒機　106
V11オスプレイ輸送機　146
（米中）8.17コミュニケ　122, 123, 135
9.11テロ　58
92年コンセンサス　124, 160, 166

## 執筆者紹介（掲載順）

**安田　淳**（やすだ　じゅん）※編者
慶應義塾大学法学部教授。1960年生まれ。慶應義塾大学大学院法学研究科博士課程単位取得退学。主要業績：『中国の統治能力――政治・経済・外交の相互連関分析』（共著、慶應義塾大学出版会、2006年）、『中国をめぐる安全保障』（共編著、ミネルヴァ書房、2007年）、ほか。

**門間理良**（もんま　りら）※編者
防衛省防衛研究所地域研究部主任研究官。1965年生まれ。筑波大学大学院博士課程歴史・人類学研究科単位取得退学。主要業績：『戦略論大系7　毛沢東』（共編著、芙蓉書房出版、2004年）、『中国の軍事力――2020年の将来予測』（共著、蒼蒼社、2008年）、ほか。

**浅野　亮**（あさの　りょう）
同志社大学法学部教授。1955年生まれ。国際基督教大学卒業、日本国際問題研究所研究員、姫路獨協大学教授などを経て、2004年より現職。主要業績：『概説　近現代中国政治史』（共編著、ミネルヴァ書房、2012年）、『中国の海上権力――海軍・商船隊・造船～その戦略と発展状況』（共編著、創土社、2014年）、ほか。

**阿部純一**（あべ　じゅんいち）
一般財団法人霞山会理事・研究主幹。1952年生まれ。1978年上智大学大学院国際関係論専攻博士課程前期修了。主要業績：『中国と東アジアの安全保障』（明徳出版社、2006年）、『中国軍の本当の実力』（ビジネス社、2006年）、ほか。

**村井友秀**（むらい　ともひで）
東京国際大学教授。1950年生まれ。東京大学大学院社会学研究科博士課程国際関係論専攻満期退学。主要業績：『現代の国際安全保障』（編著、明石書店、2007年）、『事例研究　日本と日本軍の失敗のメカニズム――間違いはなぜ繰り返されるのか』共著、中央公論新社、2013年、ほか。

## 『慶應義塾大学東アジア研究所・現代中国研究シリーズ』刊行の辞

　中国がその国力を増し、周辺国および世界全体に対する影響力を強めるに伴い、この大国についての関心はますます高まりつつある。中国における変化は、西洋における発展の時と所を変えた再演であり、この国もやがては民主主義に向かうと考えるべきだろうか。それとも、この東洋の大国における発展は独特であるから、必ずしも民主主義には帰着しないと考えるべきだろうか。中国の社会と経済は、矛盾をはらみながらも発展を続け、中所得国から高所得国へと上りつめるだろうか。それとも、矛盾の深まりが、やがては経済成長を台無しにしてしまうだろうか。中国は、既存の国際的な秩序や規範に適応しようとしているのだろうか。それとも、「超大国」と化した中国は、自らが望む国際秩序を力ずくで構築しようとするだろうか。いずれにせよ、この国における変化は、国内の人々のみならず、日本をはじめとする周辺国、ひいては世界全体の人々の運命にも大きな影響を与えるであろう。

　台頭する中国といかに向き合うかという問題への関心の高まりを背景として、2007年に大学共同利用機関法人・人間文化研究機構の支援のもとに誕生した慶應義塾大学東アジア研究所・現代中国研究センターは、中国の実像、歴史的位置、および将来の発展方向を正しく理解し、それを社会に広く伝えることが必要であると考え、『慶應義塾大学東アジア研究所・現代中国研究シリーズ』を刊行することとした。

　中国が直面する問題は、人口の高齢化、貧富の格差の拡大、汚職と腐敗、環境破壊、民族間の対立など多岐に及ぶ。本シリーズは、これらの多様な問題を、可能な限り新しい視点と資料に基づいて分析するであろう。同時に、慶應義塾における中国研究の伝統ともいいうるが、現在観察している問題を長期的な視野において、それがいかなる局面にあるかを考察する歴史的な視点をも提供するあろう。

　本シリーズが広く読者に迎えられ、現代中国の理解に寄与できることを願う。

　　　　　　　　　　慶應義塾大学東アジア研究所・現代中国研究センター

KEIO INSTITUTE OF EAST ASIAN STUDIES
KIEAS

慶應義塾大学東アジア研究所・現代中国研究シリーズ
台湾をめぐる安全保障

2016 年 3 月 30 日　初版第 1 刷発行

編著者―――――安田淳・門間理良
発行者―――――古屋正博
発行所―――――慶應義塾大学出版会株式会社
　　　　　　　〒108-8346　東京都港区三田 2-19-30
　　　　　　　TEL〔編集部〕03-3451-0931
　　　　　　　　　〔営業部〕03-3451-3584〈ご注文〉
　　　　　　　　　〔　〃　〕03-3451-6926
　　　　　　　FAX〔営業部〕03-3451-3122
　　　　　　　振替　00190-8-155497
　　　　　　　http://www.keio-up.co.jp/
装　丁―――――鈴木　衛
カバー写真提供―ユニフォトプレス
印刷・製本―――株式会社加藤文明社
カバー印刷―――株式会社太平印刷社

© 2016 Jun Yasuda, Rira Momma
Printed in Japan　ISBN978-4-7664-2316-7

慶應義塾大学出版会

## 慶應義塾大学東アジア研究所　現代中国研究シリーズ

### 救国、動員、秩序
—— 変革期中国の政治と社会

高橋伸夫編著　〈民〉から〈国民〉へ。統治の再編成はいかに行われたか？　清朝末期から中華人民共和国成立までにおける、革命正史には描かれなかった中国社会の変動と直面した困難をさぐる。　◎3,800円

### 現代中国外交の六十年
—— 変化と持続

添谷芳秀編著　中国外交を動かす要因は何か？　中国外交における変化のなかの連続性を探り、中国外交を規定してきた「歴史」要因の変容と多様な外交政策の展開から、中国外交の内なる論理を解き明かす試み。　◎3,800円

### 党国体制の現在
—— 変容する社会と中国共産党の適応

加茂具樹・小嶋華津子・星野昌裕・武内宏樹編著
市場経済化やグローバル化の波に柔軟に対応してきた中国共産党とは、どのような集団か。大きく変容する社会・経済に適応してきた党の権力構造を実証分析し、一党支配体制の現実を多面的に描き出す。　◎3,800円

表示価格は刊行時の本体価格（税別）です。

慶應義塾大学出版会

## 慶應義塾大学東アジア研究所　現代中国研究シリーズ

### 戦後日中関係と廖承志
―― 中国の知日派と対日政策

王雪萍編著　日本生まれの中国人で、戦後、周恩来の下で対日業務・情報収集の責任者であった廖承志（りょうしょうし）と、その下の組織横断的なグループの活動についての、日本で初めての本格的な論考集。

◎4,200円

### 現代中国政治研究ハンドブック

高橋伸夫編著　現代中国政治の海外を含む主な研究・文献を分野別に整理し、問題設定・研究アプローチ・今後の課題と研究の方向性の見取り図を明快に描く、最新の研究ガイド。

◎3,200円

表示価格は刊行時の本体価格（税別）です。